上海市教育委员会科研创新项目资助

国际海运货损赔偿责任规则研究

陈敬根 著

上海大学出版社
·上海·

图书在版编目(CIP)数据

国际海运货损赔偿责任规则研究/陈敬根著.—上海：上海大学出版社,2018.4
ISBN 978-7-5671-3030-2

Ⅰ.①国… Ⅱ.①陈… Ⅲ.①国际海运-货损-赔偿-研究 Ⅳ.①D996.19

中国版本图书馆 CIP 数据核字(2017)第 302082 号

责任编辑　傅玉芳　刘　强
封面设计　柯国富
技术编辑　金　鑫　章　斐

国际海运货损赔偿责任规则研究

陈敬根　著

上海大学出版社出版发行
(上海市上大路99号　邮政编码200444)
(http://www.press.shu.edu.cn　发行热线021-66135112)
出版人　戴骏豪
*
南京展望文化发展有限公司排版
上海颛辉印刷厂印刷　　各地新华书店经销
开本890mm×1240mm　1/32　印张8.75　字数227千
2018年4月第1版　2018年4月第1次印刷
ISBN 978-7-5671-3030-2/D・201　定价　35.00元

■ "瓦里斯库拉原则"引起的思考(代序)*

陈敬根是我指导的大连海事大学海商法专业首届博士研究生,《国际海运货损赔偿责任规则研究》显然是其十余年来对国际海上货物运输法持续研究的成果。2006年9月起,陈敬根开始攻读大连海事大学海商法专业博士学位,那时他就将国际海运货物运输法确定为其博士论文的研究方向。2009年,陈敬根撰写的一篇以"瓦里斯库拉原则"(Vallescura Rule)为内容的论文《混合原因致货物毁损时承运人的赔偿责任——从瓦里斯库拉原则到〈鹿特丹规则〉的规定》,在中国海商法协会举办的优秀论文评选活动(2009年)中获得历时七届(14年)无人问津的"一等奖"奖项。2010年6月,陈敬根撰写的《国际海运承运人在多因致损下的赔偿责任研究》顺利通过博士学位论文答辩委员会的答辩。2014年初,陈敬根以"国际海运货损赔偿责任规则研究"为题申报上海市教育委员会科研创新项目(14YS001),并获得资助。经过三年多的研究与撰写,《国际海运货损赔偿责任规则研究》现已定稿并交付出版。

《国际海运货损赔偿责任规则研究》一书仍以"瓦里斯库拉原则"

---

* 此文原发表于http://blog.sina.com.cn/guanzhengyi2007,系该文作者关正义博士担任大连海事法院副院长和受聘大连海事大学博士生导师期间所作。作为"代序",关正义博士对其中部分内容做了少量修改,并增加了"序"的元素。关正义博士现为大连海事大学讲习教授、中国海事仲裁委员会仲裁员。

的扬弃为主线,通过历时性和共时性的角度,并结合文献分析和价值分析等方法,对该原则进行深入探讨。事实上,在2009年陈敬根以"瓦里斯库拉原则"为内容撰写的论文获奖并公布后,就引起了许多研究海商法的学者的关注。那么,"瓦里斯库拉原则"的内容是什么?为什么会引起学者的广泛关注呢?本人借代序对上述两个问题进行分析,以尝试还原其真实的内涵与价值,同时为读者更好地理解本书的观点做一个铺垫。

"瓦里斯库拉原则"起源于"瓦里斯库拉案"的判例。在20世纪的30年代,一艘名为"瓦里斯库拉"(Vallescura)的轮船载运了一批洋葱,在航行途中,由于不适当的通风引起货物腐烂,承运人遭到索赔。经调查,不适当的通风来自两个方面的原因:一是船舶因航行途中遇到恶劣天气不得不关闭所有的通风口和舱口,二是船舶未在天气晴朗时保持好通风口的夜间开放。两个原因共同导致洋葱的腐烂。美国纽约州南区联邦法院(the Disrtict Court for Southen New York)的法官认为,承运人应当赔偿因第二个原因所致的货物损失,并委托一个专门的委员会就损失数额进行查明和计算,但调查的结论是难以区分两种原因各自造成的损失。法官最终判决,承运人承担第二个原因所造成的损失,由于承运人未能指出第一个原因所造成的损失的具体数额,所以应当承担全部货物损失的赔偿责任。这个判例所确立的原则,后来便被称为"瓦里斯库拉原则",即指当两个以上原因共同作用造成货物损失时(其中一个原因应当是承运人负责的原因,而其他原因则是其不负责或可以免责的原因),如果承运人不能将不同原因所造成的损失分开,就要承担全部的赔偿责任[①]。美国虽然是这个原则的始作俑者,但在后来的《1999年海上货物运

[①] 对"瓦里斯库拉原则"的理解,亦有不同的观点,参见[加]威廉·台特雷:《国际海商法》,张永坚等译,法律出版社2005年版,第80页;Willianms Tetley:《货运索赔举证责任的四项基本原则》,黄永申编译,http://www.bloglegal.com/blog/cgi/shownews.jsp?id=750000560。

输法》立法草案中却提出了"平均分摊损失原则"予以调整①。

就"瓦里斯库拉原则"本身而言,存在如下几个理论层面的问题需要明确:

一是混合原因所致货物损失的责任范围。所谓混合原因包括承运人的原因、承运人不负责任的原因和承运人可以免责的原因。承运人的原因如承运人的疏忽和过失,承运人不负责任的原因如第三人的原因或不可抗力等原因,承运人免责的原因如海商法规定的免责事项等。承运人应当对哪个原因造成的损失承担赔偿责任要明确。

二是对承运人以外的原因造成货物损失的举证责任和举证内容。比如,免责原因的举证是由承运人承担,还是由索赔人承担?是就致损原因举证,还是就该原因下的损失数额举证?

三是承担或不承担责任的主体范围。这里所说承担或不承担责任的人,是仅指承运人本人,还是包括其受雇人和代理人?

对"瓦里斯库拉原则"进行研究的意义,实际上超出了它本身的含义和适用,这也是该原则引起学者关注的原因之一。

第一,"瓦里斯库拉原则"在立法方面出现不同的规定,需要在适用中恰当掌握和研究完善。该原则最早被《汉堡规则》所采纳②,后来,美国在对其《1936年海上货物运输法》进行修改时将其修正为"平均分摊损失原则"③。我国《海商法》尽管与《汉堡规则》的精神一

---

① 参见《1999年美国海上货物运输法(草案)》(COGSA 1999)相关条款。
② 《汉堡规则》第5条第7款规定:"运送人、其受雇人或代理人的过失或疏忽与另一原因结合而产生损失、损坏或迟延交付时,运送人仅就损失、损坏或迟延交付可以归因于此种过失或疏忽的限度内负赔偿责任,但运送人须证明不可归因于此种过失或疏忽的损失、损坏或迟延的数额。"
③ 《1999年美国海上货物运输法(草案)》(COGSA 1999)第9(e)(1)条规定:"如果货物灭失或损坏系承运人违反义务或承运人的过失或疏忽以及一项或多项免责原因共同造成的,则承运人或船舶对索赔方能够证明完全归因于承运人违反义务、过失或疏忽造成的货物灭失或损坏负责,及承运人证明完全归因于一项或多项负责事项造成的货物灭失或损坏不承担责任。如果没有表明货物灭失或损坏原因属于上述哪一种情况,并且承运人或船舶被认定对货物灭失或损坏负责,则承运人或船舶的责任总额为该货物灭失或损坏金额的一半。"

致,但在承运人举证方面强调的不是"数额",而是"原因"①。2008年通过的《鹿特丹规则》又做出了不同于上述原则的被学界称为"严格区分责任原则"的规定②。显然,20世纪30年代由案例所确立的"瓦里斯库拉原则",在随后的国际公约和国内立法中并未取得一致,如何根据当代航运形势的变化,合理确立混合原因致货物损害的责任划分问题,仍是立法环节的一个课题。

第二,"瓦里斯库拉原则"对举证责任的不同规定,带来承运人与索赔人利益平衡的公平性考虑。《汉堡规则》确立的"瓦里斯库拉原则"将举证责任分配给承运人,即承运人如果对自己过失或疏忽以外的原因造成的损失不能举证,就要为此埋单;美国的立法修正倾向则是强调"各打五十大板";而《鹿特丹规则》的规定,则代表举证责任的承担向索赔人倾斜的立法趋势。细究之下,我国《海商法》强调承运人举证,不仅是致损原因的举证,而且包括致损数额的举证。举证责任到底如何分配才更为公平合理,不仅是立法层面的问题,也受航运发展和利益平衡的影响。

第三,"瓦里斯库拉原则"下混合原因的存在引起对海商法首要义务对该规则适用是否有影响的讨论。海商法中的首要义务究竟如何定义,其外延包括哪些方面,首要义务与其他免责事由共同出现时,是否影响承运人的举证及举证的后果,实际上存在着理论上的争论。不管对首要义务的外延如何界定,如果混合原因中存在首要义务,那么,承运人是否可以因此而不得免除其赔偿责任?其举证责任是否还有理论和实践意义?

---

① 我国《海商法》第五十四条规定:"货物的灭失、损坏或者迟延交付是由于承运人或者承运人的受雇人、代理人的不能免除赔偿责任的原因和其他原因共同造成的,承运人仅在其不能免除赔偿责任的范围内负赔偿责任;但是,承运人对其他原因造成的灭失、损坏或者迟延交付应当负举证责任。"

② 《鹿特丹规则》第17条第6款规定:"承运人根据本条规定被免除部分赔偿责任的,承运人仅对根据本条应由其负赔偿责任的事件或情形所造成的那部分灭失、损坏或迟延交付负赔偿责任。"

第四,"瓦里斯库拉原则"关于多因致损的处理方法,需要对责任、责任基础、责任形式、责任范围和归责原则等基本理论问题的再认识。事实上,这些海商法的基本理论问题,不仅研究海商法需要探讨,也是民法讨论的问题。海商法研究的任务,是搞清这些基本问题在海上货物运输合同中的体现和特殊性。有的问题是海商法领域出现的,比如,"责任基础"的概念源于有关国际公约的规定①,民法理论中少有论及,那么,责任基础的内涵是什么,它与归责原则是什么关系,混合原因下的责任及责任区分,如何认识责任基础,就成为深入研究"瓦里斯库拉原则"不能回避的问题。

第五,我国《海商法》相关规定的适用与国际公约立法的趋势如何协调,值得我们为完善该项原则而进一步思考。根据我国《海商法》的规定,承运人"对其他原因造成的灭失、损坏或者迟延交付应当负举证责任",不能举证就要承担相应的法律后果。面对《鹿特丹规则》带来的变化,我国《海商法》在将来的修改中是坚持现有的原则,还是参考公约进行修改,存在着讨论的空间和余地。而《鹿特丹规则》下的原则,司法实践中会给法官带来更大的自由裁量权空间,这样的空间是否符合我国的国情和影响海事审判的公正性,不仅是学者们所讨论的,更是海事法官们所关心的。

应当说,陈敬根博士撰写的系列论文与本书的意义所在,不是对"瓦里斯库拉原则"做了深入探讨后的结论,恰恰相反,在于其提出的问题引发了学界对相关问题的思考和探索。

当然,陈敬根博士在本书中的观点和论证存在的一些"不足"客观上是不可避免的,但正是该些"不足",成为推进相关研究深入开展的动因之一。期望着陈敬根博士继续开展相关研究,为国际海上货物运输法的完善和我国《海商法》的修改提供更好更多的智识。作为

---

① 在目前调整国际海上货物运输的公约中,除了《海牙规则》外,《汉堡规则》和《鹿特丹规则》均出现"责任基础"(basis of liability)一词,并作为条文名称出现在《汉堡规则》第4条和《鹿特丹规则》第17条中。

陈敬根的博士生导师,我愿意与关注陈敬根博士发展的各位专家、学者一道,继续看到陈敬根博士在学术道路上不断前进、不断成功!也期待这一时刻尽快尽多地到来!

  是为之序。

2017 年 10 月 10 日

目 录

导言 ………………………………………………………………… 1

第一章 国际海运"货物"与"货损"
——兼论迟延交付的定性 ………………………………… 11
第一节 货物的概念与种类 ……………………………………… 11
 一、基于便利运输的货物分类 ……………………………… 12
 二、基于法律规范的货物分类 ……………………………… 13
 三、评析 ……………………………………………………… 16
第二节 货损的类型与原因组合 ………………………………… 16
 一、Average 的溯源与类型 ………………………………… 17
 二、无单放货和错交货所致货损 …………………………… 21
 三、货损原因组合 …………………………………………… 22
第三节 迟延交付与货损 ………………………………………… 24
 一、相关国际公约下迟延交付的定性 ……………………… 25
 二、《海商法》下迟延交付的定性 ………………………… 27
第四节 过错与货损 ……………………………………………… 41
 一、出现货损是确定货损赔偿责任的前提 ………………… 41
 二、货损在过错责任制下的意义 …………………………… 43

第二章　国际海运货损赔偿责任基本规则 …………………… 44
第一节　归责原则——兼析责任基础的内涵 …………… 44
一、归责原则的概念与在国际海上货物运输中的地位 ……………………………………………… 45
二、归责原则与责任基础 ………………………… 48
三、国际海上货物运输中归责原则的演变 ………… 60
第二节　不负责事项：免责事项的合理外延及不负责事项之所依归 ………………………………………… 72
一、免责事项及其合理外延 ……………………… 72
二、不负责事项之所依归者 ……………………… 74
第三节　首要义务：两种观点的争论 …………………… 89
一、首要义务是合同义务群中的主给付义务 ……… 90
二、首要义务是即使存在不负责事项时仍被考量是否有效履行的义务 ……………………………… 95
三、国际海上货物运输合同领域中的首要义务 …… 97

第三章　国际海运货损赔偿责任确定路径：国际公约的视角 ……………………………………………………… 112
第一节　《海牙规则》下海运货损赔偿责任的确定路径 …… 112
一、路径a：不适航 ……………………………… 112
二、路径b：不负责事项A ……………………… 114
三、路径c：不负责事项B ……………………… 116
四、评析 …………………………………………… 117
第二节　《汉堡规则》下海运货损赔偿责任的确定路径 …… 117
一、路径a：火灾事由 …………………………… 118
二、路径b：非火灾事由 ………………………… 119
三、评析 …………………………………………… 119
第三节　《鹿特丹规则》下海运货损赔偿责任的确定路径 … 120

　　　　一、路径 a ··· 121
　　　　二、路径 b-b1 ··· 122
　　　　三、路径 b-b2-c ··· 124
　　　　四、路径 b-b3-b3Ⅰ和 b-b3-b3Ⅱ ································· 125
　　　　五、评析 ··· 126
　　第四节　国际海运货损赔偿举证责任分配：困境与性质 ··············· 134
　　　　一、举证责任分配的理论与评析 ··· 134
　　　　二、国际海运货损举证责任面临的逻辑难题 ·························· 140
　　　　三、举证责任：平衡利益的"调节器" ·································· 142

第四章　多因致货损赔偿责任的分担 ·· 145
　　第一节　多因致货损赔偿责任分担立法例 ··································· 146
　　　　一、瓦里斯库拉原则 ·· 147
　　　　二、平均分摊损失原则 ·· 153
　　　　三、严格区分责任原则 ·· 158
　　第二节　《海牙规则》下多因致损承运人赔偿责任 ······················· 171
　　　　一、未履行适航义务与不负责事项共致货损 ························· 172
　　　　二、未履行管货义务与不负责事项共致货损 ························· 175
　　　　三、未履行直航义务与不负责事项共致货损 ························· 178
　　第三节　《汉堡规则》下多因致损承运人赔偿责任 ······················· 183
　　　　一、对《汉堡规则》第5条第7款的理解 ····························· 183
　　　　二、具体适用 ··· 185
　　第四节　《鹿特丹规则》下多因致损承运人赔偿责任 ···················· 186
　　　　一、未履行适航义务与不负责事项共致货损 ························· 186
　　　　二、未履行管货义务与不负责事项共致货损 ························· 190
　　　　三、未履行直航义务与不负责事项共致货损 ························· 191

第五章　《海商法》下海运货损赔偿责任规则与完善 ······················· 193
　　第一节　海运货损赔偿责任的确定路径 ······································ 193

　　　　一、路径 a：不适航 ·················· 193
　　　　二、路径 b：火灾 ··················· 195
　　　　三、路径 c：其他不负责事项 ············ 196
　　　　四、评析 ························· 197
　　第二节　多因致损承运人赔偿责任 ············ 198
　　　　一、未履行适航义务与不负责事项共致货损 ···· 199
　　　　二、未履行管货义务与不负责事项共致货损 ···· 201
　　　　三、未履行直航义务与不负责事项共致货损 ···· 203
　　　　四、评析 ························· 205
　　第三节　《海商法》下海运货损赔偿责任规则存在的问题 ··· 207
　　第四节　《海商法》下海运货损赔偿责任规则的完善建议 ··· 214
　　　　一、改采严格区分责任原则的可能性 ········ 214
　　　　二、适当改良瓦里斯库拉原则的可能性 ······· 215

结语 ······························ 218

附录 ······························ 223
　　一、美国纽约州南区法院与美国法院系统 ········ 223
　　二、联合国文号 ······················· 225
　　三、联合国国际贸易法委员会 ··············· 228
　　四、《海牙规则》 ······················ 229
　　五、《汉堡规则》 ······················ 236
　　六、《鹿特丹规则》 ····················· 243

参考文献 ··························· 250

后记 ······························ 260

导　言

　　由单一原因所致海上运输货物灭失、损坏或迟延交付（简称货损）的赔偿责任，尽管在判断过程中也存在一些棘手的问题，但仍是比较好判断的。由多个原因造成货损，且若该些原因皆由承运人负责的或不负责的，也是比较好判断的，即承运人承担或不承担全部货损赔偿责任。但当多个原因，且至少一个原因为承运人应当负责的，至少一个原因非由承运人负责的情形时，如何判断赔偿责任，则比较复杂。

　　相关国际公约和各国海商法均对解决此问题做出许多努力，如《汉堡规则》①采纳的原则是美国纽约州南区联邦法院（United States District Court for the Southern District of New York）②在1934年确立了"瓦里斯库拉原则"，1999年《美国海上货物运输法（草案）》确立了"平均分摊损失原则"。被称为"国际货物运输的世纪条约"的《鹿

---

　　① 《汉堡规则》(Hamburg Rules) 是《联合国海上货物运输公约》(United Nations Convention on the Carriage of Goods by Sea, 1978) 的简称，于1978年3月6日至31日在德国汉堡举行由联合国主持的由78国代表参加的海上货物运输大会讨论通过，于1992年11月1日生效。《汉堡规则》成员国绝大多数为发展中国家，占全球外贸船舶吨位数90%的国家都未承认该规则。关于《汉堡规则》的介绍，请见附录五。

　　② 关于美国纽约州南区联邦法院与美国法院系统的介绍，请见附录一。

特丹规则》①,在"构建统一的崭新的责任体系"②过程中也必须面对此问题,并尝试对此问题做出解决,而应确立何种原则一直是"承运人责任"(liability of carrier)章节中讨论的一个重要问题。2001 年在维也纳召开的联合国国际贸易法委员会(the United Nations Commission on International Trade Law,UNCITRAL)③第 34 届会议上,秘书长报告(Report of the Secretary-General)《运输法可能的未来工作》(Possible future work on transport law)就将混合原因致货损时赔偿责任的承担问题列为"承运人责任"中未解决的三个问题之首:

> 此外,一些次要的细节方面的问题也应当在承运人责任这一章予以解决。第一个尚未解决的问题就是当两个或多个原因共致货损而承运人只负责其中一个或多个原因而不是全部原因时的责任分配。对这一问题,一种解决办法是《汉堡规则》第 5 条第 7 款所规定的,即由承运人承担损失分配的举证责任;另一

---

① 在国际海上货物运输领域,目前有三个生效的国际公约同时并存,分别为 1924 年《海牙规则》(Hague Rules)、1968 年《维斯比规则》(Visby Rules)和 1978 年《汉堡规则》(Hamburg Rules)。为了重新平衡船货双方的利益,统一国际海上货物运输立法,并对航运和贸易实践中出现的新事物、新问题加以规定,以保障和促进航运及贸易的顺利发展,国际社会于 20 世纪 90 年代中期决定重新制定一部新的公约,以取代上述三部海运公约。经过十余年的艰苦努力,2008 年 12 月 11 日,联合国大会第 63 届会议第 67 次全体会议审议通过了《联合国全程或部分海上国际货物运输合同公约》(United Nations Convention on Contracts for the International Carriage of Goods Wholly or Partly by Sea)。2009 年 9 月 23 日,公约的签字仪式在荷兰鹿特丹举行,因此,该公约又被称为《鹿特丹规则》。2011 年 1 月 19 日,西班牙率先批准了《鹿特丹规则》,成为《鹿特丹规则》的第一个缔约国。参见司玉琢、蒋跃川:《国际货物运输的世纪条约——再评〈鹿特丹规则〉》,载《法学杂志》2012 年第 6 期。

② "《鹿特丹规则》起草之初的立法意图只是考虑电子单证的效力问题以及统一提单项下法律责任的问题,在造法过程中高涨热情的驱使下,公约内容被扩大到涵盖几乎所有海上运输法律问题。除了电子单证与记录外,全面规范承运人义务与责任的章节,托运人义务的章节以及货物交付、货物控制权问题的章节占到主要地位,成为一部全面的海上运输法律。"参见袁发强:《海上货物运输实体法律统一化的冷静思考》,载《华东政法大学学报》2010 年第 6 期。

③ 关于联合国国际贸易法委员会(贸易法委员会)的介绍,请见附录三。

种解决办法就是尚待美国国会批准的《美国海上货物运输法》（草案）所规定的，即若各方均不能完成举证责任，则双方承担同等的责任，也即平均分摊损失。(In addition, a number of more specific, subsidiary issues should also be addressed in the chapter dealing with the liability of the carrier. One unresolved issue is the allocation of damages when two or more causes combine to cause a loss and the carrier is responsible for one or more of those causes but not for all of them. One approach, illustrated by article 5.7 of *the Hamburg Rules*, puts the full burden of proving the allocation of damages on the carrier. Another approach, illustrated by the proposed amendments to *the Carriage of Goods by Sea Act* that are now pending before the Congress of the United States of America, would put equal burdens on both parties, with an equal division of damages if neither party can carry its burden of proof.)①

2003年，在对公约草案进行讨论时，由承运人可以免责的原因和不可免责的原因共致货损时承运人的责任承担仍成为一个有争议的焦点问题，以至于工作组将当时存在的两种解决方案均作为备选方案，留待各利益方继续讨论②。虽然随后的A/CN.9/WG.III/WP.36文件③，根据有些代表的建议，作出"只有当法院无法确定实际分担额时，或者当法院确定平均分摊时，法院可均摊赔偿责任"的表述，但仍存在置疑之声④。直到2007年6月在运输法工作组第19

---

① 参见A/CN.9/497第30段。另外两个未解决的问题分别是因承运人的代理人、受雇人、独立合同方或其他履约方违反义务致货损的责任问题以及迟延交付的责任和限制。
② 参见A/CN.9/WG.III/WP.32。
③ 联合国文件命名规则的介绍，请见附录二。
④ 参见A/CN.9/WG.III/WP.41第19段。

届会议上,该问题的讨论仍很激烈[①]。

为平衡各代表团的观点,争取在更大范围内达成共识,于2008年底最终通过的《鹿特丹规则》在文字表述上实质上采取了一种直接回避的态度,其第17条第6款规定:"承运人根据本条规定被免除部分赔偿责任的,承运人仅对根据本条应由其负赔偿责任的事件或情形所造成的那部分灭失、损坏或迟延交付负赔偿责任。"尽管通过对《鹿特丹规则》进行体系解释后,可以寻踪到或推导出其对此问题的解决暗含着一种对以往公约的传承及对"直接回避"式规定的补救,但这种语焉不详的表述在一定程度上表明了立约制定者对解决此问题的无奈,也表明了此问题存在着非常大的研究空间。

多因所致货损的赔偿责任承担规则关涉海上货物运输合同主体的切身利益,但学术界鲜有系统的相关研究。出现这一情况的主要原因无外乎是本书拙设问题涉及责任基础、归责原则、举证责任、责任限制、责任体系等,而这些问题的研究成果显然颇丰,因此一般会认为,既然货损是由多因所致,那么在正确判定致货损的每个原因的责任后按加减法处理即可,而无须开展更多的深入研究。事实上,确实很少有学者开展本书拙设问题的研究。

然问题并非如此简单。因为任何一个条款都与其他条款的规定相互牵制、相互影响,进而共同构成一个完整的责任体系,所以任何一项决定的作出,都需要对相关要素进行全面考量,且这种考量包括历史传统、司法判例、案文逻辑、利益平衡等方面。对于本书拙设问题亦是如此。如果不进行综合考量,将很难对诸如下列问题作出正确判断。

《鹿特丹规则》归责原则采完全过错责任制,据此是不存在首要义务一说的,但通过对多因致货损时赔偿责任分担规则的考量,却仍

[①] 司玉琢、韩立新主编:《〈鹿特丹规则〉研究》,大连海事大学出版社2009年版,第162—163页。

能得出存在首要义务的结论,其原因何在?而同样采完全过错责任制的《汉堡规则》,为何不能得出存在首要义务的结论?

既然《鹿特丹规则》遵循的是完全过错责任制,且在本书拙设问题上实行的是"严格区分责任原则",那为何其对承运人违反适航义务与不负责事项共致货损时责任承担的判断结果与《海牙规则》①下的完全相同?也即该判断结果实质上是与《鹿特丹规则》确立的"严格区分责任原则"相悖的,那么,《鹿特丹规则》到底确定了何种责任基础?

在《海牙规则》下,当承运人违反管货义务和非承运人本人过失造成的火灾共致货损时,为何仍能推导出与承运人违反适航义务和非承运人本人过失造成火灾共致货损时责任承担规则相同的结果?难道亦是管货义务为首要义务之判断下的最终结论?

《中华人民共和国海商法》(以下简称《海商法》)和《汉堡规则》关于多因致货损赔偿责任承担规则的规定大致相同,但为何当其中"一因"为火灾过失时,依《汉堡规则》确定的责任承担规则处理起来就较为顺畅,而《海商法》则相反呢?难道仅仅是因为《海商法》强调的举证对象为"原因"而《汉堡规则》强调的举证对象为"数额"之不同,才造成司法实践的困惑?

《海商法》对多因致货损时赔偿责任分担规则作了明确规定,但为何这一规定在迟延交付、火灾致损下却无法得到明确的决断?如何处理《海商法》第五十四条与第五十条、第五十一条之间的关系?

目前,学界虽尚未对本书拙设问题开展研究,但有许多学者对问题的某个方面进行了深入研究。例如,关于"瓦里斯库拉原则"的历史沿革与变迁,司玉琢在《〈鹿特丹规则〉的评价与展望》《承运人责任

---

① 《海牙规则》(Hague Rules)是《统一提单的若干法律规定的国际公约》(International Convention for the Unification of Certain Rules of Law Relating to Bills of Lading)的简称,于1924年8月25日在比利时布鲁塞尔由26个国家代表出席的外交会议签署,于1931年6月2日起生效。关于《海牙规则》的介绍,请见附录四。

基础的新构建——评〈鹿特丹规则〉下承运人责任基础条款》两文中都有详细理论分析;关于是否存在首要义务,蒋跃川在《论适航义务是否是承运人的首要义务》一文中有精彩论述;关于《海牙规则》《汉堡规则》和《海商法》下具体归责原则,袁绍春在《拱辰集》一书之《论〈海商法〉中承运人责任的归责原则》一文中有逻辑严谨的判断;关于在"一因"为承运人负责而"另一因"为承运人免责时责任之承担,王欣在《论我国〈海商法〉中承运人的义务与免责的关系》一文中有精辟阐释;关于迟延交付的性质,田正大在《论迟延交付》一文中有深入分析等。一些硕士学位论文,对某些相关问题也有所涉及,如赵伟的《论 UNCITRAL 运输法草案中承运人的责任制度》、郭锐的《论 UNCITRAL 运输法草案下承运人责任制度的主要变化——兼评〈海商法〉下有关承运人责任制度的完善》、梁玮的《海上货物运输中承运人责任基础研究》、孙晔华的《国际海运承运人免责条款研究》、李吉的《国际海上货物运输中承运人的举证责任研究》等。由司玉琢与韩立新带领的研究团队历经数年跟踪《鹿特丹规则》的发展而最终出版的《〈鹿特丹规则〉研究》一书,以及联合国国际贸易法委员会(UNCITRAL)出版的 A/CN.9/WG.III/WP 系列文件等,都大量记载了与本书拙设问题相关的不同观点和理论依据。

另外,《劳氏法律报告》(*Lloyd's Law Reports*)等海商法文献记载的相关案例,也有本书拙设问题方面的司法实践材料,如《劳氏法律报告》2010 年 6 月初报道的 the "Socol 3"案。"Socol 3"号货船载运包装木材,从芬兰运至埃及。后该船遭遇恶劣天气,并致甲板上装载的一些货物丢失,船只引擎也发生了故障,"Socol 3"号货船不得已在附近港口避难,并卸载其余货物。对此,首先需要解决的问题是,究竟是什么原因引起甲板货物移动并丢失?仲裁庭认为,是由下列混合原因所致:

第一层堆货过高,导致外舷堆货和舱口盖堆货无法紧绑。

各层堆货间也有空隙。在舱口盖上的第四层堆货使得全部积载过高并使船舶不稳。还可以确定的是,所使用的集装箱绑扎设备没有按通常使用的那样使用螺丝扣,因此是不充分的。此外,在航程中,对于绑扎情况并没有检查。船舶的不稳则加剧了这个问题,而恶劣天气使得不恰当的积载问题凸显。(The first tier packs were too high, so the outboard tiers could not be bound in tightly with the hatch cover tiers. There were also gaps in the tiers. And the fourth tier on the hatch covers made the overall stow too high, and the vessel unstable. It was also determined that the container lashing equipment used was not the recommended conventional lashings with turnbuckles and turned out to be inadequate. Moreover, poor care was taken of the lashings during the voyage. The vessel's instability intensified the problem. The heavy weather added to what was already an unsatisfactory stow.)①

另外,案涉租约(纽约土产交易所版合同格式,New York Procedure Exchange,NYPE 93)②第8条和第13条(b)项分别规定:在船长的监督下,租船人负责管理货物,包括但不限于货物的装船、积载、平舱、绑扎、固定、压舱、解扎、卸货和理货。(Charterers shall perform all cargo handling, including but not limited to loading, stowing, trimming, lashing, securing, dunnaging, unlashing, discharging and tallying, at their risk and expense, under the supervision of the master.)在装运甲板货的情况下,租船人应向船东赔付由于货装甲板才能产生的货物灭失或损失和/或任何性质的

---

① Onego Shipping & Chartering BV v. JSC Arcadia Shipping(the "SOCOL 3"). Lloyd's Reports, Vol. 2, 2010, 221 - 235.

② NYPE格式版本由于经常修订,故一般以"NYPE+年份"指代具体该年的版本。

责任。(In the event of deck cargo being carried, the owners are to be and are hereby indemnified by the charterers for any loss and/or damage and/or liability of whatsoever nature caused to the vessel as a result of the carriage of deck cargo and which would not have arisen had deck cargo not been loaded.)[①]

那么,应由谁来承担这一损失?是货主抑或承运人?仲裁员认为由货主承担,而上诉法院则认为应由承运人承担。

《海事审判》1998年第3期刊登了《"津瀚"轮货损赔偿纠纷案》一文[②]。其中关于责任承担问题,二审法院认为:按照《海商法》第四十七条和第四十八条的规定,被告应使船舶在开航前处于适航状态,但是,被告未向船长和大副交代原交通部1988年4月以[88]交海字275号文下发的《海运精选矿粉及含水矿产品安全管理暂行规定》(以下简称《暂行规定》)所提出的安全要求,船长和大副亦未按照《暂行规定》要求来接受和装载货物,开航前船员不适航,货舱不适货。船舶翻沉导致船货灭失,与该轮不适航有因果关系。原告没有向船方提供正确的水分资料,对船舶安全造成重大隐患,其行为违反了《暂行规定》的有关规定。一审将原、被告责任比例划分为1∶9,二审改为3∶7。

每一次进步端赖于前人的努力与成就。上述研究成果及相关文件、案例对开展本书拙设问题研究是非常有帮助的,有的开阔了研究视野,有的提供了论述启示,有的方便了材料查找等。本书撰写无疑离不开该些研究成果。

依靠前人研究成果,本书尝试对这一尚未引起海商法学界重视而实践又非常重要的拙设问题展开研究。为了保证研究的可靠性和

---

① 参见 Owners may be liable if cargo is lost due to lack of stability, http://www.lloydslist.com/ll/epaper/ll/displayAction.htm?pubCode=001&articleId=20。

② 吴南伟:《"津瀚"轮货损赔偿纠纷案》,载《海事审判》1998年第3期,第36—40页。

可行性及研究结果的科学性,本书运用了文献研究、案例分析、价值分析等研究方法,以《汉堡规则》《鹿特丹规则》等具体规定为主线,对立法例、须考量的要素进行归纳和厘定后,具体分析国际海上货物运输相关公约及《海商法》下货损赔偿责任规则,努力界定其中存在的冲突与矛盾,并在此基础上,提出解决方案,力求能为《海商法》的修改及中国参加《鹿特丹规则》的利弊考量提供一些有益的参考。

由于本书涉及举证责任、归责原则、首要义务、不负责事项、船货利益平衡等问题,而这些问题都是海商法学界比较关注的问题,且存在不同的观点,然实践又亟须解决的,故本书不对这些问题进行单独的、系统的研究。若某些不同观点确实关涉本书拟设问题研究的开展,本书将予以深入研究,以保证研究的顺利进行。

货损赔偿责任的判定具有阶段性,特别是在多因致货损情况下,赔偿责任的判定固然或涉及抵消、或涉及免除、或涉及转移等,而在国际海上货物运输领域中,这种阶段性更为明显,突出地表现在赔偿责任限制方面。赔偿责任限制是国际海上货物运输所特有的法律制度,是一种责任的减免,在责任确认过程中,这种独立阶段属性更为突出。例如,《"津瀚"轮货损赔偿纠纷案》一文的作者就指出:"承运人是否享受海事赔偿责任限制,属于另外一种法律关系,不能与本案货物运输法律关系混在一起处理。当事人申请海事赔偿责任限制,必须按照法定程序向原审法院提出书面申请,由原审法院依法审查后,才能确定确认与否。"①故本书对海事赔偿责任限制也不作研究,但在讨论相关问题时若需要对赔偿责任限制的某些方面开展一定的分析,也不会刻意避免。这种情况在本书的某些研究过程中确实存在。

本书也没有谈及托运人等非承运人方的问题,这主要是因为目

---

① 吴南伟:《"津瀚"轮货损赔偿纠纷案》,载《海事审判》1998年第3期,第36—40页。

前国际海上货物运输相关公约或国内法大都以承运人为规范调整主体,这种情况在《海牙规则》和《汉堡规则》表现尤甚。虽然《鹿特丹规则》尝试改变了这一状况,如袁发强和马之遥合撰的论文《平衡抑或完善——评〈鹿特丹规则〉对海运双方当事人权利与义务的规制》指出,《鹿特丹规则》一改其制定前的国际海上货物运输公约具有的单向性与不对称性,对海运双方当事人的权利与义务进行了重新界定与调整,从而体现出全面性和对称性[①],但考虑到责任的整体确定性,确定了承运人方的责任,无论是加重或减轻,托运人方的责任也就确定了,同时也为了方便研究,故本书仍以承运人方为本体开展研究。

承运人衍化是一个非常重要的问题,从《汉堡规则》将运输主体划分为承运人和实际承运人等后,《鹿特丹规则》对运输主体又进行了新的细化与分类,确定了契约承运人、履约方、海运履约方等概念(《鹿特丹规则》第1条第5项至第7项),对此向力在《国际海运业承运人责任体制的传承与发展——〈鹿特丹规则〉承运人责任规则介评》一文中有详细的论述[②]。本书虽谈及了上述概念,但也考虑到责任的固定性函数关系以及这些概念的出现是为一定的研究目的而存在的,故也不会对其展开更为深入系统的研究。

---

① 袁发强、马之遥:《平衡抑或完善——评〈鹿特丹规则〉对海运双方当事人权利与义务的规制》,载《中国海商法年刊》2009年第4期,第17—22页。
② 向力:《国际海运业承运人责任体制的传承与发展——〈鹿特丹规则〉承运人责任规则介评》,载《中国海商法年刊》2009年第4期,第10—16页。

第一章 国际海运"货物"与"货损"

——兼论迟延交付的定性

没有货物,就没有海上货物运输;没有货损,亦无货损赔偿责任的问题。因此,研究国际海运货损赔偿责任规则,需要对货物与货损的内涵与外延进行界定。但这并不是一个想当然的问题。货物是国际海上货物运输合同的标的物,然货物的复杂多样性,导致相关国际海运公约或国内法均无法对海运货物做一个科学、严谨的界定,相反关于海运货物的界定并不一致。货损是确定赔偿责任及范围的前提,然货损包括哪些类型,相关国际公约或国内立法作出的规定都不是很明确。例如,《海牙规则》第4条第2款提到了货物的"灭失或损失",第5款提到了"货物或与货物有关的灭失或损害";《汉堡规则》第5条提到了"货物的损失或损坏以及延迟交付所引起的损害"。显然,后者的范围都比前两者的广,但具体包括哪些类型,仍都不是很明确,由此也导致学界对货损的范围存在不同的观点。另外,货损赔偿责任的确定是否探究主观过错,在海上运输与一般运输以及大陆法系与英美法系的情况下存在一定不同,故也是学界较为关注的话题。

第一节 货物的概念与种类

国际海上运输的货物,品种繁多,包装、规格、特性、装运方式等各不相同，货物分类亦不相同，国际社会一般从便利运输和法律规范两个角度对国际海运货物进行界定。

一、基于便利运输的货物分类

国际海运界一般从便利运输角度出发，将货物依不同标准做出不同划分[①]。

一是基于货物形态和装运方式，可将货物划分为杂货、固体散装货物、液体散装货物和集装化货物。

杂货（general cargo），又称为件杂货，是指具有一定形式的包装货物、同包装货物一起运输的散装货物、裸装货物和货物单元及需专门运输的特殊货物。具有一定形式的包装货物是指有包装的货物，如箱装或桶装的货物。同包装货物一起运输的散装货物包括非整船运输的固体散装货物，如矿石、煤炭、盐、生铁块等。裸装货物是指卷、盘、捆、张、个等形式的无包装货物，如盘圆、筒纸、钢棒、型钢等。货物单元是指由于重量、尺寸或特殊性质需对其积载、系固进行特别处理的货物，如车辆、成套设备、可移动罐柜、托盘、货物组件等。需专门运输的特殊货物是指由于其性质或运输要求的限制，需专门运输或可以专门运输的某些货物，如木材、各种钢材、冷藏货物等。

固体散装货物（solid bulk cargo）是指直接装船而不需要包装或标志的大批量投入运输的块、粒、粉、末等形状的货物，如化肥、矿石、粮谷、煤炭、水泥等。固体散装货物一般以专用固体散装货船运输。

液体散装货物（liquid bulk cargo）是指直接装船而不需要包装或标志的大批量液体货物，如石油及其产品、液化气体、液体散装化学品等液体散装货物，一般以专用液体散装船运输。

集装化货物（unitised cargo）是指将若干包件或若干数量组成一

[①] 中国海事服务中心组织编写：《海上货物运输》，人民交通出版社、大连海事大学出版社 2008 年版，第 26—27 页。

个搬运单位且需要专门船舶运输的货物,如集装箱、托盘货、载驳船①上的方驳等。

二是基于货物特性和运输要求,可将货物划分为危险货物、特殊货物和一般货物。

危险货物(dangerous cargo)是指具有燃烧、爆炸、腐蚀、毒害、放射等性质,在装卸、贮存或运输中如果处理不当,可能会引起人身伤亡、财产毁损或造成海洋污染的物质和物品,如爆炸物品、压缩气体、酸、碱等。危险货物有包装危险货物、固体散装危险货物和液体散装危险货物三种形式,应按照相应的国际规则谨慎装运。

特殊货物(special cargo)是指除危险货物外的性质特殊、在运输过程中易影响其他货物或易被其他货物及环境影响的货物,如气味货、扬尘污染货、冷藏货、吸湿货等。

一般货物(normal cargo)是指其性质对运输无特殊要求的货物。

二、基于法律规范的货物分类

海运货物复杂多样和法律调整的目的,法律文件不可能也没有必要采用罗列的方式对货物类型进行穷尽式的划分,一般采用特别注明、排除等间接方法来界定法律意义上的货物的内涵与外延②。

《海牙规则》第 1 条第(c)款规定:"货物"包括货物、制品、商品和任何种类的物品,但活动物以及在运输合同上载明装载于舱面上并且已经这样装运的货物除外。("Goods" includes goods, wares, merchandise and articles of every king whatsoever except live animals and cargo which by the contract of carriage in stated as

---

① 载驳船(barge-carrying ship)是指携带驳船的远洋船舶。这些驳船常在不同地点装货,再拖到远洋船舶(有时称做母船),然后吊上或浮上甲板。越过大洋以后,将这些驳船卸下,再拖到不同的目的地。然后,该远洋船舶再接受另一批已装好货的驳船。设计这种船舶使得特别的港口设备不再必需,并避免了转船和由此而产生的额外费用。

② 张湘兰主编:《海商法》,武汉大学出版社 2008 年版,第 82 页。

being carried on deck and is so carried.)该条款将活动物和舱面货①排除在"货物"之外。《海牙规则》将活动物排除"货物"之外,是因为活动物运输具有特殊危险,而且这种运输在当时是非常少的,故没有必要改变规则去调整此类运输。《海牙规则》将舱面货排除"货物"之外,是因为舱面货运输因货物积载所在的位置即舱面(甲板)而具有特殊危险②,不应当要求承运人遵守《海牙规则》的高标准要求。但是相比活动物的排除适用,《海牙规则》对舱面货的排除规定了严格的适用条件,即只有在运输合同中载明装于舱面上并且确实已经照装的货物才是《海牙规则》所指的舱面货。如果货物实际装载于舱面上,但运输合同没有相应记载;或者运输合同载明货物装于舱面上,但实际装于舱面下,则此货物均不属于舱面货,《海牙规则》都应适用③。

《汉堡规则》第 1 条第 5 款规定:"货物"包括活动物,凡货物拼装在集装箱、货盘或类似的运输器具内,或者货物是包装的,而这种运输器具或包装是由托运人提供的,则"货物"包括它们在内。("Goods" includes live animals; where the goods are consolidated in a container, pallet or similar article of transport or where they are packed, "goods" includes such article of transport or packaging if supplied by the shipper.)该条款将"活动物"列入了"货物"的范围,但没有明确"舱面货"是否属于"货物",则可推定舱面货并没有排除在《汉堡规则》的适用范围之外,而《汉堡规则》第 9 条专条规定"舱面货",则可印证这一推定。但是《汉堡规则》对"舱面货"载运规定了严格的适用条件,即《汉堡规则》第 9 条第 1 款规定:承运人只有按照同托运人的协议或符合特定的贸易惯例,或依据法规的规章的要求,才

---

① 舱面货又称甲板货(deck cargo),是指固定在露天甲板上运输的货物。
② [英]约翰·F·威尔逊:《海上货物运输法(第七版)》,袁发强译,法律出版社 2014 年版,第 171 页。
③ 郭瑜:《海商法教程(第二版)》,北京大学出版社 2012 年版,第 112 页。

有权在舱面上载运货物。(The carrier is entitled to carry the goods on deck only if such carriage is in accordance with an agreement with the shipper or with the usage of the particular trade or is required by statutory rules or regulations.)

如果承运人并非依据协议、贸易惯例或法律规定而将货物装于舱面上,则承运人对由此导致的货损,即使以其已经为避免事故发生及其后果采取了一切合理要求的措施进行抗辩,也不能得到支持。

《汉堡规则》下"货物"还包括"集装箱",以适应国际海运集装箱运输的发展[①],但"集装箱"规定了一个条件,即是由托运人提供的。

《鹿特丹规则》第1条第24项规定:"货物"是指承运人根据运输合同承运的任何种类的制品、商品和物件,包括不是由承运人或不是以承运人名义提供的包装以及任何设备和集装箱。("Goods" means the wares, merchandise, and articles of every kind whatsoever that a carrier undertakes to carry under a contract of carriage and includes the packing and any equipment and container not supplied by or on behalf of the carrier.)

该条款规定表明,在《鹿特丹规则》下,"货物"是一个广义的概念,不但涵盖承运人根据运输合同承运的任何种类的制品、商品或物件,而且扩大至包括非由承运人提供的包装、任何设备与集装箱。

《海商法》第四十二条第五项规定:"货物",包括活动物和由托运人提供的用于集装货物的集装箱、货盘或类似的装运器具。《海商法》关于"货物"的规定采用了《汉堡规则》的"货物"概念,即将"活动物"列入了"货物"的范围。虽然《海商法》同样未明确"舱面货"是否属于"货物",但《海商法》第五十三条关于"承运人在舱面上装载货物,应当同托运人达成协议,或者符合航运惯例,或者符合有关法律、行政法规的规定"的规定表明,《海商法》适用"舱面货"。同样,为了

[①] 吴焕宁主编:《海商法学(第二版)》,法律出版社1996版,第90页。

适应国际海运集装箱运输的发展,《海商法》下"货物"包括"集装箱",其条件同样为"由托运人提供的"。与《鹿特丹规则》相比,《海商法》关于"货物"定义的实质与《鹿特丹规则》的规定是一致的,只是《鹿特丹规则》的规定更为严谨一些①。

三、评析

上述海运实践与海运立法关于"货物"概念的内涵与外延的规定表明,两者对"货物"的界定存在明显不同,前者更注重海运技艺或海事管理的诉求,后者更注重规范性和调整性的诉求。

应当说,从海运实践角度讲,活动物以及由托运人提供的用于集装货物的集装箱、货盘或类似的装运器具,并不是"货物"一词的本来内涵,但是从法律调整的角度讲,此两者通过法律规定的方式成为海上货物运输的标的物。

"舱面货"是因其积载所在的位置所固有的风险性而做的一种概念表达,但"舱面货"显然无法与"货物、制品、商品和任何种类的物品"等"货物"的固有含义一起合逻辑性地涵摄于一个上位法概念之下。这也是为何《汉堡规则》和《海商法》均未明确"舱面货"是否属于"货物",只是因其运输特点和特殊风险而就其运输责任或法律适用作了特别规定。对此,有学者认为,从理论上讲,"舱面货"可纳入"货物"的范畴②。

第二节 货损的类型与原因组合

货损一般是指货物的灭失或损坏。其中,货物的灭失表现为货物的短少或全部不复存在,货物的损坏是指货物的残缺或价值的改

---

① 司玉琢、韩立新:《〈鹿特丹规则〉研究》,大连海事大学出版社2009年版,第54页。
② 张湘兰主编:《海商法》,武汉大学出版社2008年版,第83页。

变等①。但如此界定,仅具有一般质的方面的表征意义,对于货损赔偿责任的确定来讲,此种表达仍显不够,需要进行更为明确、规范性的界定,以实现量的方面的确认,从而达到在货方和船方、托运人和承运人等各方当事人之间科学合理地确定法律责任的目的。国际海运往往与保险紧密相连,无论是货方/托运人还是船方/承运人,为了分散海运风险带来的损失,一般均将货物或船舶进行保险,而在损失出现后,能否顺利获得保险机构的最大限度的理赔,更是各方关心的问题。国际海运保险的险种、险别、损失类型的界定等均趋于成熟、完善,故此,从法律适用统一性与整体性考虑,关于货损的定义与分类需要与海运保险下货损的规定联系起来。

一、Average 的溯源与类型

海上货物运输的损失又称海损(average),是指货物在海运过程中由于海上风险而造成的损失,海损也包括与海运相连的陆运和内河运输过程中的货物损失。海上损失按损失的程度可以分成全部损失和部分损失。

(一) Average 的溯源

在《牛津高阶英汉双解词典》中,average 指"平均""平均数""平均的""求(某事物)的平均数"的含义②。但在最初,average 仅用作海事法或保险领域的用语,意为"海损"(海运货物损失),即海上财产(船舶或所载货物)因遭遇海难或其他意外事故而遭受的损失。[In the expression "general average" the word "average" should be read as "loss" as the principle relates to the common proportionate liability of all to contribute to the loss of one or a few, incurred to save the vessel otherwise in distress (such as throwing cargo

---

① 贾林青:《海商法(第三版)》,中国人民大学出版社 2008 年版,第 110 页。
② [英]霍恩比:《牛津高阶英汉双解词典(第四版)》,李北达译,商务印书馆 1997 年版,第 83 页。

overboard to keep a boat afloat until rescued). The principle is of ancient original and is the only legal maxim which survives of the great body of law of the Island of Rhodes, circa 800 BC(known as the Lex Rhodia).]①

Average 一词从阿拉伯语中的 awar 演变而来,awar 意为"瑕疵或是任何有缺陷的事物"(damaged goods)。12 世纪,awar 一词流传到意大利,演变为意大利语中的 avaria,表示"海运商业中出现的损伤或是损失"。由于此种损失是在船只遭遇危险时为减轻载重、避免船只倾覆而抛弃一部分货物所带来的损失,故对某个或某些货主或船主损失的赔偿就得采取一种"平均"的行为,即此类损失由有关各方平均分担。

当然,在意大利,"海损"发展成为一个技术词汇或专有术语以及"海损"分担规则的演变,则经过了从 12 世纪至 14 世纪的历程。在 1160 年的意大利《比萨法典》中可以找到 awar 一词发展成技术词汇的模糊的痕迹。该法典用意大利或混杂的拉丁文字写成,如船长(captain)被称为 capitaneus,船员被称为 marinarii。在整个法典中,awar 用来表示分摊的基础或分摊价值②。这样,抛弃和抛弃造成的损失应该在所有的留在船上的财产上补偿(totum avaria)。1298 年,修订后的《比萨法典》中关于抛弃的规定则被冠以"de divisione haveris projecti"的标题,"均摊"又被喻为"被抛弃的财产",实际是从另一角度明确了被人为牺牲的财产应获得分摊。1341 年,《热那亚法典》将 avaria 一词用来表示共同利益的费用或损失,并同样构成全部财产之上的费用。1397 年,《安科那法典》将该词用来表示分摊本身。而在 14 世纪《威尼斯法典》中则出现了 dividatur per avariam 的

---

① Duhaime's Law Dictionary, http：//www. duhaime. org/LegalDictionary/G/GeneralAverage. aspx.
② 傅廷中:《共同海损及其构成要件》,载《世界海运》2002 年第 6 期,第 47 页。

短句,通常表示一个共同分摊①。

15世纪末,这一词汇被引入到法语当中,写作averie,意指"损坏或损失的货物"(damaged or lost cargo)。在1491年,英语中出现了averay一词,表示相同意思,并在16世纪时因受 pilotage(领航)、towage(牵引费)等航海术语的词尾-age 的影响而逐渐演变为average②。

除了上述语言外,欧洲多数语言也都通过不同渠道吸收了该阿拉伯词,如西班牙语作averia、荷兰语作averij等,而且至今它们都还保留了该词的原始含义,即"海损"。

由于average(海损)通常由有关各方"平均"分担,从而在17世纪,average一词由原义"海损"引申出"平均分担"的含义,并进一步引申或演变成为"平均""平均数""平均的""求(某事物)的平均数"以及"一般水平""普通的""中等的"等含义。

正因为如此,资深教授斯基特(Skeat)在其编纂的《英语词源辞典》(An Etymological Dictionary of the English Language)中将"average"一词界定为"不明起源"的"伟大海事词汇"③。

(二) Average 的类型

海上损失按损失的程度可以分成全部损失和部分损失。

1. 全部损失

全部损失(total loss)又称全损,是指被货物的全部遭受损失,有实际全损和推定全损之分。

实际全损(actual total loss)是指货物全部灭失或全部变质而不再有任何商业价值的状态。《海商法》第二百四十五条规定:"保险标

---

① Manley Hopkins: A Handbook of average: to which is added a chapter on arbitration, 4th ed, London: Stevens and Sons, 1884, 3.
② http://www.youdict.com/ciyuan/s/average.
③ Walter W. Skeat: An Etymological Dictionary of the English Language, Oxford: Clarendon Press, 1958.

的发生保险事故后灭失,或者受到严重损坏完全失去原有形体、效用,或者不能再归被保险人所拥有的,为实际全损。"货物的实际全损,常见的有以下几种情况:货物完全灭失或损毁,如货物被完全烧毁、货物沉没海底无法打捞等;货物完全失去原有形体、效用,如水泥被水浸泡后变质而完全丧失原有用途、化肥被水溶解、食品被有毒货物玷污、活动物死亡等;货物不能再为其所拥有,如货物被没收、货物被抛弃等。

推定全损(constructive total loss)是指货物遭受风险后受损,尽管未达实际全损的程度,但实际全损已不可避免,或者为避免实际全损所支付的费用和继续将货物运抵目的地的费用之和超过了保险价值的状态。《海商法》第二百四十六条第二款规定:"货物发生保险事故后,认为实际全损已经不可避免,或者为避免发生实际全损所需支付的费用与继续将货物运抵目的地的费用之和超过保险价值的,为推定全损。"货物的推定全损,常见的有以下几种情况:货物受损后,完全灭失已不可避免;修复、恢复受损货物的费用将超过货值;货物遭受严重损失后,继续运抵目的地的运费将超过残损货物的价值;丧失对货物的所有权,但收回该所有权的费用将超过货物价值[①]。

2. 部分损失

《海商法》第二百四十七条规定:"不属于实际全损和推定全损的损失,为部分损失。"所谓部分损失(partial loss),是指货物的损失没有达到全损程度的一种损失,是货物的一部分损毁或灭失。部分损失按照造成损失的原因,可分为共同海损和单独海损。

共同海损(general average)是指载货船舶在航行途中遇到了威胁船货共同安全的自然灾害和意外事故,为了维护船货的共同安全或使航程得以继续完成而有意识地、合理地采取措施所直接造成的

---

① 贾林青:《海商法(第三版)》,中国人民大学出版社 2008 年版,第 339 页。

特殊牺牲和支付的特殊费用①。共同海损的牺牲和费用均是为使船舶、货物和运费免于遭受损失而支出的,因而,不论损失与费用的大小,都应由船方、货主和付运费方按最后获救价值共同按比例分摊。这种分摊称为共同海损的分摊(GA Contribution)。

货物的单独海损(particular average)是指运输途中的货物因自然灾害、意外事故等直接造成的无共同海损性质的部分损失。

共同海损与单独海损均属于部分损失,但两者的性质和起因完全不同,补偿的方法也显著不同:共同海损的起因是人为有意识造成的,而单独海损是承保风险所直接导致的损失;共同海损要由受益方按照受益大小的比例共同分摊,而单独海损由受损方自行承担损失。

二、无单放货和错交货所致货损

现实中还可能出现既未发生货物自身的灭失或损坏,也未因迟延交付导致经济损失的情况,但托运人或货方仍可以货损为由提起诉讼。这主要包括无单放货和错交货两种情况。本书认为,货损除了包括货物的灭失、损坏以外,无单放货和错交货情况下出现的损失也应属于货损范围。

(一)无单放货

提单作为一项重要单证,在国际贸易和海上货物运输中,都具有举足轻重的地位。早在1883年,英国的Bowen L. J.大法官就曾经对提单作过一段著名的描述:"提单就如同一把想要打开仓库大门的合法所有者手中的'钥匙',无论货物的状态是在海上运输过程中还是已经靠岸仓储。"[(Bill of Lading)is a key which in the hands of a rightful owner is intended to unlock the door of the warehouse,

---

① 构成共同海损必须具备以下条件:危难真实存在;危难必须威胁共同的安全;牺牲和费用必须是合理的、额外的;挽救措施最后一定要有效果。

floating or fixed, in which the goods may chance to be.]①但在实务中,囿于各种原因,承运人经常无单放货。很显然,无单放货是一种违反运输合同的行为,不仅严重损害了合法提单持有人提取货物的权利,也使承运人置于极大的风险之中②。

(二)错交货

错交货是指承运人将货物交付给了无权提取货物的人③。如提货人虽持有指示提单,但该指示提单上的背书不尽连续,承运人错误交付了货物,违反《海商法》第七十一条的规定。在此情形下,货物本身没有灭失或损坏,更没有迟延交付,只是发生错误交付,同时承运人的主观上不存在"故意或明知"的过错④。

因上述两个问题与本书论述主旨关系不大,故在此不作探究。之所以将无单放货致货损列出来,目的是为了说明,这一情况也应纳入货损范畴之列,从而保证问题研究的全面性、系统性。

三、货损原因组合

在海上运输实践中,能够造成货损的原因按其性质划分,可归结为人为因素和非人为因素。

(一)人为因素

人为因素包括货方因素、第三方因素和船方因素。

货方是指货物所有人、托运人、发货人、收货人、受货人以及他们的受雇人或代理人等。货方原因是指上述人员在海上运输合同被履行过程中,造成货损的行为或不行为。

---

① 参见 Sanders Brothers v. Maclean & Co. (1883)11 QBD 327,第 341 页。
② 为解决中国海事司法审判实践中出现的有关无单放货纠纷法律适用问题,2009年3月5日最高人民法院出台了《最高人民法院关于审理无正本提单交付货物案件适用法律若干问题的规定》,对相关问题作了详细介绍。
③ 司玉琢、蒋跃川:《关于无单放货的立法尝试——评〈UNCITRAL 运输法草案〉有关无单放货的规定》,载《中国海商法年刊》2003 年第 1 期,第 3 页。
④ 郭萍、李晓枫:《论海运承运人单位赔偿责任限制所涵盖的损失类型》,载《中国海商法年刊》2006 年第 1 期,第 376—377 页。

第三方因素是指既非船方亦非货方的其他人造成货损的行为或不行为,如船舶碰撞事故中责任对方的行为、海难救助中救助人的行为、装卸工人罢工、港口主管当局或政府当局的限制或命令及战争、武装冲突或海盗等。就海上运输合同而言,船方实际上是指承运人一方,包括承运人以及船长、船员等承运人的受雇人或代理人等,即承运人应对其行为及后果负责的那些人员。

船方因素主要是指上述人员在履行海上运输合同的过程中,具体表现在提供适航的船舶和驾驶船舶、管理船舶、管理货物以及履行其责任、义务等方面,造成货损的行为或不行为。船方因素又包括可以免责的原因和不可以免责的原因(见图1.1)。

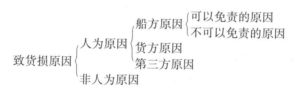

图 1.1 致货损原因

(二) 非人为因素

非人为因素是指不是由于人的行为的原因,而是天灾和海上或其他可通航水域的危险等自然的因素,如地震、海啸、狂风、大浪、冰山等,或者已客观存在的因素,如沉船或其他水下障碍物等,或者瘟疫,货物本身的品质、特性和缺陷、瑕疵等。

综上,人为因素与非人为因素的组合形式非常多,如船方因素与非人为因素、船方因素与货方因素、货方因素与第三方因素等①。本书研究的是国际海运货损赔偿责任规则问题,尤其是多因致货损承运人赔偿责任规则问题,故为便于本书的研究,有必要对致货损原因进行一定程度的划分。

---

① 吴焕宁主编:《国际海上运输三公约释义》,中国商务出版社2007年版,第124—125页。

由于各方无须对非人为因素致货物毁损承担责任，故凡与非人为因素组合的混合原因致货物毁损的责任，只能由另一组合方独自承担。

货方因素与第三方因素组合的混合原因致货物毁损时，承运人当然不用承担赔偿责任，而此时的赔偿责任显然不是本书所要探讨的。

船方因素与货方因素或船方因素与第三方因素组合的混合原因致货损的责任，由于承运人对因货方因素、第三方因素所致货损是无须赔偿的，同时考虑到船方因素之不负责的即是无须赔偿的，所以船方因素与货方因素或船方因素与第三方因素组合的混合原因致货损的责任，和船方因素之负责的原因与不负责的原因组合的混合原因致货损的责任，在是否承担赔偿责任问题上是相同的，可以作为同种类型予以研究，即只探讨船方因素之负责的原因与不负责的原因组合的混合原因致货损的赔偿责任就可涵盖本书所要研究的全部问题。

结合航运和海商法理论与实践，船方因素之负责的原因与不负责的原因组合的混合原因又集中在以下几个方面，即船方未履行适航义务与不负责原因共致货损，船方未履行管货义务与不负责原因共致货损，船方未履行直航义务与不负责原因共致货损。本书的具体考量部分，也将集中这几个方面进行讨论。

第三节　迟延交付与货损

货物自身的灭失、损坏属于货损，自应无疑，对此学界是没有争议的，因此，讨论较多的问题主要集中体现在以下两个方面：一是在《海牙规则》下，货损除了货物的灭失或损坏，包不包括迟延交付所致经济损失？二是货损若不包括迟延交付所致经济损失，承运人当然就无须承担迟延交付所致经济损失的赔偿责任；若货损包括迟延交付所致经济损失,那么这一经济损失又包括哪些?随之而来的就是承运人对此损失可否享受责任限制?毋庸置疑,"随之而来"的问题才是学界讨论货损是否包括迟延交付所致经济损失问题的归结所在。而迟延交付因其存在不同的规定,导致海商法学界和实务界对其属性存在不同观点,故需要对迟延交付的定性进行详细分析。

一、相关国际公约下迟延交付的定性

长期以来,中国学界一般认为在《海牙规则》下,货损不包括迟延交付所致损失,因为《海牙规则》没有关于因迟延交付造成经济损失的赔偿责任的明确规定[①]。其实,《海牙规则》之所以没有明确规定迟延交付,主要考虑到该问题纯属商业问题。将迟延交付视为一种纯商业问题,是因为长期以来,基于海上的固有风险及其不可预见性、海上航运技术水平的低下及设备的落后等客观因素的考虑,人们对海上货物运输时间上的要求远远低于对货物安全运送的要求,相比承运人管货义务而言,承运人及时运送的义务并不那么重要。而且在运输过程中,导致迟延的原因很多,从而对迟延交付的情况列明、承运人对何种迟延交付所致经济损失负责等问题的确定都比较困难。故此,国际社会认为,若通过法律途径过分提及延迟交付,则会无视某些约定俗成的用法和合同惯例,或甚至会损害海运的安全利益,况且迟延交付问题可由有关当事方根据其合同安排加以处理,法院也可以通过诸如合理速遣等惯例来调整。属于商业问题的"迟延交付",应留给国内法律处理[②]。

但是也有学者认为,《海牙规则》没有对迟延交付作出直接的规定,然其规定了不得进行不合理绕航,也规定了承运人可以自愿增加所应当承担的责任。显然这属于"合同双方合理预期或者合理意识"

---

① 吴焕宁主编:《海商法学(第二版)》,法律出版社1996年版,第94页。
② 蒋莉:《承运人迟延交付责任制度研究》,上海海事大学2006年硕士学位论文。

的范围。而且《海牙规则》第 3 条第 2 款所表述的"除第 4 条另有规定外,承运人应当适当而谨慎地装载、操作、积载、运输、保管、照料和卸下所运的货物",就包含了迟延交付要承担法律责任的含义①。另外,尽管《海牙规则》没有关于承运人迟延交付的规定,但一些国家认为公约中的"灭失或损坏"(loss or damage)包括迟延造成的损失,所以,对那些由于承运人过错造成的迟延交货损失,货主可以索赔。

在英国"亚耳丁轮"案(the "Ardennes")中②,约定由承运人将一批蜜柑由卡塞根纳棉(Carthagena)港运往伦敦。船舶代理人口头承诺直驶伦敦,而提单规定了一条"自由条款"。后来,船东命船舶首先去安特卫普。结果船舶延期抵达伦敦,使货主不但多付了关税,而且遭受了市价跌落的损失。法院判决船东承担此损失。"C. Czarmikow Ltd. v. Koufos(The Heron II)"案③、"Satef-Huttenes Albertus SpA v. Paloma Tercera Shipping Co SA(The Pegase)"案④等也表明,如果承运人因不合理绕航而造成货物未能在合理时间内到达目的地,托运人可以索赔因迟延交付所致的市价跌落损失⑤。类似的案例及法官评述还有很多,具体可参见田正大发表在《中国海商法年刊》上的《论迟延交付》一文⑥。

如此看来,国际上普遍将迟延交付造成的损失包括在"loss or damage"中,并受《海牙规则》的调整,尽管《海牙规则》中的某些条款确实是只局限于物理状态意义上的灭失或损坏。由此可以确

---

① 萧言金:《关于延迟运到的认定及其赔偿范围》,载万鄂湘主编《中国海事审判论文选集》,人民法院出版社 2004 年版,第 376 页。
② 宋春风:《论海上运输中的迟延交货损失》,载《中国海商法年刊》1992 年第 1 期,第 135 页。
③ 参见[1967] 2 Lloyd's Rep. 457。
④ 参见[1981] 1 Lloyd's Rep. 175。http://www.lawandsea.net/List_of_Cases/S/SatefHuttenesAlbertus_v_Paloma_Tercera_Pegase_1981_LloydsRep175.html。
⑤ 谢伟、张文广:《运输法公约草案迟延责任浅析》,载李海主编《拱辰集——海商法问题研究》,大连海事大学出版社 2008 年版,第 207 页。
⑥ 田正大:《论迟延交付》,载《中国海商法年刊》1993 年第 1 期,第 131—135 页。

定,在《海牙规则》下,迟延交付问题不会出现矛盾或不合理一说,而在实际上,学者一般也是从完善角度来研究《海牙规则》下迟延交付问题的。

在《汉堡规则》下,因其明确规定了"迟延交付"的概念,即"如果货物未在明确约定的时间内,或者在没有这种约定时,未在按照具体情况对一个勤勉的承运人所能合理要求的时间内,在海上运输契约规定的卸货港交付,便是迟延交付"(《汉堡规则》第5条第2款),且《汉堡规则》有关承运人责任的规定,都是围绕"货物的灭失、损坏以及延迟交付"而展开的,如第5条第4款规定:"(a)运送人对于以下的货物灭失、损坏或迟延交付,负赔偿责任……"因此,《海牙规则》下所争论的问题在《汉堡规则》下是不会产生的。

《鹿特丹规则》也规定了迟延交付的概念,其第21条规定,"未在约定时间内在运输合同约定的目的地交付货物,为迟延交付",且《鹿特丹规则》有关承运人责任的规定,也都是围绕"货物的灭失、损坏以及延迟交付"而展开的,如第17条第3款规定:"……如果承运人证明下列一种或数种事件或情形造成、促成了灭失、损坏或迟延交付,也可免除承运人根据本条第1款规定所负的全部或部分赔偿责任……"因此,《海牙规则》下所争论的问题在《鹿特丹规则》下同样也不会产生。

二、《海商法》下迟延交付的定性

但在《海商法》下,争议的问题比较多。《海商法》第五十条虽然对迟延交付的概念作了规定:"货物未能在明确约定的时间内,在约定的卸货港交付的,为迟延交付",这与《汉堡规则》的规定是大致相同的,但《海商法》第五十一条却规定:"在责任期间货物发生的灭失或者损坏是由下列原因之一造成的,承运人不负赔偿责任……"显然没有将"迟延交付"列入进来,这与《海牙规则》的规定是相同的。如此就引出以下问题:在《海商法》下,为何没有将迟延交付与货物的灭失、损坏进行一体规定？没有进行一体规定将会产生何种问题？《汉堡规则》《鹿特丹规则》将灭失、损坏或迟延交付三者列在一起是否合理？如何定性迟延交付？

（一）迟延交付之定性的规范文本解读

《海商法》采《汉堡规则》之做法，规定了"迟延交付"的概念，但在责任基础条款的规定中却采《海牙规则》之做法，只提及货物的"灭失、损坏"，没有提及"迟延交付"，从而引发学界对为何《海商法》没有如《汉堡规则》一体地对货物灭失、损坏或迟延交付进行规定，而是采取货物灭失、损坏与迟延交付分开规定的方式这一问题进行探讨。

探讨的结论很多，有的学者认为是立法者故意为之，更多的学者认为是一种立法疏漏，还有学者认为是因为在立法时借鉴的《海牙规则》更多一些；有的学者从立法目的进行解释，认为分开规定比一体规定更能保护承运人的利益；也有学者认为分开规定比一体规定更能保护托运人利益。那么，《汉堡规则》为何规定了迟延交付？如何定性迟延交付？

《汉堡规则》之所以规定迟延交付，是因为在生效的国际海运公约中，《海牙规则》和《海牙—维斯比规则》没有关于承运人迟延交付的规定，但"在很多基于《海牙规则》和《海牙—维斯比规则》的各国国内法中，都以明文规定了迟延责任。因此，在起草《汉堡规则》的时候，以各国对承运人处理可能产生不同，而且以航空、铁路、公路有关的各运输公约都规定了迟延责任等为理由，在联合国国际贸易法委员会的原案中，也规定了迟延责任"[①]，其原型来自《国际公路货物运输合同公约》(Convention on the Contract for the International

---

① ［日］樱井玲二：《汉堡规则的成立及其条款的解释》，张既义、李首春、王义源、陈薇薇译校，对外贸易教育出版社1986年版，第123—125页。

Carriage of Goods by Road，CMR)[①]第 19 条，即"当货物未能在议定的时效期限内交付，或虽无此种议定时效期限，但考虑到实际情况后的实际运输期限，特别是在部分运输情况下按正常方式拼装全部货物所需要的时间，超过了允许一个勤勉承运人的合理的时间，即应认为迟延交付发生"。

也有学者指出，除了《国际公路货物运输合同公约》外，《联合国国际货物多式联运公约》(United Nations Convention on International Multimodal Transport of Goods，1980)、《布达佩斯内河货物运输合同公约》(Budapest Convention on the Contract for the Carriage of Goods by Inland Waterways，CMNI)也作了类似的规定[②]，如《联合国国际货物多式联运公约》第 16 条第 2 款规定："如果货物未在明确约定的时间内交付，或者如无此种协议，未在按照具体情况对一个勤勉的多式联运经营人所能合理要求的时间内交

[①] 为了统一公路运输所使用的单证和承运人的责任，联合国所属欧洲经济委员会负责草拟了《国际公路货物运输合同公约》(CMR)，并于 1956 年 5 月 19 日在日内瓦由欧洲 17 个国家参加的会议上一致通过并签订。该公约共有 12 章，就公约的适用范围、承运人责任、合同的签订与履行、索赔与诉讼，以及连续承运人履行合同等作了较详细的规定。
为满足集装箱的运输，联合国所属欧洲经济委员会成员国之间于 1956 年缔结了关于集装箱的关税协定。参加这个协定签字国有欧洲 20 个国家和欧洲以外的 7 个国家。协定的宗旨是相互允许集装箱免税过境，在这个协定的基础上，根据欧洲经济委员会的倡议，还缔结了《国际公路车辆运输协定》(TIR)，根据规则规定，对装运集装箱的公路承运人，如持有 TIR 手册，允许由发运地至目的地，在海关封志下途中不受检查，不支付税收，也可不付押金。这种 TIR 手册是由有关国家政府批准的运输团体发行，这些团体大多是参加国际公路联合会的成员，他们必须保证监督其所属运输企业遵守海关法则和其他规则。协定的正式名称为《根据 TIR 手册进行国际货物运输的有关关税决定》。该协定有欧洲 23 个国家参加，并从 1960 年开始实施。从某种意义上说尽管上述公约或协定有地区性限制，但仍不失为当前国际公路运输的重要公约和协定，并对今后国际公路运输的发展具有一定的影响。
2016 年 7 月 26 日，中国已签署 TIR，并于 2017 年 1 月 5 日对中国生效，为建设通往欧洲的快速"新丝绸之路"迈出了重要一步。中国的加入，使该公约的缔约国数目增长至 70 个，覆盖五大洲。中国成为该公约的缔约国之后，中国的货物集装箱可以通过公路径直运到爱尔兰。樊诗芸：《中国加入〈国际公路运输公约〉：打造通往欧洲的"新丝路"》，http://www.thepaper.cn/newsDetail_forward_1504886。

[②] 张文广：《我国〈海商法〉承运人迟延交付确定标准之不足》，载《中国海商法年刊》2008 年第 1 期，第 277—278 页。

付,即为迟延交货。"《布达佩斯内河货物运输合同公约》第 5 条规定:"The carrier shall deliver the goods within the time limit agreed in the contract of carriage or, if no time limit has been agreed, within the time limit which could reasonably be required of a diligent carrier, taking into account the circumstances of the voyage and unhindered navigation."以此来说明关于"迟延交付"的规定是广泛存在于国际货物运输公约之中的。

比较公约文本可以清楚地发现,在这些国际运输公约中,当"迟延交付"与货物的"灭失、损坏"一体规定于归责原则时,采用了两种表达方式:一是作"loss **resulting from** loss of or damage to the goods, as well as from delay in delivery"或类似的描述。例如,《联合国国际货物多式联运公约》第 16 条第 1 款规定:"The multimodal transport operator shall be liable for loss **resulting from** loss or damage to the goods, as well as from delay in delivery……"《布达佩斯内河货物运输合同公约》也作了类似规定,其第 16 条第 1 款规定:"The carrier shall be liable for loss **resulting from** loss or damage to the goods caused between the time when he took them over for carriage and the time of their delivery, or **resulting from** delay in delivery……"二是作"the carrier shall **be liable for** loss of the goods and of damage, as well as delay in delivery"等描述。例如,《国际公路货物运输合同公约》第 17 条规定:"The carrier shall be **liable for** the total or partial loss of the goods and of damage thereto occurring between the time when he takes over the goods and the time of delivery, as well as for any delay in delivery。"("承运人应对自货物接管之时起到交付时止发生的全部或部分灭失和损坏以及货物交付中的任何延迟负责。")很显然,第一种表述是将货物的灭失、损坏或迟延交付视为造成损失(loss)的原因,第二种表述是将货物的灭失、损坏或迟延交付视为损失本身。

依据判断,《海牙规则》下的货物灭失、损坏是损失本身,因其第 4 条第 1 款规定:"Neither the carrier nor the ship shall be liable for loss or damage arising or resulting from……"考虑到货物灭失、损坏必是由一定原因所致,故可作如下表示:

原因——→货物灭失、损坏＝损失

《汉堡规则》下的货物灭失、损坏与迟延交付则是造成损失的原因,因其第 5 条第 1 款规定:"The carrier is liable for loss resulting from loss of or damage to the goods, as well as from delay in delivery……"考虑到货物灭失、损坏必是由一定原因所致,故可作如下表示:

原因——→货物灭失、损坏、迟延交付——→损失

《鹿特丹规则》下的货物灭失、损坏与迟延交付是损失本身,因其第 17 条第 1 款规定:"The carrier is liable for loss of or damage to the goods, as well as for delay in delivery……"考虑到货物灭失、损坏必是由一定原因所致,故可作如下表示:

原因——→货物灭失、损坏、迟延交付＝损失

《海商法》下的货物灭失、损坏是损失本身,因其第五十条、第五十一条等皆规定为"the carrier shall **be liable for** the loss of or damage to the goods……"而货物的迟延交付则是造成货物灭失、损坏的原因,因其第 50 条第 2 款规定:"the carrier shall be liable for the loss of or damage to the goods **caused by** delay in delivery……"考虑到货物灭失、损坏必是由一定原因所致,故可作如下表示:

原因——→货物灭失、损坏＝损失

原因——→货物迟延交付——→货物的灭失、损坏＝损失

正是由于货物的灭失、损坏、迟延交付的定性不同,才决定《海商法》将货物的灭失、损坏与迟延交付分开进行规定,即其第五十一条只规定:"在责任期间货物发生的灭失或损坏是由于下列原因之一造

31

成的,承运人不负赔偿责任……"同时,也正是由于迟延交付是一种原因,且由迟延交付这一原因所致结果有可能不只是一种,所以,《海商法》才需要继续规定因迟延交付所致经济损失的责任承担情况,即其第五十条第三款规定:"……由于承运人的过失,致使货物因迟延交付而遭受经济损失的,即使货物没有灭失或损坏,承运人仍然应当负赔偿责任。"

  显然,《汉堡规则》在借鉴其原型《国际公路货物运输合同公约》时虽也如同《国际公路货物运输合同公约》一体地规定了"货物的灭失、损坏和迟延交付",但显然没有注意到《国际公路货物运输合同公约》是将"灭失、损坏、迟延交付"视为损失本身的这一事实。之所以没有注意到这一区别,很可能与在起草《汉堡规则》"迟延条款"时各会员国更为关注的是迟延交付之"合理时间"的标准问题相同。在2004年5月24日发布的A/CN.9/552文件中,有与会者对"合理时间"的提法持异议,理由是这种提法过于主观、不准确,而地方法院可能会对该用语作广义解释,从而造成国际法律的不一致。有与会者本着同样的思路指出,创设承运人在"合理时间"内交付货物义务会进一步打破承运人与托运人之间义务的均衡,删除航行过失免责已经改变了这一均衡,已使承运人责任大大加重,不要再在迟延交付问题上给其加重负担。但是主张加入未明确约定交付时间的迟延交付的代表则认为尽管第1款可能加重了承运人的义务,但是第2款关于责任限制的规定已经对承运人迟延交付的赔偿责任作了限制,为承运人提供了适当的救济。在该次会议上,讨论的最终结果是,与会国家达成了共识,对于未明确约定交付时间时迟延交付的责任应当作出规定,以反映在交付上不得有任何不应有的迟延这条一般性原则。由于意见很难统一,在纽约召开的工作组第19届会议上,中国代表团提出折中方案:如果找不到解决托运人迟延交付的计算方法,不如不规定托运人的迟延交付,承运人的迟延交付仅限于"有约定"就有迟延交付,没有约定就没有迟延交付,取消"合理时间内未到达"的迟延交付。因为《汉堡规则》规定的"合理时间内到达"是个难以把握的标准，容易引起争议。公约最终文本采纳了中国的建议①。

由于《汉堡规则》实行的是完全过错责任制且并未像《国际公路货物运输合同公约》《海牙规则》列明承运人不负责事项，故该"没有注意"所导致的问题并没有暴露出来。

当《鹿特丹规则》在归责原则上采《汉堡规则》之完全过失责任制时，虽如同《汉堡规则》一样，将"货物的灭失、损坏和迟延交付"一体予以规定，但将"货物的灭失、损坏和迟延交付"视为损失之本身，而非《汉堡规则》视"货物的灭失、损坏和迟延交付"为损失之原因，这样《汉堡规则》原有的潜在问题就暴露出来了。

《鹿特丹规则》虽采《汉堡规则》之完全过错责任制，但没有采《汉堡规则》之体例，即不列明承运人不负责事项，而仍旧采《海牙规则》之体例，即具体列明了承运人不负责事项。

《鹿特丹规则决》第 17 条第 3 款规定："除证明不存在本条第 2 款所述的过失之外，如果承运人证明下列一种或数种事件或情形造成、促成了灭失、损坏或迟延交付，也可免除承运人根据本条第一款规定所负的全部或部分赔偿责任：（一）天灾；（二）海上或其他通航水域的风险、危险和事故；（三）战争、敌对行动、武装冲突、海盗、恐怖活动、暴乱和内乱；（四）检疫限制；政府、公共当局、统治者或民众的干涉或造成的障碍，包括非由承运人或第 18 条述及的任何人所造成的滞留、扣留或扣押；（五）罢工、关厂、停工或劳动受限制；（六）船上发生火灾；（七）虽恪尽职守仍无法发现的潜在缺陷；（八）托运人、单证托运人、控制方或根据第 33 条或第 34 条托运人或单证托运人对其作为承担责任的其他任何人的作为或不作为；（九）按照第 13 条第 2 款所述及的约定进行的货物装载、操作、积载或卸载，除非承

---

① 司玉琢、韩立新：《〈鹿特丹规则〉研究》，大连海事大学出版社 2009 年版，第 182—184 页。

运人或履约方代表托运人、单证托运人或收货人实施此项活动；（十）由于货物固有缺陷、品质或瑕疵而造成的数量或重量损耗或其他任何灭失或损坏；（十一）非由承运人或代其行事的人所做包装不良或标志欠缺、不清；（十二）海上救助或试图救助人命；（十三）海上救助或试图救助财产的合理措施；（十四）避免或试图避免对环境造成危害的合理措施；或（十五）承运人根据第15条和第16条所赋权利的作为。"

根据原因可能导致的结果的常理推断，上述所列举事项皆可能成为货物灭失或损坏的原因，但就迟延交付而言，第（十）项是无论如何不能成为迟延交付这一损失本身的原因的。

所幸的是，该第（十）项直接从《海牙规则》拷贝过来，规定"由于货物固有缺陷、品质或瑕疵而造成的……灭失或损坏"，而没有包括"迟延交付"，从而在无意之中避免了货物固有缺陷、品质或瑕疵可能成为迟延交付的原因的尴尬。相比之下，《海商法》的规定比较简练，其第五十一条第（九）项将相关内容直接规定为"货物的自然特性或者固有缺陷"。若《鹿特丹规则》就相关内容采《海商法》之表述，显然上述无意中的成全之美就不会成为受人揶揄之对象了。

为何立法者没有注意到这一问题呢？可能与制定《汉堡规则》时的情形差不多，即立法者的关注焦点仍集中在《鹿特丹规则》应如何确定当合同中未约定明确交货时间时的"合理时间"这一核心争议问题上。随着有关"合理时间"的争议因公约最终文本删除了相关规定而平息下来，该立法者没有注意的问题也就再没有被提起。

由此看来，《海商法》对货物的灭失、损坏与迟延交付的分开规定是有一定道理的，将"货物的灭失、损坏"视为损失本身和将"迟延交付"视为造成损失的原因，与其所借鉴的立法例是紧密相连的。当然，该借鉴的立法例因缺少迟延交付时承运人不享有抗辩理由和限制赔偿责任规定而必然存在缺憾。对此，学界一般认为，《海商法》第五十八条第一款关于"就海上货物运输合同所涉及的货物灭失、损坏或者迟延交付对承运人提起的任何诉讼,不论海事请求人是否合同的一方,也不论是根据合同或者是根据侵权行为提起的,均适用本章关于承运人的抗辩理由和限制赔偿责任的规定"之规定,实际上能在一定程度上弥补这一缺憾①。

本书认为,这种通过条款参照适用来实现对承运人的保护是可行的,但毕竟这种参照适用还是影响了关于此问题规定的完整性,实为一种立法技艺上的不成熟表现。正如有学者指出:《海商法》规定了承运人迟延交付的责任,然而其第五十一条第一款关于承运人免责事项的规定却没有明确说明适用于迟延交付。根据《海商法》第五十八条和第五十条第二款、第三款的规定可以看出,免责权利对迟延交付也适用,但条文规定不清楚②。况且,这只是法律条文之间的推定,这种法律上既无明文规定且没有相应的司法解释的状况,在一定程度给司法实践带来不少问题③,因此需要完善相关的立法。

(二)迟延交付之合理定性对司法实践的指导

对迟延交付的正确定性,有助于解决以下长期以来困扰中国学者的两个问题:

第一个问题是,在《海商法》下,对因合理绕航而导致的迟延交

---

① 但另一个缺憾仍然存在。《海商法》第五十条规定:"货物未能在明确约定的时间内,在约定的卸货港交付的,为迟延交付。"换言之,只有明确约定了交付时间的情况下,才会构成迟延交付。由此产生两种观点:一种观点认为,既然《海商法》仅仅规定了约定交付货物时间下的迟延交付,没有规定未明确约定时间的情形,那么无论迟延多久,都不会产生迟延交付问题及责任承担。另一种观点认为,既然《海商法》没有明确规定未约定交付货物的情形,那么承运人在未明确约定交付时间下的迟延交付赔偿责任就不受《海商法》调整,而应由中国《民法通则》《合同法》等其他民事法律调整。这些法律确定了承运人的赔偿责任,但该赔偿责任明显严格于《海商法》下确定的明确约定交付时间的迟延交付货物的赔偿责任。如果按第二种观点来理解,这显然有悖于《海商法》的立法本意,同时也违反了国际航运惯例。然而从整个民商法法律适用的理论体系上,这种解释却也未尝不可。由此便产生了对未约定时间时是否也有迟延交付问题的困境。司玉琢、韩立新:《〈鹿特丹规则〉研究》,大连海事大学出版社2009年版,第187页。

② 司玉琢、韩立新:《〈鹿特丹规则〉研究》,大连海事大学出版社2009年版,第188页。

③ 李红玉:《论承运人迟延交付损失赔偿责任限制》,载中国海商法协会《2007年海商法国际研讨会论文集》,2007年,第43页。

付,承运人是否需要承担赔偿责任问题。《海商法》第四十九条规定:"承运人应当按照约定的或者习惯的或者地理上的航线将货物运往卸货港。船舶在海上为救助或者企图救助人命或者财产而发生的绕航或者其他合理绕航,不属于违反前款的规定的行为。"这表明,船舶在海上为救助或者企图救助人命或者财产而发生的绕航,属于合理绕航。同时该法第五十一条又明确规定,"因为在海上救助或者企图救助人命或者财产"造成的货物灭失、损坏,承运人不负赔偿。依据该两条款的规定,可解决船舶在海上为救助或者企图救助人命或者财产而发生的绕航所导致货物灭失、损坏的责任承担问题,但无法解决船舶在海上为救助或者企图救助人命或者财产而发生的绕航所导致迟延交付的责任承担问题。对此,根据前述《海商法》下货物的灭失、损坏与迟延交付的定性,由于货物的灭失、损坏是损失的本身,所以必须自然要进入思考该损失责任承担问题的阶段,但迟延交付是造成损失的原因,而非损失本身,从裁判阶段上看,还没有进展到思考责任承担问题。确定存在迟延交付后,下一个阶段应思考的问题为,迟延交付是否导致了货物的灭失或损坏,或其遭受经济损失。当迟延交付导致货物的灭失、损坏,赔偿责任的处理直接援引《海商法》第五十条第二款即可;当迟延交付导致经济损失,赔偿责任的处理直接援引《海商法》第五十条第三款即可。显然,第一个问题是一个伪命题。

  第二个问题就是如何处理因不合理绕航所致不属于《海商法》意义上的迟延交付时责任承担问题。司法实践采取两层皮的做法:一方面,法院坚持只有"货物未能在明确约定的时间内,在约定的卸货港交付的"才构成《海商法》下的迟延交付,进而判定不属于《海商法》意义上的迟延交付就不构成《海商法》下的迟延交付。另一方面,法院判定承运人"不合理绕航"而承担货损赔偿责任,即承运人实际上承担了不构成《海商法》下的迟延交付的责任。例如,在"帕玛"轮迟延交货纠纷案中,一方面,法院认为本案没有明确交付时间,故若以《海商法》为依据,是构不上"迟延交付"的,但迟延交付实际上是船舶不合理绕航所致,而根据《海商法》的规定,因船舶不合理绕航导致的迟延交付,承运人是应承担责任的,即使运输合同没有约定交付时间亦然。换言之,法院一方面坚持只有"货物未能在明确约定的实时内,在约定的卸货港交付的"才构成《海商法》下的迟延交付,另一方面则以承运人因不合理绕航而须承担迟延交付的责任[①]。

出现这一问题,固然存在《海商法》立法者没有厘清绕航与迟延交付之间关系的原因,但也与司法实践部门没有正确定性迟延交付存在一定联系,即把迟延交付视为一种损失本身。实际上学界在这个问题上也存在自身矛盾的认识。假设船舶在海上为救助或者企图救助人命或者财产而发生的合理绕航,并导致不属于《海商法》意义上的迟延交付,此时该如何判断责任的承担?因船舶在海上为救助或者企图救助人命或者财产而发生的合理绕航所导致的事实上的迟延交付,显然一方面,依《海商法》第五十条第一款的规定,确认承运人不构成《海商法》下的迟延交付;另一方面,依《海商法》第五十一条第一款规定,即"在责任期间货物发生的灭失或损坏者是由于下列原因之一造成的,承运人不负赔偿责任:……(七)在海上救助或企图救助人命或财产……"承运人当然不负赔偿责任。由此可得,在这一假设情形下,承运人最终无须承担赔偿责任。这一推理能为学界所接受。依合理绕航所导致的事实上的迟延交付之推导过程,对因不合理绕航所致不属于《海商法》意义上的迟延交付时责任承担问题进行分析,显然一方面,依《海商法》第五十条第一款的规定,确认承运人不构成《海商法》下的迟延交付;另一方面,依《海商法》第四十九条之规定,即"承运人应当按照约定的或者习惯的或者地理上的航线将货物运往卸港货",可以确认承运人违反了直航义务,且依《海商法》第四十六条关于过错推定之规定,即"……在承运人的责任期间,货物发生的灭失或损坏,除本节另有规定外,承运人应当负赔偿责

[①] 金正佳:《中国典型海事案例》,法律出版社1998年版,第390—391页。

任",承运人须承担赔偿责任。由此就出现了第二个问题。然而,学界却对这一结论持排斥态度。但这一排斥显然是没有道理的,因为假设情况与第二个问题情况所据以推导的逻辑是相同的,那为何能接受假设的结论,却不能接受第二个问题的司法实践处理结果呢?其实,问题的关键还在于将迟延交付定性为损失本身。在《海商法》下,迟延交付是一种原因,既然是一种原因,就不能在此时来探讨在损失阶段须探讨的赔偿责任承担的问题。依此为据进行分析,问题就很简单了:既然在第二个问题下,并没有构成《海商法》下的迟延交付,就无须考虑这一原因,直接考虑不合理绕航等其他原因即可,从不是一个法律意义上的原因着手解决问题,始终是行不通的。

上述两个问题实质仍是对迟延交付的定性存在混淆认识,加之在具体诉讼中索赔人又以迟延交付为由提起诉讼,在"不告不理"和"以原告诉由进行裁判"的原则指导下以及审判人员过分依赖或强调民法对海商法的补充功能,从而使问题变得更加复杂起来。其实这个问题是很好解决的,关键在于如何确定迟延交付的性质。

能引起迟延交付的原因有多种,如不适航、绕航(包括合理绕航和不合理绕航)、承运人判断失误(如误认为将有暴雨、地震等发生,或误认为船舶出现故障,或误卸等)、迟延抵港受载、延误装卸、转载、港口拥挤或混乱、报关受阻、遭遇不负责事项、受载时接受托运人保函而倒签提单等①。如果不考虑这些因素所致迟延交付,而直接仅就迟延交付进行裁判,显然是错误的。正确的做法应是具体分析迟延交付的原因,如果法律对致迟延交付的原因予以规定,则直接以相关规定裁判之。只有无法成行时,才直接对迟延交付进行裁判。本书对上述两个问题的剖析其实也印证了这一思想。

另外,在司法实践中,也有一些遵循这一思想的案例。例如,在

---

① 杨凌艳:《迟延交付索赔研究》,上海海事大学 2006 年硕士学位论文,第 26—31 页;萧言金:《关于延迟运到的认定及其赔偿范围》,载万鄂湘主编《中国海事审判论文选集》,人民法院出版社 2004 年版,第 376 页。

"张益强与中海集装箱运输有限公司海上货物运输合同损害赔偿纠纷案"中①,由于涉案集装箱实际重量与运单上申报的重量严重不符,且有一个集装箱已在操作中发生倾覆,被告实际上已无法继续承运货物至目的港。原告在知道货物暂时无法运抵目的港的原因后,以被告未在合理期间交付货物即视为货物灭失为由,请求被告赔偿损失。法院在分析该案例时指出,原告作为托运人已经知晓被告未能及时交付货物的原因,也知晓货物的下落,仍然"推定货物灭失"显然不符合《海商法》等关于迟延交付导致推定灭失规定的立法本意。

在"帕玛"轮迟延交货纠纷案中②,被告希腊山奇士海运有限公司(SUKISSED MARINE CO.,Ltd.)应按提单约定的图阿普谢(Tuapse)港至中国北海港的航线将货物运往卸货港,但其没有按提单约定航线航行,擅自将航线变更为图阿普谢(Tuapse)—皮雷埃斯(Piraeus)—亚丁(Aden)—科隆坡(Colombo)—新加坡(Singapore)—中国北海,并在途经港停泊,造成船舶比正常航行时间迟延四个月抵达卸货港。虽然被告提出是为了船货安全而不得不进行拖航和绕航,但所有证据表明,该轮未发现任何故障,具备自航能力。法官最后判决被告承担赔偿责任。其实在该案中,迟延交付实际上是船舶不合理绕航所致,即使根据《海商法》的规定,因船舶不合理绕航导致的迟延交付,承运人也应当承担责任,合同没有约定交付时间亦然。

"吉尔吉"轮迟延交付案与"柯兹亚"轮迟延交付案均表明,被告赔偿因其违反船舶适航义务,不合理延长船期,给原告造成的经济损

---

① 《张益强与中海集装箱运输有限公司海上货物运输合同损害赔偿纠纷案——"迟延交付视为货物灭失"的认定和法律适用》,载《中国涉外商事海事审判指导与研究》2003年第3期,第186页;文萍《试论在海商纠纷索赔中慎用迟延交付的诉因》,http://www.jjfzls.com/ShowArticle.shtml? ID=20083829163156.htm。

② 《"帕玛"轮迟延交货纠纷案》,http:∥class.wtojob.com/class95_42731.shtml。

失,尽管运输合同没有货物交付时间的约定①。

通过上述分析可以看出,迟延交付或许能成为一个诉因,但并非总是一个有效的诉因,如果存在一个更为本真的诉因,那么选择以迟延交付为诉因恐怕是"竹篮打水一场空"。毕竟法律是定分止争的,是讲求事实的,不能成为规避的对象。特别是随着司法界对海商法特性、存在价值有了更为清楚的认识后,贯彻《海商法》精神和穷尽《海商法》适用,越来越成为一条明确而清晰的指导思想。

另外一个延伸问题就是《海商法》如何完善关于迟延交付的规定。《汉堡规则》关于迟延交付的规定,历来为学界所称赞,视为比较契合民法公平之理念,但《汉堡规则》自生效以来,航运发达国家几乎没有参加,这本身说明《汉堡规则》在一定程度和一定阶段内不太符合立法发展方向。特别是其关于迟延交付的规定,学界争论较多,也较激烈,在短期内难分伯仲②。也正基于此,在迟延交付方面,《鹿特丹规则》并没有作出如同《汉堡规则》一样的规定,而是采取了《海商法》的规定模式。毫无疑问,《鹿特丹规则》的平衡性、先进性、创新性、时代性,必将代表一个新的可能的立法发展方向。因此,将来完善《海商法》下关于迟延交付的规定,也必将以《鹿特丹规则》为首选范本。

---

① 黄青男:《确定迟延交付时间标准的立法思考》,载万鄂湘主编《中国海事审判论文选》,人民法院出版社2004年版,第392—394页。

② 例如,是否设定"合理时间",就存在针锋相对的观点。主张将"合理时间"作为确定承运人交付是否迟延的标准的学者认为,排除"合理时间"有悖公平,且合理速遣是承运人的法定义务,另外,中国《民法通则》和《合同法》亦采取同样的立法。对立观点认为,海上货运具有特殊风险性,且"合理时间"是一个极其含糊的概念。参见黄青男:《确定迟延交付时间标准的立法思考》,载万鄂湘主编《中国海事审判论文选》,人民法院出版社2004年版,第390—395页。本书认为,该问题的解决,关键在于如何认识《海商法》的自体性、自洽性。正如被民法学界视为不公平的航海过失免责等,其实是海上货运领域特有的规定。这一规定显然是利益平衡、国家战略、与国际接轨等的产物。既然民法学界能接受航海过失免责等特殊规定,在同样的逻辑思维下,也应当平淡地接受《海商法》未将"合理时间"作为确定承运人交付是否迟延的标准的规定。

第四节 过错与货损

一、出现货损是确定货损赔偿责任的前提

出现货损,是确定货损赔偿责任的前提。这在严格责任制下是没有问题的,因为严格责任制遵循的是"有货损必有责任"的逻辑。例如,在17世纪中期,英国法院通过帕拉代恩诉简和阿利恩(the "Paradine v. Jane, Aleyn, 1647")一案所确立的严格责任就属于此种情况。

在该案中,农民简(Jane)耕种地主帕拉代恩(Paradine)的土地,按照约定,简(Jane)应按期交纳一定的地租。案发该年,由于普鲁特亲王(Prince Rupert)率领的军队占领了简租种的土地,并将简(Jane)从这块土地上驱逐了出去,致使简(Jane)无法耕种,自然颗粒未收,从而不能交纳地租。地主帕拉代恩(Paradine)诉诸法院,农民简(Jane)败诉。此案确立的违约责任是十分严格的,即使发生不可抗力,都不得免责。

正如法官所言:

在该当事人依其自己的合同为他自己设定了一种义务或责任时,他就有义务完成它,只要他能够做到,不管存在什么样的不可避免地会发生的意外事件,因为他本可以通过在合同中作出规定而不在这种情况下承担义务。因此如果承租人答应修理房子,尽管该房子被雷电焚毁了或者被敌对者拆掉了,他仍然应该修复它。(It was resolved, that the matter of the plea was insufficient; for though the whole army had been alien enemies, yet he ought to pay his rent. And this difference was taken, that where the law creates a duty or charge, and the party is disabled to perform it without any default in him, and hath no remedy over, there the law will excuse him. As in the case of waste, if a house be destroyed by tempest, or by enemies, the lessee is excused. A supersedeas was awarded to the justices, that they should not proceed in a cessavit upon a cesser during the war, but when the party by his own contract creates a duty or charge upon himself, he is bound to make it good, if he may, notwithstanding any accident by inevitable necessity, because he might have provided against it by his contract. And therefore if the lessee covenant to repair a house, though it be burnt by lightning, or thrown down by enemies, yet he ought to repair it. Now the rent is a duty created by the parties upon the reservation, and had there been a covenant to pay it, there had been no question but the lessee must have made it good, notwithstanding the interruption by enemies, for the law would not protect him beyond his own agreement, no more than in the case of reparations; this reservation then being a covenant in law, and whereupon an action of covenant hath been maintained(as Roll said)it is all one as if there had been an actual covenant. Another reason was added, that as the lessee is to have the advantage of casual profits, so he must run the hazard of casual losses, and not lay the whole burthen of them upon his lessor; and was cited for this purpose, that though the land be surrounded, or gained by the sea, or made barren by wildfire, yet the lessor shall have his whole rent, and judgment was given for the plaintiff.)[1]

即使在以前的案例中,不允许出租人在战争时期起诉承租

---

[1] 参见 Paradine v Jane [1647] EWHC KB J5(26 March 1647)。

人,但简仍对房租负责。法院认为,双方承诺租赁,如果他们想在某些情况下避免责任,他们可以在合同条款本身进行约定。此外,法院认为,如果承租人从土地的使用中获得利益,那么,承租人应该承担由于使用土地而造成的损失。(Even though in previous cases they would not allow a lessor to proceed against a lessee in time of war, Jane was still liable for the rent. The court held that the parties had committed themselves to the lease, and if they had wanted to provide for the avoidance of liability in certain situations, they could have done so in the terms of the contract itself. Furthermore, the court reasoned, if the lessee was to have the advantage of profiting from the use of the land, he should bear the losses which may occur from the use of the land as well.)[①]

二、货损在过错责任制下的意义

需要讨论的是,货损在过错责任制下是否有意义。根据学者一般观点,过错责任与过失责任是可以互用的,无过错责任与无过失责任也是可以互用的。过错从程度轻重来讲,分为过失与故意。过失尚应负责,故意自不待言[②]。

因为过错责任制的逻辑是"有过错才有责任",故可能这一逻辑会被理解为过错责任原则的适用结果是有无损害无所谓,只要有过错,就追究责任。显然,这样的理解是荒唐的,也不符合实际情况。实际上,在判断赔偿责任时,诉讼各方都会自觉或不自觉地考虑货损之存在,立法者也会自觉或不自觉地考虑货损。

[①] 参见http://en.wikipedia.org/wiki/Paradine_v_Jane。
[②] 参见王泽鉴:《侵权行为法(第一册)》,中国政法大学出版社2001年版,第12页;张新宝:《侵权责任法》,中国人民大学出版社2006年版,第23页。

第二章 国际海运货损赔偿责任基本规则

出现货损,一般要找出致货损的原因,一方面,这是追求事实真相和防止出现类似致货损原因所必须的;另一方面,致货损原因在一定程度上也决定了是否需要承担货损赔偿责任。这一点,无论是在严格责任制下,还是在过错责任制下,都是必须的。在严格责任制下,因不可抗力的原因所致货损,是不承担赔偿责任的;在过错责任制下,除了不可抗力不承担赔偿责任外,有时航行过失、船上火灾等也成为免除承运人货损赔偿责任的法定或约定事项。由此可见,归责原则、不负责事项(免责事项)等皆为国际海运货损赔偿责任确定所须遵循的基本规则。

第一节 归责原则——兼析责任基础的内涵

在严格责任制下,除因不可抗力外,承运人一般要承担全部的赔偿责任,即"有损害必有责任";但在过错责任制(包括不完全过错责任制和完全过错责任制)下,承运人承担货损赔偿责任的前提为货损是因其过错所造成的,即"有过错才有责任",而严格责任制和过错责任制显然都是归责原则探讨的问题。这说明,归责原则是连接货损、致货损原因与赔偿责任的关键要素,只有将归责原则与原因、货损等连接起来,才能最终确定承运人"应不应"承担赔偿责任。由此可见,除了货损、致货损原因外,归责原则是探讨国际海运货损赔偿责任规则不可回避的基本概念。

货损、致货损的原因及其因果关系、归责原则与责任的关系如图2.1所示。

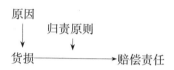

图 2.1　货损、致货损原因、归责原则与责任的关系

图 2.1 可作如下描述:产生货损,需要确定承担责任的合同方和致货损的原因,该合同方"应不应"承担赔偿责任,取决于归责原则。在严格责任原则下,当违约事实发生后,确定违约当事人的责任,应主要考虑违约的结果是否由违约方的行为所造成,而不考虑违约方的故意和过失。也就是说,违约方不履行合同义务,不管其主观上是否存在过错,均应承担违约责任。在过错责任原则下,原则上行为人有过失就应负责任,只有例外情况才不需负责。

一、归责原则的概念与在国际海上货物运输中的地位

(一)归责原则的概念

归责(imputation or attribution)本意为对法律的无知不能成为借口(ignorance of the law does not excuse),来源于拉丁文法谚 ignorantia juris non excusat (ignorance of the law excuses not,不知法律不免责),ignorantia legis neminem excusat (ignorance of law excuses no one,不知法律不成为理由)[①],是指一个没有意识到法律

---

① Joseph Nolan, M. J. Connolly: Black's Law Dictionary(5th Edition), St. Paul: West Publishing Co., 1979, 672-673.

存在的人不能仅仅因为其不知法律的内容而逃避法律的责任（A person who is unaware of a law may not escape liability for violating that law merely because one was unaware of its content.）。具有罗马法传统（a tradition of Roman law）的欧洲法系国家（European-law countries）也经常使用被亚里士多德（Aristotle）翻译成拉丁文的另外一种表述，即"nemo censetur ignorare legem"或"ignorantia iuris nocet"，意指没有人被认为是对法律无知的（nobody is thought to be ignorant of the law），或不知道法律则是有害的（not knowing the law is harmful）。

对于归责的理解，学界主要有以下三种观点：第一种观点认为，归责是指确认和追究行为人的民事责任。第二种观点认为，归责是指责任的归属[1]。第三种观点认为，归责是指行为人因其行为和物件致他人损害的事实发生后，应依何种"根据"使其负责；此种"根据"体现了法律的价值判断，即法律应以行为人的过错还是应以已发生的损害结果为价值判断标准，抑或以公平考虑等作为价值判断标准，而使行为人承担责任[2]。

第一种观点侧重于归责之行为之表述，强调的是动态特征；第二种观点侧重于归责之结果之表述，强调的是静态特征，显然都没有指明归责之实质内涵；第三种观点引入价值判断理论，揭示判断过程、判断依据在归责中的存在意义，故此是一种较为科学的界定。

归责存在于违约责任与侵权责任领域。根据第三种观点，违约责任中的归责是指合同当事人因不履行合同债务的行为发生后，应依何种根据使其负责。就海上货物运输领域而言，承运人的责任归责原则系指在海上货物运输中承运人违反合同或者不履行其他义务

---

[1] 李红伟：《违约责任与侵权责任之比较》，载《沈阳航空工业学院学报》2007年第6期，第20页。

[2] 王泽鉴：《侵权行为法（第一册）》，中国政法大学出版社2001年版，第11—12页；王利明：《侵权行为法归责原则研究》，中国政法大学出版社1992年版，第17—18页。

而造成货物损失及其他损失时,应依据何种根据使其承担财产损害赔偿责任的规则①。

(二)归责原则在国际海上货物运输中的地位

在海商法领域,归责原则是构筑整个承运人责任制度的重要框架,同时又是海上货物运输承运人责任制度的核心。

1. 归责原则之于违约责任构成要件的决定性

根据过错责任原则,某行为人主观存在过错是其承担违约责任的一般构成要件,而严格责任原则显然不以存在过错为其构成要件。然在不完全过错责任原则下,原则上是以违约方存在过错为其构成要件的,但免除了违约方的部分过错责任,如《海牙规则》第4条第2款第1项排除了航海过失。

2. 归责原则之于不负责事由的决定性

根据过错责任原则,不可抗力和意外事故等都可以归于不负责事由范围内,而在严格责任制中,意外事件是不能归于不负责事由范围内的。在不完全过错责任原则下,航海过失与非由承运人本人过错所致火灾也属于不负责事由。

3. 归责原则决定着举证责任的内容

根据过错责任原则,过错为违约责任构成要件,故过错为举证责任中必不可少的内容,由违约一方来证明自身是否具有过错;另外,在过错责任原则下,为保护非违约一方的合法权益,减轻其对过错举证的负担,一般采取过错推定的方式,即违约方一般负有反证其自身不存在过错的责任。而按照严格责任原则之理论,过错的存在与否是不影响违约责任构成的,违约当事人即使证明其自身无过错,亦不能免其责,故违约方并无必要就过错问题进行举证②。

目前海商法学界对归责原则概念本身没有分歧,具体表述与上

---

① 郭锐:《论 UNCITRAL 运输法草案下承运人责任制度的主要变化——兼评〈海商法〉下有关承运人责任制度的完善》,上海海事大学2007年硕士学位论文,第16页。

② 钱翔:《合同法违约归责原则之反思》,载《金卡工程》2009年第9期,第108页。

述概念的内涵并无差别,但由于学界对归责原则到底包括哪些种类存在异议,如是否存在"无过错责任原则",是否应包含"风险责任原则","公平原则"是否也是一种归责原则,等等,所以在一定程度上也带动海商法学界对相关问题的探讨。由于此问题并非本书阐述的对象,故本书对其不予展开研究。

二、归责原则与责任基础

之所以探讨这个问题,是因为学界对责任基础与归责原则的关系存在不同观点,进而无法清晰界定两者的关系,易造成学理和实践的混淆。

(一)观点与评析

1. 第一观点:责任基础等同于归责原则

有学者认为:"关于承运人责任基础的规定,在相关的运输公约中始终处于中心地位,往往是各利害关系方最为关注的条款。目前,各单一运输公约关于赔偿责任基础的规定并不统一,大致上可分为严格责任制和过失责任制两大种。其中,过失责任制又可细分为不完全过失责任制和完全过失责任制。"[①]还有学者指出:"在承运人的责任基础上,《汉堡规则》采用了完全的过失责任制。"[②]

为何学界大多将责任基础等同于归责原则?对此问题,尚无相关研究成果。本书认为,这可能源于相关国际公约的规定。在目前调整国际海上货物运输公约中,除了《海牙规则》外,《汉堡规则》和《鹿特丹规则》均出现"责任基础"(basis of liability)一词,并作为条文名称出现在《汉堡规则》第 4 条和《鹿特丹规则》第 17 条中。冠以"责任基础"的该些条文,大多规定的是归责原则、不负责事项(或免责事项)和举证责任等内容,而归责原则、不负责事项(或免责事

---

① 赵伟:《论 UNCITRAL 运输法草案中承运人的责任制度》,上海海事大学 2005 年硕士学位论文,第 15 页。

② 张丽英:《海商法学》,高等教育出版社 2006 年版,第 145 页。

项)和举证责任等内容,却是确定货损赔偿责任的关键要素。这无形之中提升了责任基础的地位,使之成为一个非常重要的概念。同时,如前所述,在归责原则、不负责事项(或免责事项)和举证责任等内容中,归责原则又起到统率作用,决定着违约责任的构成要件,决定着不负责事项(或免责事项),决定着举证责任。所以,学界会潜意识地将责任基础视同为归责原则,更有学者把责任基础、责任原则、责任、归责原则等视为同等概念:"在国际海上货物运输的法律中,承运人的责任原则(又称承运人的责任基础或承运人责任制),系指承运人对在其责任期间发生的货物灭失或损坏,是否承担赔偿责任所依据的原则……承运人的责任原则主要有两种形式。一是目前国际上(包括我国在内)普遍适用的《海牙规则》或《海牙—维斯比规则》中采用的不完全过失责任原则……二是尚未生效的《汉堡规则》采用的完全过失责任原则。"[①]

2. 第二种观点:责任基础非等同于归责原则

有学者对将责任基础等同于归责原则的观点提出了质疑,如梁玮在其硕士论文《海上货物运输中承运人责任基础研究》中指出:"公约中采用的是责任基础这一说法,但其实质上所包含的内容并不仅仅是归责原则。这些内容的范围已经远远超过了归责原则所包含的内容。因此,国内许多学者直接将责任基础与归责原则等同对待,认为两者的含义基本相同的观点是不严谨的。以《汉堡规则》第5条规定的责任基础为例,该条规定了承运人责任的归责原则、迟延交付、火灾责任、活动物的特殊风险、共同海损外的免责、承运人的雇主责任等内容。最新的运输法草案文本在第17条也规定了承运人的责任基础,该条的标题就是 Basis of liability,该条文所包括的内容有承运人的过失责任,船舶不适航的后果,承运人特定免责事项,货损索

[①] 胡正良、陈佩群:《论国际海上货物运输人责任原则的采用》,载《中国海商法年刊》1990年第1期,第28页。

赔诉讼中的举证责任的分配以及货物损失的分配等。从以上两个公约的条文内容本身,我们可以看出承运人责任基础并不就是我们所说的责任归责原则。因此,笔者认为'责任基础'这一术语应该是从公约的英文规定直译过来的,将其等同于归责原则是一场历史的误会。"①

3. 第三种观点:责任基础可狭义解释为归责原则

有学者在意识到责任基础和归责原则并不能双向涵摄后,为了缓冲这一对立状态,提出广义和狭义责任基础观点,即责任基础可狭义解释为归责原则,如司玉琢先生在《承运人责任基础的新构建——评〈鹿特丹规则〉下承运人责任基础条款》一文中指出:"承运人的责任基础,狭义的解释,相当于大陆法系的归责原则,是指海上货物运输国际公约或相应的国内法'赋予承运人对其所承运的货物应承担的责任'。"②但囿于材料所限,本书没有查询到其对责任基础的广义概念之界定。

那么,责任基础是什么?责任基础与归责原则又是何种关系?如何界定责任基础的概念?

显然,归责原则、责任基础、责任制度、责任指称的并非同一事物。归责原则、责任基础、责任制度都是围绕"责任"而存在的,目的是为了最终确定责任。责任是一种最终的承担结果,是"是什么"的问题;归责原则是确定责任之承担时所凭借的根据或理由,是"凭什么"的问题;而责任制度是在解决"是什么""凭什么"过程中的工具、手段或途径。正如有的学者论述:"归责原则所要解决的并非直接的责任归属问题,而是责任归属的核心依据问题,是在责任成立之时对责任渊源的一种实质追问。它不是'是什么'的问题,而是'凭什么'

---

① 梁玮:《海上货物运输中承运人责任基础研究》,大连海事大学2006年硕士学位论文,第2页。
② 司玉琢:《承运人责任基础的新构建——评〈鹿特丹规则〉下承运人责任基础条款》,载《中国海商法年刊》2009年第3期,第1页。

的问题。"①

（二）国际海上货物运输领域中责任基础的生成机制

就责任归属问题而言，通过责任、归责原则、责任制度的设计就可以解决，似乎没有必要出现"责任基础"这一概念。实际上，在一般民商法律中，也确实很少出现"责任基础"这一概念。那么，为何在国际海上货物运输领域中出现这一概念呢？学界对此问题没有研究，本书尝试从以下几个角度进行分析。

1. 责任基础与赔偿责任限制制度

海事赔偿责任限制被称为航运秩序的基石，之所以在海运法律中规定这一制度，是因为海上运输业被公认为具有岸上行业或者其他行业所不能同等考量的存在较大风险和需要巨额投资的行业，船舶一旦遭受风险，其损失是巨大的；且船舶远离船东，船东对船舶和船员的监控有一定的困难，由于外部风险和船员的疏忽或过失而造成第三方重大人身伤亡和财产灭失，船东有时是无力承担的。因此，海上运输业需要特殊的法律规定予以保护，而海事赔偿责任限制制度就是一个非常重要的倾向于航运业的法律制度②。

《海商法》对海事赔偿责任限制的规制是从两个方面进行的：一方面确认了责任人的赔偿责任及赔偿范围；另一方面又以法定的数额加以限制，从而减轻了责任人的赔偿责任，使权利人本应得到的一部分甚至是大部分赔偿归于消灭。赔偿责任限制是以赔偿责任的存在为前提的，这就在客观上要求须先确定赔偿责任，然后在此基础上，再进行赔偿责任限制。这反映在具体操作中，就要先确定赔偿责任，然后再进行责任限制，赔偿责任处于在先阶段，责任限制处于在

---

① 徐祖林：《侵权法归责原则的论争及其解析》，载《法律科学（西北政法学院学报）》2007年第6期，第84页。

② 陈敬根：《承运人的衍化与海事赔偿责任限制》，载中国海商法协会编《2007年海商法国际研讨会论文集》，内部资料，第1页。

后阶段,责任限制离不开赔偿责任的这一基础。为此,以责任基础来解决处于在先阶段的赔偿责任无疑是必要的。

事实上,《汉堡规则》和《鹿特丹规则》也是将赔偿责任与责任限制分开规定的,而非共同规定在"责任基础"条款中。例如,《汉堡规则》在规定了第 4 条"担负责任的期间"(period of responsibility)和第 5 条"责任基础"(basis of liability)之后,即在第 6 条规定了"责任限制"(limits of liability);《鹿特丹规则》在第 5 章"承运人对灭失、损坏或迟延所负的赔偿责任"(liability of the carrier for loss, damage or delay)规定了"责任基础",但"责任限制"却规定在第 12 章"责任限制"(limits of liability)。换言之,责任限制由《汉堡规则》下的一个条文变成了《鹿特丹规则》下的一个章节,这更进一步说明"责任基础"与"责任限制"是赔偿责任确定过程中的两个阶段。但这两个阶段并非平行的,责任限制的任务是限制责任的,故其本身内含着必先存在责任及其确定,故责任限制是后于责任而存在的。责任基础的任务是确定责任的,但其本身含义却暗示着其所确定的责任并非是终局的,是可以被突破或限制的,因此,也只是一种基础性的、前阶段性的。只有全部经历了责任基础和责任限制两个阶段,最终的责任才能确定。由此可见,责任基础是立法者设置确定责任范式的必然结果,是立法者逻辑思维在法律条文中的必然体现。

2. 责任基础与承运人的衍化

纵观海运业的发展历程,承运人的概念与外延不断处于发展变化之中。承运人在经历着身份上与船舶所有人从合一走向分离的同时,其自身也发生着衍化与裂变。

在海运业发展初始,船舶所有人同时也是海上承运人。到了近现代,随着船舶贸易和海上贸易的发展,经常会发生同托运人签订运输合同的承运人和实际从事该合同项下部分或者全部货物运输的人并不相同的情况。例如,在定期租船运输中,承租人与托运人签订了海上货物运输合同,但实际完成运输的是船舶所有人或者该船的光船承租人。这种承运人和实际从事该项运输的人不是同一人的情况,虽然有利于船舶的经营和效益最大化,但也带来了一系列法律问题,特别是当货物发生损毁时,囿于不同国家对承运人的识别有不同的规定,故提单持有人常常因找不到真正的索赔对象而无法保障其合法权利,或即使找到在某一法律体系下正确的索赔对象时,也往往因耗时太多而超过了诉讼时效。为了解决这一问题,《汉堡规则》效法国际航空货物运输公约,首次规定了实际承运人的概念,将承运人和实际承运人加以区分,并规定:提单由承运船舶的船长签发的,视为代表承运人签发。在定期租船运输中,如果船东实际从事海上货物运输活动,但装卸港的代理人由承租人委托,并且代理人签发了抬头为承租人公司的提单,则提单项下的承运人是承租人,船东仅仅是实际承运人。

随着经济贸易的不断增加,为了加快海上货物运输效率和安全,不同的海上承运人开始组合在一起,共同完成同一人或物的运送,这就是相继的海上运输(或连续运输)。相继的海上运输存在两种承运人:一是与托运人签订运输合同但并不是具体履行海上运输的人;二是代表其他承运人与托运人签订运输合同并完成第一区段运输的承运人。这两种都应称为缔约承运人。与此相对的则是实际承运人,即接受委托,履行全部海上运输或后续海上运输的人。在运输合同关系中,缔约承运人只能有一个,而实际承运人可能是多数[1](见图 2.2)。

随着大交通概念的提出和运输方式一体化的发展,不同的承运人开始尝试使用不同的运输方式来完成同一人或物的运送,这就是多式联运。多式联运是指承运人以两种以上的运输方式,负责将货物从一地运送到另一地的运输。从事该种运输的人称为多式联运承

---

[1] 陈敬根、刘忠:《有关海上承运人货物留置权的三次大辩论及其反思》,载武汉大学国际法研究所编《2007 年海商法国际研讨会论文集》,内部资料,第 25 页。

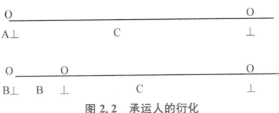

图 2.2 承运人的衍化

注：A 为与托运人签订运输合同但并不具体履行海上运输的人；

B 为代表其他承运人与托运人签订运输合同并完成第一区段运输的承运人；

C 为接受委托或授权，履行全部海上运输或后续海上运输的人

运人。多式联运与相继运输的区别在于前者须运用两种或两种以上的运输方式履行同一货物的运送，而后者不论承运人数目多少，均为同一运输方式①。

《鹿特丹规则》为了完整、准确地调整参与国际货物运输的繁杂主体，同时也为了适应多式联运下"门至门"运输的实际需求，从现实情况出发，将运输主体细分为承运人（carrier）、履约方（performing party）和海运履约方（maritime performing party）。其中，《鹿特丹规则》第 1 条第 6 款规定，履约方是指承运人以外的、履行或者承诺履行承运人在运输合同下有关货物接收、装载、搬移、积载、运输、照料、卸载或者交付的任何义务的人，以该人直接或者间接地在承运人的要求、监督或者控制下行事为限，但不包括由托运人、单证托运人、控制方或收货人直接或间接委任的任何人。《鹿特丹规则》下的"履约方"较之《汉堡规则》下的"实际承运人"，概念外延要更大一些。因为根据《汉堡规则》第 1 条第 2 项的规定，实际承运人仅限于受承运人委托执行货物运输或部分货物运输的任何人，包括受委托执行这项运输任务的其他任何人，而"运输"的通常含义是用交通工具把物资

---

① 陈敬根：《承运人的衍化与海事赔偿责任限制》，载中国海商法协会编《2007 年海商法国际研讨会论文集》，内部资料，第 1—2 页。

从一个地方运到另一个地方,这使得运输实践中从事与运输相关的装载、卸载、照料、储存、保管的港口经营人和其他相关主体很难被归为实际承运人,因而这些主体往往也无缘受到承运人的责任限制和享有各项抗辩权利。"履约方"这一概念,解决了从事货物运输相关业务的主体的定性问题,使得运输法能完整地调整运输的各个环节,增强了法律适用的统一性和可预见性[①]。

《鹿特丹规则》第1条第7款规定,海运履约方是指在货物到达船舶装货港至货物离开船舶卸货港期间履行或者承诺履行承运人任何义务的履约方,一个内陆承运人仅在其履行或者承诺履行的服务完全在港口区域时方为海运履约方。《鹿特丹规则》关于"履约方""海运履约方"的分类思路可溯源至美国《1999年海上货物运输法草案》(简称COGSA 1999)。COGSA 1999第2(a)(1)条款明确将承运人分为"契约承运人"(contracting carrier)、"履约承运人"(performing carrier)和"海运承运人"(ocean carrier),并规定"履约承运人"是指履行、承诺履行或安排履行任何契约承运人在运输合同下的义务的人,但仅以前述主体直接或间接地在契约承运人的要求、监督或控制下行动为限,不管该主体是否被确定为运输合同的一方或在运输合同下负有法律义务;托运人或收货人雇佣的人以及托运人或收货人聘用的人的雇员、服务人员、代理人、合同方或分合同方不属于履约承运人。"海运承运人"是指拥有、经营或租用用于海上货物运输的船舶的履约承运人。《鹿特丹规则》中的"履约方"和"海运履约方"与COGSA 1999中的"履约承运人"和"海运承运人"虽然在定义上存在诸多共同点,但也存在如下区别:一是"履约方"和"履约承运人"履行义务的范围不同,前者履行的义务仅限于货物的接收、装载、搬移、积载、运输、照料、卸载或者交付等八项义务,而后者

[①] 向力:《国际海运业承运人责任体制的传承与发展——〈鹿特丹规则〉承运人责任规则介评》,载《中国海商法年刊》2009年第4期,第11—12页。

却是运输合同下的任何义务。二是"海运履约方"和"海运承运人"在主体构成、履行义务的期间方面存在差别。"海运承运人"必须拥有、经营或租用用于海上货物运输的船舶,而对"海运履约方"则无此种要求;"海运履约方"履行义务的期间被明确限定在货物到达船舶装货港至货物离开船舶卸货港这一期间,而对"海运承运人"则无此种期间要求①。

海运履约方在整个运输中的位置及区段如图 2.3 所示②。

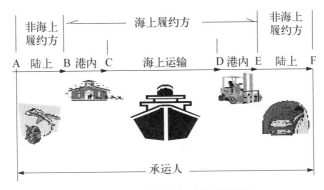

图 2.3　海上履约方与非海运履约方

承运人的衍化带来的直接问题就是如何在承运人和衍化了的承运人中确定货损赔偿责任? 由此产生了统一责任制(uniform liability system)、责任分担制(dispersion of liability)、网状责任制(network liability system)、经修正的统一责任制(modified uniform liability system)、经修正的网状责任制(modified network liability system)等责任形式。

统一责任制是指多式联运经营人对全程运输负责,不论损害发生在哪一区段,均按照同一责任进行赔偿的一种制度。也就是说,多

---

① 向力:《国际海运业承运人责任体制的传承与发展——〈鹿特丹规则〉承运人责任规则介评》,载《中国海商法年刊》2009 年第 4 期,第 11—12 页。
② 摘自司玉琢于 2007 年为大连海事大学海商法博士生讲课所用的课件。

式联运经营人对全程运输中货物的灭失、损坏或延迟交付负全部责任，无论事故是隐蔽的还是明显的，是发生在海运区段，还是发生在内陆区段，均按一个统一原则由多式联运经营人按约定的限额赔偿。

责任分担制也叫作独立赔偿责任制，是指多式联运经营人和各区段承运人在合同中事先划分运输区段，并按各区段所应适用的法律来确定各区段承运人责任的一种制度。

网状责任制是指由多式联运经营人就全程运输向货主负责，但各区段或各运输方式适用的责任原则和赔偿方法仍根据该区段或运输方式的法律予以确定的一种制度。它是介于全程运输负责制和分段运输责任制之间的一种制度，故又称为混合责任制。在网状责任制下，如果发生了不可免责的货运事故，货主可直接向多式联运经营人或区段承运人索赔，多式联运经营人在赔偿时，适用货运事故发生的区段的法律规定。多式联运经营人赔偿后有权就各区段承运人过失所造成的损失向区段承运人进行追偿，当货主直接向区段承运人索赔时，适用该区段的法律规定；当发生了隐蔽损害，货主无法判定损害发生的确切区段时，货主只能向多式联运经营人索赔。

经修正的统一责任制是由联合国多式联运公约所确立的以统一责任制为基础，以责任限额为例外的一种责任制度。根据这一制度，不管是否能够确定货运事故发生的实际运输区段，都适用公约的规定。但是若货运事故发生的区段适用的国际公约或强制性国家法律规定的赔偿责任限额高于联合国公约规定的赔偿责任限额，则多式联运经营人应该按照该国际公约或国内法的规定限额进行赔偿。所以经修正的统一责任制是多式联运经营人承担责任的总体规则，但对责任限额，则适用网状责任制形式。

经修正的网状责任制首先尊重网状责任制，规定如果确知货物是在某个运输区段发生了灭失或损坏（又称"定域化货损"），多式联运经营人的赔偿责任和责任限额适用调整该区段的国内法或国际条约；如果无法确知货物是在某个运输区段发生了灭失或损坏（又称

"非定域化货损"),则厘定一个统一标准来确定多式联运经营人的归责原则和责任限额。

显然,若在一个条文中规定承运人或衍化了的承运人及其责任承担,是不可能的,相反,为了正确、科学地廓清他们之间在责任承担等方面的关系,实有必要分开规定。另外,无论承运人衍化到什么程度,无论衍化了的承运人承担何种责任,其所承担的赔偿责任的归责原则、不负责事项(或免责事项)和举证责任是相同的,这些是承运人和衍化了的承运人承担责任的共同前提和基础。由此看来,设定"责任基础"条款,不仅必要,而且科学、简约。

通过《汉堡规则》和《鹿特丹规则》相关条文分析也可得到上述印证。

《汉堡规则》第二部分"运送人的责任"(liability of the carrier)包括第 4 条至第 11 条,其中,第 5 条规定的是"责任基础"(basis of liability),第 10 条规定的是"运送人和实际运送人的责任"(liability of the carrier and actual carrier)。很明确,《汉堡规则》下,运送人和实际运送人是在责任承担规则或原则相同的基础上承担责任的,这个"责任承担规则或原则相同的基础"便是"责任基础"。

《鹿特丹规则》第 5 章规定的是"承运人对灭失、损坏或迟延所负的赔偿责任"(liability of the carrier for loss, damage or delay),并依次规定了第 17 条"责任基础"(basis of liability)、第 18 条"承运人为其他人负赔偿责任"(liability of the carrier for other persons)、第 19 条"海运履约方的赔偿责任"(liability of maritime performing parties)。《鹿特丹规则》这一条文排列更表明承运人、海运履约方等的责任承担规则或原则是相同的,而责任承担规则或原则的相同性显然是其合作及合作得以继续下去的基础和前提。

3. 责任基础与责任承担的内在推演逻辑

如前所述,归责原则体现了一种价值判断,货损、致货损原因及其因果关系等事实要素,只有与体现价值判断的归责原则相结合,才能确定"应不应"承担赔偿责任的问题。但"应不应"承担赔偿责任是一种应然状态,其与"要不要"承担赔偿责任这一实然状态,显然还有一段距离,而与"要赔多少"更有一段距离。很显然,"要赔多少"是与赔偿责任限制紧密相关的,赔偿责任限制并非"责任基础"考虑的对象,故"要赔多少"不宜纳入"责任基础"条款。由此,从"应不应"到"要不要赔"这一阶段中的考查、判断必须统归于一个范畴,才能有效解决这一阶段内的问题。而这一阶段中的考查、判断的内容便是举证责任的分配与顺序、不负责事项(或免责事项)等。相关国际公约也确实将这一阶段考查、判断的内容归于一个范畴,且大多规定于一个文中,并以"责任基础"冠称之。

(三)责任基础的本质:一种解决方案或技艺

通过上述分析可知,责任基础是确定货损责任的承担所应遵循的原则或制度的有机结合体,是将归责原则、举证责任分配、不负责事项(或免责事项)等因素进行整合后所形成的确定货损赔偿责任承担的一种解决方案或技艺。

责任基础内涵丰富,主要包括以下几点:

第一,责任基础是一种解决方案或技艺。责任基础不是一种原则,也不是一种制度,而是确定货损赔偿责任承担时的一种解决方案或技艺。

第二,责任基础是一个有机结合体。责任基础是一种解决问题的方案,必然包含了许多解决问题的原则和制度,但这些原则和制度并非杂乱无章的,而是相互影响、相互制约的,从而体现出一种系统性、自洽性的特征。

第三,责任基础解决的是最初阶段的问题。问题的解决通常会经过数个阶段,责任基础解决的只是问题的数个阶段中的最初阶段的问题,且能完全解决最初阶段的所有问题。

第四,责任基础是解决问题其他阶段的必经阶段。责任基础所解决的最初阶段的解决结果有可能是最终的结果,也有可能不是最终结果,更有可能是与最终结果相左的,但即使问题的其他阶段的解决结果对冲了责任基础所解决的最初阶段的解决结果,其他阶段解决结果仍是建立在最初阶段解决结果之上的。换言之,没有最初阶段的解决结果,就没有其他阶段的解决结果。

在责任基础这一有机结合体内,归责原则虽然起到了统率作用,决定着违约责任的构成要件,决定着不负责事项(或免责事项),决定着举证责任,但"统率"并不同于"等于","统率"一词是用来揭示两种事件之间的关系的,其本身蕴含着存在两种各自独立的事物的含义。所以,在归责原则、举证责任、不负责事项(或免责事项)等植入责任基础下,将归责原则等同于责任基础,显然不符合概念解释原则。

虽然责任基础与归责原则是两个不同的概念,且归责原则是责任基础这一解决方案中的有机组成部分,但两者并非是上下位阶的关系。责任基础是一种解决问题的方案或技艺,归责原则是解决问题的一种工具,两者归属范畴不同;作为一种工具,归责原则解决问题的优劣,还取决于责任基础对其他构成部分机能的赋予程度,两者在问题解决的过程中均具有主动性与受动性特点。

三、国际海上货物运输中归责原则的演变

在国际海上货物运输领域中,一个国际公约的出现,并不意味着调整同一内容的另一个国际公约的消亡,但后一个国际公约的出现,必然是对前一个国际公约进行扬弃的结果。所以沿着国际海上货物运输中归责原则的历史发展轨迹来分析题设内容,不仅能判断每一归责原则的内涵,而且能真正体味某一新的归责原则产生的时代背景。在海商法领域,归责原则经历了从严格责任制到不完全过失责任制再到完全过失责任制的发展过程。

(一)从严格责任制到不完全过失责任制

1. 严格责任制

在中世纪,货主虽然将货物交给承运人,但一般是随船航行的,

第二章　国际海运货损赔偿责任基本规则

所以那时承运人虽然在接收货物后也交付凭据,但该凭据只不过是货方在船舶到达目的港时提取货物的凭证。这种货物的交付、接受和提货的整个过程,实为货物的保管行为,承运人作为货物的保管人,依照物权法的一般观念,对货物的安全当然要承担全部的责任。英国普通法就要求承运人对托运人交付的货物,除天灾、战争、货物本身缺陷或共同海损牺牲以外,应承担完全责任。此时,承运人的归责原则是严格责任制。

以严格责任作为归责原则,一直持续到19世纪,但严格责任所依据的基础不再是物的保管行为理论,而是公共承运人理论,即将船东视为公共承运人,"因而承运人也就对在运输过程中所发生的货物损坏或损失负有严格责任,除非承运人不仅能够证明它的疏忽并不是造成损坏或损失的原因,而且能够证明损失是由于天灾、公敌行为、托运人的错误或货物的潜在缺点这几项除外原因之一造成的"[①]。这一点在美国体现得较为突出。1858年,美国最高法院在the "Niagara v. Cordes"案的判决中写道:

> 公共承运人通常被分为两类,亦即陆路承运人和水路承运人。在普通法中,陆路承运人究其性质而言是保险人,应当对于托付给他照看的货物予以安全地积载和运输,在任何情况下,都应当对所有损失负责,除非他能证明损失是由于天灾,或公敌行为,或货主行为所造成。
>
> 水路承运人和陆路承运人一样,在任何立法没有不同的规则时,一般说来,他也是一个保险人,在所有情况下,对于一切损失或损害,都应当负责,不论它是怎么发生的,除非是由于天灾或公敌行为,或一些其他的原因和事件,在承运人方面没有任何过错或疏忽,并且在提单中明确加以排除。(Common carriers

---

[①]　杨良宜:《提单及其付运单证》,中国政法大学出版社2001年版,第406页。

are usually described as of two kinds, namely, carriers by land and carriers by water. At common law, a carrier by land is in the nature of an insurer, and is bound to keep and carry the goods entrusted to his care safely, and is liable for all losses, and in all events, unless he can prove that the loss happened from the act of God, or the public enemy, or by the act of the owner of the goods. Common carriers by water, like common carriers by land, in the absence of any legislative provisions prescribing a different rule, are also, in general, insurers, and liable in all events, and for every loss or damage, however occasioned, unless it happened by the act of God, or the public enemy, or by some other cause or accident, without any fault or negligence on the part of the carrier, and expressly excepted in the bill of lading.)①

但由于当时契约自由思想开始兴起并广泛传播，契约自由原则开始被各国陆续确定下来。这反映在航海运输关系中，就是承运人通过与托运人订立契约或者在货物凭据上记载免责条款来免除承运人的责任，"甚至连承运人及其代理人或受雇人对所载货物应给予适当注意和提供适航船舶这两项默认的义务"，也都予以免除②。对此，有的国家明确予以控制，如美国联邦法院指出，凡是意图通过合同条款而免除承运人对其本身疏忽行为所致损失或损害应承担的责任的，即"疏忽免责条款"，一律以违反公共政策而宣告无效。有的国家则明确予以支持，如英国虽然也声称对船东实行严格责任，但其允许

---

① Nicolas Healy & David Sharp: Cases and Materials on Admiralty, 2nd ed, St. Paul, Minn. USA, West Publishing Co., 1986, 334. http://supreme.justia.com/us/62/7/case.html.
② 司玉琢：《提单责任基础的重大变革——对〈汉堡规则〉实行完全过失责任制的分析》，载《司玉琢海商法论文集》，法律出版社1995年版，第29页。

船东通过"疏忽免责条款"的约定来免除其全部或部分责任。当时英国皇家航运委员会称:"在英国法中,没有任何规定可以阻止船东来免除全部或部分责任,按照大约以 1800 年以来逐渐普及的一种做法,英国的船东习惯性地在他们的提单中用合同来免除他们在普通法上的很大程度的责任。"[1]

19 世纪中叶以后,随着英国航海技术和航运业的快速发展,美国航运业步入低谷。面对英国快速发展的航运业,如何加快美国航运业的发展,就成为美国亟须解决的问题。另外,英国船方依赖其强势地位,在运输合同中大量订立"疏忽免责条款",而"免责条款广泛使用之结果,受害最深者为美国之进出口商。自 1857 年以后,由于钢铁轮船逐渐代替木造船以后,美国本土缺乏钢铁及技术,无法建立最新之舰队,而其原有之木造船舶亦于南北战争之中(1861—1865年)损失大半。于是,美国之输出入运送,完全为英国船舶所控制,连带的对于英国承运人所订立之苛刻条款唯有毫无反抗地接受"[2]。因此,如何限制免责条款的泛滥,以保障美国货方利益,也就成为美国亟须解决的另一个问题。

对于第一个问题,美国通过立法确立了两项制度:一是确立了美国式的船东责任限制制度,即船东因其工作人员错误所造成的责任限额限定为船价加本次航运所得运费之和;二是确立了火灾免责制度,即船东对非由于其本人的"策划或疏忽"所发生的火灾损失完全免责。该两项制度的确立有力地促进了美国航运业的发展。

对于第二个问题,美国最高法院则进一步强调"疏忽免责条款"之于公共政策的违法性,并强调船东使船舶适航的基本义务,以保障

---

[1] Raoul P. Colinvaux: The Carriage of Goods by Sea Act, 1924, London: Stevens, 1954, 3.

[2] 施智谋:《海商法专题研究》,载台湾政治大学法律学系法学丛书编辑委员会编《台湾政治大学法律学系法学丛书》,台湾政治大学出版社 1997 年版,第 2 页。

美国货方的合法权益。例如,在 1872 年的"纽约中央铁路公司诉洛克伍德案"(the "Railroad Co. v. Lockwood")中,一名叫洛克伍德(Lockwood)的牲畜贩子,在乘坐由纽约中央铁路公司(New York Central Railroad Company)执行的从布法罗(Buffalo)到奥尔巴尼(Albany)的运输过程中受伤而提起损害赔偿诉讼。在布法罗时,纽约中央铁路公司要求洛克伍德签署一项协议,由洛克伍德自行承担牛在装卸和运输过程中遭受的损害,以及其本人或与牛随行的人遭受的损害,洛克伍德放弃所有在火车上受到损害或伤害的索赔,这样洛克伍德即可获得一个牲畜商通行证。也就是说,该通行证证实洛克伍德可以托运足量的牲畜前往奥尔巴尼,但针对该批牲畜运输过程中的损失或导致的人员伤害放弃赔偿请求的权利。(Lockwood, a drover, was injured whilst traveling on a stock train of the New York Central Railroad Company proceeding from Buffalo to Albany, and brought this suit to recover damages for the injury. He had cattle in the train, and had been required at Buffalo to sign an agreement to attend to the loading, transporting, and unloading of them, and to take all risk of injury to them and of personal injury to himself or to whomsoever went with the cattle, and he received what is called a drover's pass; that is to say, a pass certifying that he had shipped sufficient stock to pass free to Albany, but declaring that the acceptance of the pass was to be considered a waiver of all claims for damages or injuries received on the train.)[1]美国最高法院认为:

在规定自身责任的免除既不公平也不合理时,公共承运人

---

[1] 参见 84 U. S. 357(1873),https://supreme.justia.com/cases/federal/us/84/357/case.html。

依法不能规定自身责任的免除；公共承运人规定免除其本人或其受雇人的过失责任，既不公平也不合理；公共承运人不能通过签订限制其自身责任的合同以放弃自身的特性，从而规避其本应承担的义务；细心和忠诚是公共承运人的基本工作职责，不能被放弃；未履行该些职责便构成"疏忽"，区别是"严重"的疏忽还是"普通"的疏忽并不必要。(A common carrier cannot lawfully stipulate for exemption from responsibility when such exemption is not just and reasonable in the eye of the law. It is not just and reasonable in the eye of the law for a common carrier to stipulate for exemption from responsibility for the negligence of himself or his servants. A common carrier does not drop his character as such merely by entering into a contract for limiting his responsibility. That carefulness and fidelity are essential duties of his employment which cannot be abdicated. That a failure to fulfill these duties is "negligence", the distinction between "gross" and "ordinary" negligence being unnecessary.)

在 1889 年的 the "Liverpool and Great Western Steam Co. v. Phoenix Insurance Co."案中，美国最高法院认为：

公共海运承运人不得与托运人规定免除其因船员或船上的雇员的疏忽引起的海上风险而造成货物毁损的赔偿责任；在公共海运承运人规定免除其因雇员疏忽而承担责任的问题上，美国法院不受合同所约定的国家的法院做出的裁决的约束。(A common carrier by sea cannot, by any stipulation with a shipper of goods, exempt himself from all responsibility for loss or damage by perils of the sea arising from negligence of the officers or crew. Upon a question of the effect of a stipulation exempting a common carrier from responsibility for negligence of his servants, the courts of the United States are not bound by decisions of the courts of the state in which the contract is made.)[①]

其他类似案例还有 1886 年的 the "Phoenix Insurance Co. v. Eric & Western Transportation Co."案[②]、1897 年的 the "Compania de Navigation la Flecha v. Brauer"案[③]等。

2. 不完全过失责任制

第一个问题的解决是有利于船方的,第二个问题的解决是有利于货方的,而船方与货方总是存在某些利益对抗的,故当这两个问题共存于美国国内时,如何解决两者的利益对抗部分,就成为一件非常棘手的骑墙问题。这就需要美国在货方和船方之间求得平衡,找寻一种船货双方均能接受的方案。于是,在 1893 年,美国《关于船舶航行、提单以及与财产运输有关的某些义务、职责和权利的法案》(*An Act Relating to Navigation of Vessels, Bills of Lading, and to Certain Obligations, Duties, and Rights in Connection with the Carriage of Property*)(又称《哈特法》,*Harter Act*)应运而生。1892 年,来自俄亥俄州的国会议员哈特向国会提交了一项议案,限制英国船东借"合同自由"原则肆意在提单规定"负责条款"以减轻承运人责任或排除普通法为承运人规定的义务的行为,以有效保护美国货主的利益。1893 年 2 月 13 日,美国总统本杰明·哈里森

---

① 参见 129 U. S. 397(1889),https://supreme.justia.com/cases/federal/us/129/397/case.html。
② 参见 117 U. S. 312(1886),https://supreme.justia.com/cases/federal/us/117/312/。
③ 参见 168 U. S. 104(1897),https://zh.scribd.com/document/310934652/Compania-De-Navigacion-La-Flecha-v-Brauer-168-U-S-104-1897。

（Benjamin Harrison）签署了该草案，《哈特法》正式成为美国法律。《哈特法》是处理海上货物运输中货损风险分担的第一部立法，被誉为"海事立法上的一项创新"，正是由于《哈特法》的出台导致了1924年《关于统一提单若干法律问题规定的国际公约》（International Convention for the Unification of Certain Rules of Law Relating to Bills of Lading）即《海牙规则》的最终制定。《哈特法》至今仍然生效，适用于美国的沿海运输与内河运输[①]。《哈特法》创造了一种妥协的新模式，即在宣布"疏忽免责条款"的违法性和无效的同时，以承认船方航行管理中过失免责为主要代价，来换取货方得到船舶的适航性和适货性的保证。《哈特法》第1条至第3条规定：

> 凡是从美国港口开出，或在美国和外国港口间运输商品或财产的船舶的经理、代理人、船长或船舶所有人，在任何提单或航运单据中写入任何条款、约定或协议，使他或他人对委托给他或他们保管的任何或所有合法商品或财产在由于疏忽、过失或没有适当装载、配载、保存、照料或适当支付而造成的灭失或损坏免责，均属不合法。写入提单或航运单据的这种内容的任何或所有文字或条款均属无效。
>
> 凡是从美国港口开出，或在美国和外国港口间运输商品或财产的船舶，它的所有人、船长、代理人或经理，在任何提单或航运单据中写入任何条款、约定或协议，使该船舶的所有人或各所有人恪尽职责适当配备该船人员、装备船舶、配备供应和装置该船，并使该船适航和能够执行它的预定航程的责任，或使船长、高级船员、代理人或雇用人细心搬运和配载货物，并照料和适当

---

① 张文广：《海上货物运输法的历史发展及其启示》，载《中国海商法研究》2013年第2期，第14—21页。

交付货物的责任有任何减少、减轻或避免这项责任的,均属不合法。

  如果从美国港口开出,或在美国和外国港口间运输商品或财产的任何船舶的所有人恪尽职责,使该船在各方面适航,并适当配备人员、装备船员、配备供应,则该船、所有人或各所有人、代理人或租船人都不应对由于该船在航行或管理中的过失或错误所造成的损失或灭失负责……

  《哈特法》第1条和第2条排除"疏忽免责条款",实质上确认了凡因承运人等的过失导致的货物的灭失或损坏,承运人都应负赔偿责任。显然这是过错归责原则的规定。但是因《哈特法》第3条规定在航行或管理中的过失或错误所造成的损失或灭失免除承运人的赔偿责任,使得承运人的过失责任制变得不完全了,故可以认定,《哈特法》确立了不完全过失责任制。

  《哈特法》的相关内容也体现在1924年的《海牙规则》中。

  首先,《海牙规则》排除了"疏忽免责条款",其第3条第8款规定:"运输合同中的任何条款、约定或协议,凡是解除承运人或船舶对由于疏忽、过失或未履行本条规定的责任和义务,因而引起货物或关于货物的灭失或损坏的责任的,或以下同于本公约的规定减轻这种责任的,都一律无效……"

  其次,《海牙规则》也确立了不完全过失责任制,其第4条第2款第17项规定:"非由于承运人的实际过失或私谋,或者承运人的代理人或雇佣人员的实际过失或疏忽所引起的其他任何原因……"这一条款表明,除本款另有规定外,凡因承运人及其代理人或雇佣人员的过失或疏忽导致的货物的灭失或损坏,承运人都应负赔偿责任。这显然是过失责任制的规定,但《海牙规则》第4条第2款却规定:"不论承运人或船舶,对由于下列原因引起或造成的灭失或损坏,都不负责:(1)船长、船员、引水员或承运人的雇佣人员,在航行或管理船舶中的行为、疏忽或不履行义务。(2)火灾,但由于承运人的实际过失或私谋所引起的除外……"这一条款表明,对因航海过失或火灾过失所致货物灭失或损坏,免除承运人的赔偿责任。由此,使得承运人的过失责任制与《哈特法》的规定一样,也变得不完全了,即《海牙规则》的归责原则为不完全过失责任制。

(二) 从不完全过失责任制到完全过失责任制

1.《汉堡规则》

第二次世界大战结束后,民族独立运动快速发展,发展中国家包括新独立的国家要求建立新的国际经济新秩序的呼声日益高涨。这反映在航运业领域,便是针对发达国家船方占优势地位而发展中国家和非航运国家货方处劣势地位的境况,联合国在联合国贸易法委员会的主持下,于1978年3月审议通过了《1978年联合国海上货物运输公约公约》,即《汉堡规则》。《汉堡规则》在归责原则方面确立了新的制度:

一是确立了完全过失责任制。这可从以下几个条款规定进行判断。《汉堡规则》第5条第4款第1项规定:"承运人应对下列事项负责任:(1)由火灾所引起的货物灭失、损坏或迟延交付……火灾是由于承运人、其受雇人或代理人的过失或疏忽所造成;(2)……由于承运人、其受雇人或代理人在可能合理的要求他采取灭火以及避免或减轻其后果的一切措施方面的过失或疏忽所造成的货物的灭失、损坏或迟延交付。"第5条第5款规定:"……如果承运人证明,他是按照托运人对有关活动物所作的专门指示行事,并且证明,根据具体情况,灭失、损坏或迟延交付可以归之于这种风险,便应推定灭失、损坏或迟延交付是因此而造成的,除非提出证明,该灭失、损坏或迟延交付的全部或部分是由承运人、其受雇人或代理人的过失或疏忽所引起的。"第5条第7项规定:"如果货物的灭失、损坏或迟延交付是由于承运人、其受雇人或代理人的过失或疏忽连同另一原因所引起,承运人只在能归之于这种过失或疏忽所引起的灭失、损坏或迟延交付的范围内负责……"

二是确立了除火灾以外的全部推定过失责任制。《汉堡规则》第5条第1款规定:"如果引起货物的灭失、损坏或迟延交付的事故发生在第4条定义的承运人掌管货物的时间,承运人对由于货物的灭失、损坏以及迟延交付所造成的损失负赔偿责任……"从该条款规定可得,《汉堡规定》实行的是推定过失责任制。同时《汉堡规则》第5条第4款第1项规定:"承运人应对下列事项负责任:(1)由火灾所引起的货物灭失、损坏或迟延交付,如果索赔人证明,火灾是由于承运人、其受雇人或代理人的过失或疏忽所造成;(2)经索赔人证明,由于承运人、其受雇人或代理人在可能合理的要求他采取灭火以及避免或减轻其后果的一切措施方面的过失或疏忽所造成的货物的灭失、损坏或迟延交付。"从该条款规定可得,《汉堡规则》实行的是除火灾以外的全部推定过失责任制。

2.《鹿特丹规则》

2008年,联合国第63届大会第67次全体会议通过的《联合国全程或部分海上国际货物运输合同公约》(又称《鹿特丹规则》),在归责原则方面基本上也实行完全过失责任制。

《鹿特丹规则》第17条第2款规定:"如果承运人证明,灭失、损坏或迟延交付的原因或原因之一不能归责于承运人本人的过失或第18条述及的任何人的过失,可免除承运人根据本条第1款所负的全部或部分赔偿责任。"第17条第4款:"虽有本条第3款规定,但有下列情形之一的,承运人仍应对灭失、损坏或迟延交付的全部或部分负赔偿责任:(1)索赔人证明,承运人或第18条述及的人的过失造成、促成了承运人所依据的事件或情形;或(2)索赔人证明,本条第3款所列事件或情形以外的事件或情形促成了灭失、损坏或迟延交付,且承运人无法证明,该事件或情形既不能归责于其本人的过失,也不能归责于第18条述及的任何人的过失。"

第二章　国际海运货损赔偿责任基本规则

但与《汉堡规则》实行的除火灾外的全部推定过失责任制不同，《鹿特丹规则》仅在管货义务和适航义务方面实行承运人推定过失责任制。《鹿特丹规则》第17条第1款规定："如果索赔人证明，货物灭失、损坏或迟延交付，或造成、促成了灭失、损坏或迟延交付的事件或情形是在第4章规定的承运人责任期内发生的，承运人应对货物灭失、损坏和迟延交付负赔偿责任。"该规定表明，管货义务实行承运人有过失推定。第17条第5款规定："虽有本条第3款规定，在下列情况下，承运人还应对灭失、损坏或迟延交付的全部或部分负赔偿责任：（1）索赔人证明，造成或可能造成或促成灭失、损坏或迟延交付的原因是：船舶不适航；配备船员、装备船舶和补给供应品不当；或货舱、船舶其他载货处所或由承运人提供的载货集装箱不适于且不能安全接收、运输和保管货物；并且（2）承运人无法证明：本条第5款第1项述及的任何事件或情形未造成灭失、损坏或迟延交付；或承运人已遵守第14条规定的恪尽职守的义务。"该条款规定表明，适航义务实行承运人有过失推定。

另外，海商法学界也有一种观点认为，目前，随着航海技术的快速发展，人类抵抗海上风险能力不断提高，且为了追求公平公正，国际海运承运人归责原则应实行严格责任制。比如，承运人肆意排放压载水致海洋污染行为应承担比较严格的赔偿责任。本书认为，此种观点有待商榷。例如，船舶压载水的作用是增加船舶的平衡性和稳定性。随着国际贸易、航运业和船舶建造技术的发展，船舶压载水的排放给海洋生态环境造成了严重危害。为了防治船舶压载水外来物种的入侵，相关国际组织、区域性组织等都进行了大规模的立法活动。2004年2月，国际海事组织成员国外交大会通过了《国际船舶压载水和沉积物管理与控制公约》。若因压载水的不当排放引起货损，承运人或依管货义务，或依管船义务，而承担或不承担相应的赔偿责任。然此时，仍遵循的是过失责任制。但从行政法角度看，压载水的不当排放，必定引起法律责任，此处的法律责任显然是一种严格责任。两者讨论的语境不同,结论也是不同的,但无论如何,在民商法下,压载水的不当排放引起货损,只能遵循过失责任制。

第二节　不负责事项：免责事项的合理外延及不负责事项之所依归

无论是严格责任制,还是过错责任制,承运人对由天灾、战争、货物本身缺陷等事项所致货损,一般是不承担责任的,特别是在过错责任制下,有时会出现免除承运人对航行过失、船上火灾等责任的法定或约定情况。显然,不负责事项也是探讨海运货损赔偿责任规则不可回避的基本概念和考量要素。

一、免责事项及其合理外延

之所以提出这个问题,是因为长期以来,海商法界经常不分不负责的具体情形而一概以免责事项统称之。出现这种情况,概因相关海商法律或国际海上货物运输公约经常通过列举方式将不负责情形规定于一个条款之中,且列举的不负责情形之最终法律结果是一样的,即承运人对因所列举的不负责情形所致货损不承担货损赔偿责任,而是由托运人或收货人自担。

近些年来,学界已开始注意到这一统称的不合理性,有的学者开始尝试对《海牙规则》等列举的不负责情形进行分类。例如,有的学者将不负责情形分有过失免责与无过失免责,即将航行过失免责和管船过失免责归为过失免责,其他归为无过失免责[①]。也有学者将其

---

① 李程程:《比较海牙规则、维斯比规则、汉堡规则及我国〈海商法〉有关海上承运人免责条款的规定》,载《商业文化》2008年第1期,第355页。

分为五类①：因除外责任而免责②，因除外危险而免责③，因托运人责任而免责④，因货物本身性质而免责⑤，其他免责条款（Catch-all Clause）⑥。某些司法实践将其分为四类，即不可抗力免责（天灾、战争、政府或司法行为、罢工等）、托运人过错免责（托运人及代理人的行为、包装不良、自然特性等）、承运人无过失免责（火灾、船舶潜在缺陷）与航海过失免责⑦。在《鹿特丹规则》制订过程中，工作组对其暂命名为"除外风险"（excepted peril）。

本书认为上述分类仍待商榷。免责是免除责任的意思，其本身暗含着应当承担责任，只是在某些法定或约定的情况下被免除了，所以不区分这一事实而一概以免责称之是不严谨的。对此，司玉琢先生就明确提出："《海牙规则》第4条第2款列明17项免责条款，实际上，17项免责条款中真正属于免责事项（exoneration）的是航海过失和火灾过失两项。免责是指本应由承运人承担赔偿责任的，却因法定而免除了。"⑧

---

① 汤英：《海上货物运输若干免责条款的研究》，上海海事大学2007年硕士学位论文，第9—26页。

② 因除外责任而免责的条款包括：航海或驾驶过失免责条款，救助或企图救助人命或财产免责条款，虽克尽职责亦不能发现潜在缺点免责条款。其中航海或驾驶过失免责条款是典型的因除外责任而免责的条款，也称为过失免责条款。

③ 除外危险是指法律规定的对于所造成的货物灭失和损坏，承运人可以免责的危险。这种危险包括不能为人们所预测的，在合理谨慎情况下也不能为人们所预防的，可直接造成货物灭失或损坏的自然现象和人为原因造成的危险。因除外危险而免责的条款包括：火灾免责，天灾免责，战争行为免责，罢工、停工或限制工作免责等。王义源、曾颎编著：《远洋运输业务（第三版）》，人民交通出版社2004年版，第89页。

④ 因托运人责任而免责的条款有：托运人或货主、其代理人或代表的作为或不作为免责，包装不足免责，唛头不清或不当免责等。

⑤ 由于货物的固有缺点、性质或缺陷引起的体积或重量亏损，或任何其他灭失或损坏免责就属于这类免责条款。

⑥ 非承运人的实际过失或密谋，非承运人的雇员或代理人的过失免责，这就是其他免责条款，即只要前述免责条款不能包括但应免责的就可列入该项免责。

⑦ 参见"原告温州宇宙集团有限公司为与被告中外运集装箱运输有限公司海上货物运输合同货损赔偿纠纷一案"（[2003]沪海法商初字第436号），http://www.ccmt.org.cn/shownews.php?id=6010。

⑧ 司玉琢：《承运人责任基础的新构建——评〈鹿特丹规则〉下承运人责任基础条款》，载《中国海商法年刊》2009年第3期，第5页。

在不负责的情形中,存在着天灾、战争或者武装冲突,政府或者主管部门的行为,检疫限制或者司法扣押,罢工、停工或者劳动受到限制,货物的自然特性或者固有缺陷等,这些情形很难与承运人主观过错联系在一起,确实无法归入"过错"或"无过错"一类。"救助或企图救助海上人命或财产""避免或企图避免对环境造成危害的合理措施"等情形,实为一种"义举",对这些"义举"赋予权利,体现了一种鼓励或倡导。显然,该项权利的享有与承运人有无过错是没有关系的,其本意不在于分配过错的举证责任,承运人的过错有无和行使该项权利没有直接的关系,故由其所致货损显然也无法用"过错"或"无过错"来衡量。

另外,《汉堡规则》将《海牙规则》不适用的活动物和舱面货纳入其调整的货物范围,并规定承运人对活动物和舱面货灭损不负责。此处的不负责,显然不是以承运人有无过错为条件,而主要以损害是否因这两类货物本身风险所引发的为条件。在过错责任制下,无过错即无责任,显然,结合司玉琢先生对"免责事项"含义的界定,"无过错免责"这一表述存在着"无过错也要承担责任,只是该责任被免除了"的逻辑判断,这与过错责任制精神是根本相悖的,故不宜采用"无过错免责"表述。

"除外危险""除外责任""除外风险"等概念也不太准确,何为"除外"?"除外"是指"不计算在内"①。很显然,"除外危险""除外责任""除外风险"等,实为同语循环,是对一种客观表象的描述,没有揭示问题的实质,与过失免责概念相比,更达不到合理归类所必须的判断标准,也没有明确区分出此情况所致货损与彼情况所致货损之内在不同。

二、不负责事项之所依归者

在民商法理论与实践中,关于不负责情形的规定是比较复杂的。

---

① 中国社会科学院语言研究所词典编辑室编:《现代汉语词典(第五版)》,商务印书馆 2005 年版,第 206 页。

就中国法律规定而言,在一般合同领域、在货物运输合同领域、在港口之间的货物运输合同领域、在国际海上货物运输合同领域,关于不负责情形的规定是不同的。

(一) 不同合同领域的不负责事项

在一船合同领域,归责原则采严格责任制,依据《中华人民共和国合同法》(简称《合同法》)第一百一十七条关于"因不可抗力不能履行合同的,根据不可抗力的影响,部分或者全部免除责任……"的规定,在一般合同领域,仅有不可抗力才可不负责,意外事件则没有被确认为免责事由。而根据《合同法》第一百二十一条关于"当事人一方因第三人的原因造成违约的,应当向对方承担违约责任。当事人一方和第三人之间的纠纷,依照法律规定或者按照约定解决"的规定,第三人过错是被明确排除在免责事由之外的。

在货物运输合同领域,归责原则采过失责任制,不负责情形包括不可抗力、合理损耗、债权人过错三个方面,如《合同法》第三百一十一条规定:"承运人对运输过程中货物的毁损、灭失承担损害赔偿责任,但承运人证明货物的毁损、灭失是因不可抗力、货物本身的自然性质或者合理损耗及托运人、收货人的过错造成的,不承担损害赔偿责任。"

在港口之间货物运输合同领域,归责原则亦采过失责任制,不负责情形仍为上述三个方面,如原 2001 年 1 月 1 日起施行的《国内水路货物运输规则》[①]第四十八条规定:"承运人对运输合同履行过程中货物的损坏、灭失或者迟延交付承担损害赔偿责任,但承运人证明货物的损坏、灭失或者迟延交付是由于下列原因造成的除外:(一) 不可抗力;(二) 货物的自然属性和潜在缺陷;(三) 货物的自然减量和

---

① 根据 2016 年 5 月 25 日交通运输部第 10 次部务会议通过的自 2016 年 5 月 30 日起施行的《交通运输部关于废止 20 件交通运输规章的决定》(交通运输部令 2016 年第 57 号),《国内水路货物运输规则》已经被废止。《国内水路货物运输规则》等 20 件交通运输规章被废止,http://www.ship.sh/news_detail.php?nid=20935。

合理损耗;(四)包装不符合要求;(五)包装完好但货物与运单记载内容不符;(六)识别标志、储运指示标志不符合本规则第十八条、第十九条规定;(七)托运人申报的货物重量不准确;(八)托运人押运过程中的过错;(九)普通货物中夹带危险、流质、易腐货物;(十)托运人、收货人的其他过错。"

  在国际海上货物运输合同领域,不负责情形较为复杂。之所以复杂,是因为在国际海上货物运输领域,为了防止承运人过分通过契约自由减免其应当承担的责任,所以,不负责情形一般是以列举方式体现的。在这一点上,《海商法》与相关国际公约并无不同,如《海商法》第五十一条、《海牙规则》第4条第2款、《鹿特丹规则》第17条第3款等,都不是通过概括式体现的。而概括式体现都会对不负责情形进行定性描述,如规定不负责的情形包括不可抗力、合理损耗、债权人过错等。对于列举式体现的不负责情形,无论是在理论研究还是在司法实践中,都需要经过定性、归类的探究阶段。因为将某一列举事项准确定性后,就可找到该列举事项之所依归者,进而可遵照此依归者的原理、规则,对该列举事项进行关照,且此时的关照也就具有了合理性、合法性;否则,就会产生法律解释、法律适用方面的问题。这也是为何每位学者都要尝试对海商法领域中不负责情形进行定性、归类的主要原因。那么,就会产生一个问题,即调整国际海上货物运输合同的法律、公约列举的不负责情形是否能完全归入一般货物运输合同领域中概括式的不负责情形?若不能完全归入,这些不能归入的列举情形应如何定性、归类?如何解释为何出现不能归入的情形?为方便研究,以《海商法》《海牙规则》和《鹿特丹规则》为例展开。

  (二)可归入不可抗力、合理损耗、债权人过错范围的事项

  不可抗力是指不能预见、不能避免并不能克服的客观情况,具体包括自然灾害,如旱灾、地震、水灾、火灾、风灾等;政府行为、战争行为;社会异常事件,如罢工、骚乱等。学界对不可抗力的界定存在着主观说、客观说和折中说,其中主观说强调事件发生的不可避免性,

即当事人主观上尽了最大注意仍不能防止阻碍合同履行的事件发生;客观说强调事件是客观情况,即外在于人的行为、发生在当事人意志之外的事件;折中说则糅合了主观说与客观说的主要观点,既认为事件是外在客观的,又要求当事人主观无过错[1]。虽然学界关于不可抗力存在不同学说,但都将不可抗力视为不负责的一种情形。不可抗力成为一种不负责情形,其理论来源于罗马法中"对偶然事件谁也不能负责""偶然事件由被击中者承担"两个训条和合同利益共同体理论[2]。其中,"合同利益共同体理论指达成了合同的双方在事实上已经形成了一个以合同为纽带以利益为共同目的的整体,这个整体的两端其利益是相对立的又是相互依存的,一方的利益以另一方的利益为前提,一方的利益不存在无疑也导致另一方的利益的消亡。不可抗力作为一种风险存在于任何合同之中,使合同的预期目标受挫,使合同利益减损乃至丧失,不可抗力不论其落在哪一方之上,都会通过利益共同体传导至共同体的另一方,使另一方也遭受损失。由此可以看出,不可抗力对合同的击中不会也不可能只集中在一端,它必然是使双方利益都有损失"[3]。

合理损耗是指在运输过程中,货物的毁损、灭失是由货物本身的自然性质或合理损耗所造成的。合理损耗成为不负责的一种情形,是为了平衡承运人与货主间的利益关系。

债权人的过错是指货物的毁损、灭失是由托运人、收货人的过错所造成的。债权人的过错成为不负责的一种情形,是自己的责任自己承担原则的必然要求。

根据上述概念的定义,《海商法》《海牙规则》和《鹿特丹规则》所列举的不负责情形中大部分都能分别归入不可抗力、合理损耗、债权

---

[1] 王利明:《违约责任论》,中国政法大学出版社 2000 年版,第 337 页。
[2] 崔建远:《合同法》,法律出版社 1998 年版,第 219 页。
[3] 谭启平、龚军伟:《不可抗力与合同中的民事责任承担——兼与罗万里先生商榷》,载《河北法学》2002 年第 3 期,第 125—129 页。

人过错范围。

学界普遍认同的可归入不可抗力的有《海商法》第五十一条规定的"(三)天灾,海上或其他可航水域的危险或者意外事故;(四)战争或者武装冲突;(五)政府或者主管部门的行为、检疫限制或司法扣押;(六)罢工、停工或者劳动受到限制";《海牙规则》第4条规定的"海上或其他可航水域的灾难、危险和意外事故,天灾,战争行为,公敌行为,君主、当权者或人民的扣押或管制或在法律程序下的羁押,检疫限制,不论由于何种原因引起的局部或全面的罢工、关厂、停止或限制工作,暴动和骚乱";《鹿特丹规则》规定的"天灾,海上或其他通航水域的风险、危险和事故,战争、敌对行动、武装冲突、海盗、恐怖活动、暴乱和内乱,检疫限制,政府、公共当局、统治者或民众的干涉或造成的障碍(包括非由承运人或第18条述及的任何人所造成的滞留、扣留或扣押),罢工、关厂、停工或劳动受限制"等。

学界普遍认同的可归入合理损耗的有《海商法》第五十一条规定的"货物的自然特性或者固有缺陷";《海牙规则》第4条规定的"由于货物的固有缺点、性质或缺陷引起的体积或重量亏损,或任何其他灭失或损坏";《鹿特丹规则》第17条规定的"由于货物固有缺陷、品质或瑕疵而造成的数量或重量损耗或其他任何灭失或损坏"等。

学界普遍认同的可归入债权人过错的有《海商法》第五十一条规定的"托运人、货物所有人或者他们的代理人的行为","货物包装不良或者标志欠缺、不清";《海牙规则》第4条规定的"托运人或货主、其代理人或代表的行为或不行为,包装不足,标志不足或不准确";《鹿特丹规则》第17条规定的"托运人、单证托运人、控制方或根据第33条或第34条托运人或单证托运人对其作为承担责任的其他任何人的作为或不作为①,按照第13条第2款所述及的约定进行的货物

---

① 与《海牙规则》《海商法》相比,《鹿特丹规则》此条规定增加了单证托运人、控制方以及两者须对其行为负责的其他人,更加充分地将运输个环节中非承运人一方的行为或疏忽纳了进来。

装载、操作、积载或卸载,除非承运人或履约方代表托运人、单证托运人或收货人实施此项活动,非由承运人或代其行事的人所做包装不良或标志欠缺、不清"等。

对《海商法》第五十一条规定的"船长、船员、引航员或承运人的其他受雇人在驾驶船舶或管理船舶中的过失"和《海牙规则》第4条规定的"船长、船员、引航员或承运人的受雇人员,在驾驶或管理船舶中的行为、疏忽或不履行义务"①,因其归责原则采不完全过错责任制(之所以称为不完全过错责任制,其中主要原因在于虽然货损是由航行过失、管船过失所造成的,但仍免除承运人的责任,即有过错也不用承担责任),所以海商法学界普遍认同将航行过失免责和管船过失免责这一现象定义为"过失免责",相应的,将航行过失与管船过失归入过失免责事项。同时,考虑到无论是不完全过错责任制还是完全过错责任制,一般情况下是遵循"有过错必有责任"的原则,故在上述归责原则下,可将过失免责事项直接称为免责事项。

(三)归入类型存在分歧的事项

经过这样的梳理,有如下几项不能作归入处理,或对所归入的类型存在分歧意见,即《海商法》第五十一条规定的"火灾,但由于承运人本人的过失所造成的除外","在海上救助或者企图救助人命或者财产","经谨慎处理仍未发现的船舶潜在缺陷","非由于承运人或者承运人的受雇人、代理人的过失造成的其他原因";《海牙规则》第4条规定的"火灾,但由于承运人的实际过失或私谋所引起的除外;救助或企图救助海上人命或财产;虽恪尽职责亦不能发现的潜在缺点;非由于承运人的实际过失或私谋,或者承运人的代理人,或雇佣人员

---

① 比较《海牙规则》关于"船长、船员、引航员或承运人的受雇人员,在驾驶或管理船舶中的行为、疏忽或不履行义务"的规定与《海商法》关于"船长、船员、引航员或承运人的其他受雇人在驾驶船舶或管理船舶中的过失"的规定,后者不包括"行为"。由于"行为"(acts)是一个中性词,说明在《海牙规则》下,驾驶或管理船舶的任何行为,不管是否构成过失,都属于免责事项。《海商法》规定的较为科学,因为既然"过失"都可免责,何况没有过失的"行为""疏忽"。

的实际过失或疏忽所引起的其他任何原因";《鹿特丹规则》第 17 条规定的"船上发生火灾;虽恪尽职守仍无法发现的潜在缺陷;海上救助或试图救助人命;海上救助或试图救助财产的合理措施;避免或试图避免对环境造成危害的合理措施;承运人根据第 15 条①和第 16 条②所赋权利的作为"等。

1. 火灾/船上火灾

就火灾/船上火灾而言,有的学者将之纳入过失免责事项③,有的学者将之与天灾、战争行为、罢工、停工或限制工作等归入一类④,而这些情形显然属于不可抗力范围。

之所以会出现不同的划分结果,原因在于对"火灾,但由于承运人本人的过失所造成的除外"以及"火灾,但由于承运人的实际过失或私谋所引起的除外"的理解不同。该两句含义是指承运人对其受雇人或代理人的过失引起的火灾所致货损不负责任,但承运人对其自身过失引起的火灾所致货损须负责任。若仅从前半句考虑,显然应归入过失免责事项,若仅从后半句考虑,此时的火灾与其他可负责事项没有什么区别,因为无论是不完全过错责任制还是完全过错责任制,一方对因其过失所致货损须承担赔偿责任是一项原则要求。

在《鹿特丹规则》下,"船上发生火灾"之表述没有出现类似"但由于承运人本人的过失所造成的除外"等情况,结合《鹿特丹规则》采完全过错责任制为归责原则之事实,说明在《鹿特丹规则》下,"船上火

---

① 《鹿特丹规则》第 15 条规定:"虽有第 11 条和第 13 条规定,如果在承运人责任期内货物可能或有理由认为似乎可能对人身、财产或环境形成实际危险,承运人或履约方可以拒绝接收或装载货物,且可以采取包括将货物卸下、销毁或使之不能致害等其他合理措施。"

② 《鹿特丹规则》第 16 条规定:"虽有第 11 条、第 13 条和第 14 条规定,承运人或履约方仍可以在海上牺牲货物,但应是为了共同安全,或是为了保全同一航程中人命或其他财产,使之免遭危险而合理作出此种牺牲。"

③ 孙晔华:《国际海运承运人免责条款研究》,大连海事大学 2008 年硕士学位论文,第 2 页。

④ 汤英:《海上货物运输若干免责条款的研究》,上海海事大学 2007 年硕士学位论文,第 13 页。

灾"已不再属于"过失免责事项"之列,即船上火灾若是由承运人过失所致,承运人须承担货损赔偿责任;反之,非由承运人过失所致,承运人则不承担货损赔偿责任。

由此可见,学界对火灾/船上火灾的归类结果是,火灾/船上火灾可归入不负责和须负责两个领域,且又可归入不负责之过失免责事项和不可抗力事项。出现如此的定性、归类的结论,显然不利于理论研究和实践操作。对此,可能有学者认为,火灾/船上火灾在《海牙规则》和《海商法》下可归入"过失免责事项",在《鹿特丹规则》下可归入"不可抗力"。本书认为,这一判断亦是不妥的。从火灾/船上火灾在《海牙规则》《海商法》和《鹿特丹规则》中的位置可以得到初步判断。在前两者中,火灾/船上火灾位于"航行过失、管船过失"和"天灾、海上灾难"等之间,也即位于"过失免责事项"和"不可抗力事项"之间,天灾、海上灾难等是最为典型的不可抗力事项,若火灾/船上火灾属于不可抗力事项,即使其具有发生的较高频率性,但按照事物分类和一般思维逻辑,其也只能置于"天灾、海上灾难"之后。在《鹿特丹规则》下,"船上发生火灾"更是排在"天灾,海上或其他通航水域的风险、危险和事故;战争、敌对行动、武装冲突、海盗、恐怖活动、暴乱和内乱;检疫限制,政府、公共当局、统治者或民众的干涉或造成的障碍,包括非由承运人或第18条述及的任何人所造成的滞留、扣留或扣押;罢工、关厂、停工或劳动受限制"等不可抗力事项之后,考虑到船上火灾发生的较高频率性及船货双方每每对船上火灾的较量与较高关注性,若船上火灾也属于不可抗力事项,那么,其至少应排在典型的不可抗力事项即天灾、海上灾难等之后。所以,若将火灾/船上火灾归入不可抗力显然于理不通。

有的学者认为,《海牙规则》和《海商法》在火灾条款中都规定了"但由于承运人本人的过失所造成的除外"以及"但由于承运人的实际过失或私谋所引起的除外",其含义为承运人对其受雇人或代理人的过失引起的火灾所致货损不负责任,这与航行过失和管船过失均免责的精神是一致的,故也应属于"过失免责事项"。本书认为,这一观点只看到了该规定的一个方面。若照此理解,为何不直接作出与过失免责条款类似的规定,如"船长、船员、引航员或承运人的其他受雇人在火灾中的过失"?显然,不作出如此规定就意味着火灾不能简单地归入过失免责条款。另外,过失免责事项极富历史色彩,更具场境性。过失免责是船货双方长期进行博弈的结果,是船货双方利益妥协的产物,货方为获得船舶适航性、适货性,已放弃承运人对航行过失和管船过失承担责任的诉求,这两项免责显然有违过失责任制的精神,更是货方所能接受的底线,无论如何,货方是不可能再接受其他过失免责事项了。任意将某一事项列入过失免责事项,显然是一种主观臆断,是对过失免责事项的一种误读。由此看来,火灾的归入种类还需进一步研究。

2. 义举或公益行为

"在海上救助或者企图救助人命或者财产""避免或试图避免对环境造成危害的合理措施",纯属一种义举、一种公益行为,应当受到鼓励和支持。《鹿特丹规则》下,承运人根据第15条和第16条所赋权利的作为,即危险货物的处理和海上牺牲,是出于保护公共财产或人命而采取的行为,也具有明显的公益行为性质。在海上或船载人命或财产受到威胁这一事件发生时,对人命或财产进行救助或处理,虽然与承运人主观状态有联系,且导致了货损,但采取这些义举或公益的行为,显然无法用"过失"或"无过失"来衡量,更不用说归入"过失免责事项"了,而根据不可抗力之定义,其也是无法归入这一事项的。

3. "谨慎处理"或"恪尽职责"而仍未避免货损的发生

对于"经谨慎处理仍未发现的船舶潜在缺陷""恪尽职责亦不能发现的潜在缺点""虽恪尽职守仍无法发现的潜在缺陷"情况,有的学者将其与过失免责事项归为一类。那么,这里就存在一个如何理解"过失"内涵的问题。过失是指行为人违反了其应尽的对他人的注意义务,这种注意义务包括两种情况:一是一般注意义务,这是法律对一般人在通常情况下的一种主观状态的要求;二是特别注意义务,这是法律对从事特别职业的人员在特别情况下的一种主观状态的要求。如果将"过失"定位在违反一般注意义务,那么,若因未尽到"谨慎处理""恪尽职责"才致货损的,显然这已不属于违反"一般注意义务"范围,对货损不负责也就不属于过失免责情形了。如果将未尽"谨慎处理""恪尽职责"也归属于"过失"之内容,那么,免除由此所致货损,显然应归于过失免责范围内。但无论如何定位,若承运人已尽到"谨慎处理""恪尽职责"而仍未避免货损的发生,那么承运人显然是不存在过失的,在过失责任制下,对此货损当然也就无须承担赔偿责任了。若按此判断,关于"经谨慎处理仍未发现的船舶潜在缺陷""恪尽职责亦不能发现的潜在缺点"之规定,显得有些多余了。目前海商法学界对相关公约或法律规范为何作出如此规定也没有论述。

本书认为,作出如此规定主要考虑了如下几个方面:

第一,船舶构造、船舶技术参数非常复杂,特别是随着船舶超大型化、智能化的发展,依附于船舶之上的技术更趋于高深、复杂,所以多数船舶在建造时是通过对设备、配件、主副机等进行拼装、组合形式实现的,由此船舶存在潜在缺陷、潜在缺点是不可避免的。此时若仅要求承运人尽一般注意义务,显然会在客观上冲抵先进技术所带来的预期效果,而只有要求承运人谨慎处理、恪尽职责,才能将先进技术变成真正的现实生产力,同时也只有这样,才能确保及时发现船舶的潜在缺陷、潜在缺点,并采取相应措施。

第二,船舶附带了较以前更多的高新技术、先进设备、新型材料,必然进一步提高船舶的建造费用,而船舶的载货能力的提升、载货设备安全性和密封性的提高、航行速度的加快,使得船舶载货量不断增多,且载货种类除了谷物、矿产、木材等大宗货物外,也包括高、精、尖等设备、设施。由此,船舶及其载货的价值更加不菲。若仅要求承运人在主观上尽到一般合理注意义务,显然无法确保船舶安全、航行安全、货物安全,所以必须要求承运人对船舶尽更高的注意义务,即"谨慎处理""恪尽职责"。

第三,如前所述,在19世纪初期,承运人凭其优势地位,并借"契约自由主义",随意地大量地订立"疏忽免责条款",免除承运人对其本身疏忽行为所致损失或损害应承担的责任,甚至免除承运人未履行船舶适航义务所致货损的赔偿责任。对此,货方进行了激烈的反抗。反抗的结果是船货双方达成了妥协,即货方以承认船方航行管理中过失免责为主要代价,获得承运人对船舶的适航性和适货性的保证,这也是不完全过失责任制的核心内容。船货双方的博弈过程及其结果表明,货方十分在乎承运人的适航义务,同时,为了进一步平衡船货双方的利益,一般要求承运人在适航义务履行方面须尽"谨慎处理""恪守职责",即对承运人的主观状态要求极高。

第四,国际公约及国内法都规定了船舶适航的具体要求,如《海牙规则》第3条规定的"使船舶适于航行","适当地配备船员、装备船舶和供应船舶","使货舱、冷藏舱和该船其他载货处所能适宜和安全地装卸、搬运、配载、保管、照料和卸载所运货物";《鹿特丹规则》第14条规定的"使船舶处于且保持适航状态","妥善配备船员、装备船舶和补给供应品,且在整个航程中保持此种配备、装备和补给","使货舱、船舶所有其他载货处所和由承运人提供的载货集装箱适于且能安全接收、运输和保额货物,且保持此种状态";《海商法》第47条规定的"使船舶处于适航状态,妥善配备船员、装备船舶和配备供应品,并使货舱、冷藏舱、冷气舱和其他载货处所适于并能安全收受、载运和保管货物"。这些要求都前置了标准,如"妥善""适宜",而这些前置标准实际上也体现了一种较高的主观状态要求。

第五,作出"经谨慎处理仍未发现的船舶潜在缺陷""恪尽职责亦不能发现的潜在缺点"之规定,并非动摇过失责任制,也并非改变"过失"判断标准,相反,是在肯定过失责任制的基础上,更明确了与"一般过失"之不同,进而更强调了承运人的适航义务及其主观状态的要求。适航义务的由来及承运人在适航义务方面的主观状态之要求,使得船舶适航逐渐演变成为承运人的一项最起码的义务。有学者将这一义务称为首要义务①。

4. 兜底条款

"非由于承运人或者承运人的受雇人、代理人的过失造成的其他原因"或"非由于承运人的实际过失或私谋,或者承运人的代理人,或雇佣人员的实际过失或疏忽所引起的其他任何原因",是一个总括式条款、兜底式条款。

目前,学界对该条款的认识存在一般性解释和限制性解释两种观点。

采一般性解释的观点认为,该条款所在的法律文件并未穷尽不负责事项,然已列举的不负责事项范围广泛、性质各异,未穷尽的不负责事项很难找到与之性质同类的已列举的不负责事项。这也是同类规则没有适用的可能性的原因。所以,该条款应作一般性解释,属于总括式条款的那些事项无须属于已列举的不负责事项的基本种类。

采限制性解释的观点认为,英国普通法下合同解释原则中有一条基本原则是"同类规则"(ejusdem generis rule),即该条款只能解释为和已经列举的不负责事项是同类的事项。我国海商审判实践也采取类似的观点。在宁波海事法院审理的"浙江东方科学仪器进出口公司诉以星轮船公司等海上货物运输合同货损赔偿案"中,被告承运人负责运输原告进口的三个冷冻集装箱的冻虾。货物运抵宁波港后,交给集装箱公司堆场堆放。期间,由于未给集装箱通电,导致货物变质。被告的抗辩理由之一为:货损原因是独立的第三方集装箱公司的过错,该公司不是自己的受雇人和代理人,根据《海商法》第五

---

① 由于《鹿特丹规则》取消了不完全过责任制,也有学者认为在《鹿特丹规则》下,适航义务已不再是首要义务了。对此观点的评析见后文。

十一条第一款第十二项的规定,"非由于承运人或者承运人的受雇人、代理人的过失造成的其他原因"所造成的货损,承运人不负赔偿责任。审理法院认为该项规定为概括性免责条款,须受具体列举事项的限制,而本案的货损原因为集装箱公司违反法定的管货义务,不属于不可抗力、意外事故或者货方过错为由,判决承运人不能免责①。

若该条款被视为限制性解释条款,则其就无所谓定性、归类的问题;若该条款被视为一般性解释条款,则其就存在进一步定性、归类的问题。

由于该条款被安排在承运人的法定不负责事项中,所以承运人欲援引该免责事项,仅仅证明自己,或其受雇人或代理人对货损没有过失是不能免责的,还必须证明出一个具体的致货损原因。如果承运人无法证明出一个具体的货损原因,即当致货损原因不明时,承运人是不能通过证明自己没有过失而免责的。在 the "Phillips & Co v. Clan Line Steamers Ltd."案中,法官认为,对完全无法解释原因的货物损坏,承运人须承担赔偿责任②。迄今为止,能列入此项不负责条款的案例很少,且大致分为两种类型:

一是由于自然原因造成货损,而这种事由又不属于其他不负责事项之列,承运人因证明自己及其代理人、受雇人没有过错而成功免责,如英国 the "Good win, Ferreira & Co. Ltd., and others v. Lamport & Holt Ltd."案③。在该案中,机器在被卸到驳船的过程中从箱子里掉出来,并撞到驳船,驳船被撞穿一个洞,结果海水涌入,损坏了已经卸到驳船上的棉纱,棉纱因此受损。经调查证实,机器掉出并撞到驳船,是由于机器的包装不足所引起的。显然,承运人对于受损机器可以援引"包装不足"这一免责事由,但承运人对因该包装

---

① 汤能忠主编:《海事司法理论与实践》,法律出版社2002年版,第427—434页。
② 参见[1943] 26 Lloyd's Rep. 58。
③ 参见[1929] Vol. 34 Ll. LRep. 192。

不足而引起的其他货物的损坏,如棉纱的损坏,则不适用"包装不足"这一不负责事由,因此,承运人在证明货损原因及该原因与自己过错无关的情况下援引了此项不负责条款,并成功免责①。

二是货损是由于人为原因造成的,而这种造成货损的原因又不在承运人的控制范围之内,承运人因此而成功免责。例如,在美国的 the "Metalim port of Romania v. S. S. Italia Her Engines ETC. and Hellenic Lines, Ltd."案②中,在 Craiova 发现从美国运往到罗马尼亚的 268 卷电钢片(electronic steel sheets)中有 23 卷被损坏,有 4 件完全全损,证据表明货损是由于 Constanza 的卸货工人草率卸载货物所造成的,卸货工人在卸货时没有使用铲车,电钢片掉落在码头上,并造成货物损害。在本案中,装卸工人是由罗马尼亚政府支配控制的,因为罗马尼亚政府规定:所有进入 Constanza 的船舶,都必须使用政府雇佣的装卸工,而不论承运人是否愿意。可见,本案中装卸工人并不是承运人的受雇人,承运人对由于罗马尼亚的装卸工人的过错所造成的货物损害无过错,因此,本案中承运人根据 46 U. S. Code, Sec 1304(2)(q)的规定,成功免除责任。其中,后一类案件显然可归于不可抗力的范畴③。

本书认为,凡不能归入或不能推演归入不可抗力、合理损耗、债权人过错、过失免责条款的事项,皆可归入意外事件。

意外事件最初是归入"不可抗力"范围内的④,随着法学概念的日益特定化和精确化,意外事件从不可抗力中分离出来,并被赋予了与

---

① 袁绍春:《论〈海商法〉中承运人责任的归责原则》,载李海主编《拱辰集——海商法问题研究》,大连海事大学出版社 2008 年版,第 428—431 页。
② 参见(1976)AMC 2347-2352。
③ 通过这两个判例可以得出如下结论:承运人欲援引此项免责条款,除了证明其方对货损没有过失外,还须证明致货损的一个或数个具体的原因。袁绍春:《论〈海商法〉中承运人责任的归责原则》,载李海主编《拱辰集——海商法问题研究》,大连海事大学出版社 2008 年版,第 428 页。
④ [意]彼德罗·彭梵得:《罗马法教科书》,黄风译,中国政法大学出版社 1992 年版,第 331 页。

不可抗力不同的法律意义。但在理论研究与实践中,不可抗力与意外事件是区分的。有学者将两者区分如下:意外事件是不能预见和不能防止的,而不可抗力则是不可预见和不可防止;意外事件是尽到合理的注意而不能预见,而不可抗力是尽到高度的注意和谨慎而仍不可预见;意外事件虽具有不能预见性,但常能被改变和克服,而不可抗力是不可避免、不可克服的①。也有学者将两者区分如下:一是两者的范围程度不同。不可抗力是指那些人力不可预见或即使预见也无法避免的重大自然灾害或社会变故,比如大地震、飓风、战争、政变等;意外事件则是当事人难以预料的偶发事件,如突生疾患、交通事故、遭遇劫匪等。二是两者的可抗拒性不同。不可抗力具有人的意志的不可抗拒性,无论人能否预见,其发生都是必然的;而意外事件则具有当事人难以预见,事件发生出乎其预料的偶然性的特点,即意外事件是完全出乎人的意料之外发生的,它是指在当事人已经尽到合理的谨慎和注意的情形下,仍然发生了事先难以预料的事件。

  上述学者关于不可抗力和意外事件的区分,可简单归纳如下几个方面:第一,致损原因不同。致损原因来源于行为人自身,则为意外事件;致损原因来源于外在的客观因素,则为不可抗力。第二,预见可能性不同。不能预见的,出乎意料的发生,即为意外事件;不可预见的,更是不能通过预见与否来考量的,即为不可抗力。第三,抗拒性不同。没有办法抗拒产生的,是不可抗力;根本认识不到会发生损害结果的,是意外事件。

  依此区分标准来考察不能归入或对归入种类产生分歧的所列举的不负责事项。

  如上所述,火灾/船上火灾不属于不可抗力范围,也不宜归于过失免责范围内,但可归入意外事件。火灾/船上火灾显然是由行为人

---

① 王利明主编:《中国民法典学者建议稿及立法理由》,法律出版社2005年版,第59页。

自身所致，而非雷击、受袭所致；火灾/船上火灾是出乎意料发生的，是不能预见的；承运人对发生的火灾/船上火灾致货损的结果也是无法认识到的。

"经谨慎处理仍未发现的船舶潜在缺陷""恪尽职责亦不能发现的潜在缺点""虽恪尽职守仍无法发现的潜在缺陷"，表明虽尽高度的注意、谨慎义务，但潜在缺陷、潜在缺点仍未被发现，并致货损，这显然是出乎意料的，然货损仍可通过消除潜在缺陷、潜在缺点来阻止发生的，故该情形当属意外事件。

总括式条款第一类情形之致损原因来源于承运人，但此种原因所致货损显然是承运人无法预料的，所以，该情形宜归入意外事件。

在侵权责任中，意外事件作为一项免责事由，已得到了各国司法实践的普遍认可，但意外事件在合同责任中一般不能成为免责事由。这不仅是由于意外事件范围要比不可抗力范围广得多，若一概确认不负责，在实践中不易把握，而且合同法一般采严格责任，合同又具相对性特征，因此即使合同方在主观上没有过失，一般也不会免除其相应的合同责任。但是这并不意味着意外事件绝对不能作为免责事由，只是其不能成为一般性的免责事由，且要受到比不可抗力更为严格的限制。而某一项意外事件能否成为免责事由，显然又是船货双方利益较量的结果。

综上所述，国际海上货物运输中不负责事项除了一般货物运输合同中不负责事项，即不可抗力、合理损耗等外，还包括国际海上货物运输特有的不负责事项，即免责事项，更包括被排斥在一般货物运输合同不负责事项之外的某些意外事件。

第三节　首要义务：两种观点的争论

在国际海上货物运输领域中，承运人的义务有适航义务、管货义务、直航义务、签发运输单证义务等。有时调整规范会规定，即使存在不负责事项,对于某些义务的不履行,都不会因为存在不负责事项而免除承运人未履行该些义务所致货损的赔偿责任。该些具有上述特征的义务,被称为首要义务。首要义务究竟如何定义?其外延包括哪些方面?特别是首要义务与不负责事项共同出现时,是否影响承运人的举证及举证的后果?实际上,这些问题存在着理论上的争论,即如果混合原因中存在首要义务,那么,承运人是否可以因此而不得免除其赔偿责任?其举证责任是否还有理论和实践意义?这些问题都只能在多因致货损情况下进行分析才能得出正确判断。由于首要义务直接影响着货损赔偿责任的承担,故哪些义务是首要义务的判断,就具有非常重要的意义。

一、首要义务是合同义务群中的主给付义务

(一)合同义务群

随着合同法理论和立法实践的发展,合同义务逐渐形成了以当事人约定或法律规定等为基础产生的合同义务群。合同义务群大致包括如下类别:

1. 先合同义务

先合同义务是指当事人为缔约而接触时,基于诚实信用原则而发生的各种说明、告知、注意及保护等义务。违反先合同义务即构成缔约过失,需要承担相应的法律责任。我国《合同法》第四十二条和第四十三条规定的缔约过失责任实际上肯定了先合同义务。

《合同法》第四十二条规定:"当事人在订立合同过程中有下列情形之一,给对方造成损失的,应当承担损害赔偿责任:(一)假借订立合同,恶意进行磋商;(二)故意隐瞒与订立合同有关的重要事实或者提供虚假情况;(三)有其他违背诚实信用原则的行为。"

《合同法》第四十三条规定:"当事人在订立合同过程中知悉的商业秘密,无论合同是否成立,不得泄露或者不正当地使用。泄露或者不正当地使用该商业秘密给对方造成损失的,应当承担损害赔偿责任。"

2. 合同履行中的义务

合同履行中的义务是合同义务群的主体部分,包括给付义务、附随义务和不真正义务三个方面。

本书将给付义务分为主给付义务和从给付义务。所谓主给付义务,是指合同关系所固有的、必备的,并用以决定合同关系类型的基本义务[①]。例如,在买卖合同中,出卖方承担的交付其物并转移所有权义务、买受方承担的支付价款义务等,均是主给付义务。所谓从给付义务,是指主给付义务以外的,不决定合同类型,但债权人可以独立诉请履行,旨在使债权人利益得到最大限度满足的义务[②]。例如,在商场中购物,出卖人负有的交付购物发票的义务,就属于从给付义务。

这里需要提及的是,有的学者将给付义务分为主给付义务和次给付义务[③]。本书认为似有不妥。因为次给付义务显然是以原来债之关系为基础的,与次给付义务相对应的,应是原给付义务,即合同中原定的履行义务,如根据租赁合同交付租赁物或支付租金的义务。而次给付义务,显然是指在原给付义务与履行过程中因特殊事由演变而生的义务,如因原给付义务给付不能、给付迟延、不完全给付而生之义务等。换言之,次给付义务是产生于原给付义务的,而从给付义务是独立的义务,只是在决定合同类型上地位次于主给付义务。

附随义务是合同当事人依据诚实信用原则,根据合同性质、目的和交易习惯所应当承担的通知、协助、保密等义务,由于此种义务是附随于给付义务的,因此称为附随义务。《合同法》第六十条第二款规定:"当事人应当遵循诚实信用原则,根据合同的性质、目的和交易

[①] 王利明、崔建远:《合同法新论·总则》,中国政法大学出版社1996年版,第201页。

[②] 管洪彦:《论合同义务来源多元化》,载《山东理工大学学报(社会科学版)》2006年第1期,第67—71页。

[③] 王利明、崔建远:《合同法新论·总则》,中国政法大学出版社1996年版,第201页。

习惯履行通知、协助、保密等义务。"附随义务是德国学者耶林在探讨合同给付义务及其履行时首先提出的①。1900年《德国民法典》第242条规定"债务人应依诚实和信用,并参照交易上的习惯,履行给付",从而将诚实信用原则的适用范围从合同之债扩展到债务的一切形式。当契约所包含的内容不足以根据《德国民法典》第157条关于"契约应依诚实信用的原则及一般交易上的习惯解释之"的规定进行解释时,法院则会援用第242条进行创造性的解释,推出合同所需要的新义务,从而产生了大量的关于附随义务的典型判例,如第一次大战后因通货膨胀、德国马克贬值而发生的债务案件,并由此形成了包括了给付义务和附随义务在内的保护契约当事人权益的"义务网络"②。

不真正义务,又称不真正合同义务、间接义务,是指在合同关系中非违约方的损害减损义务,是权利人对自己利益的维护照顾义务;违反此种义务,仅使权利人蒙受不利益,而不发生损害赔偿问题。由此决定了相对人通常不得请求履行,而其违反也并不发生损害赔偿责任,只是减损或丧失某些利益。由于不真正义务是在发生违约情况时非违约一方的义务,而非负有义务的一方当事人的义务,故才称为不真正义务。如《合同法》第一百一十九条规定:"当事人一方违约后,对方应当采取积极的措施防止损失的扩大;没有采取适当措施致使损失扩大的,不得就扩大的损失要求赔偿。"在合同关系中,如果一方违约造成另一方损失,非违约方面对损失扩大而坐视不管,待以后向违约方请求损害赔偿,这显然会造成资源的巨大浪费,更是一种滥用自己权利的非诚信行为。所以包括我国在内的很多国家和地区的法律规定了非违约方的不真正义务,违反该义务,就其扩大的损失丧

---

① 王泽鉴:《民法学说与判例研究(第四册)》,中国政法大学出版社1998年版,第88页;[德]罗伯特·霍恩等:《德国民商法导论》,中国大白科全书出版社1996年版,第115页。

② 刘田丰:《合同附随义务研究》,湘潭大学2008年硕士学位论文,第2页。

失请求损害赔偿的权利。可见,不真正义务的理论基础也是诚实信用原则。

与合同约定义务相比,不真正义务是一项法定义务,是来源于法律的直接规定的;不真正义务还是一种隐藏性义务,当不具备损失、瑕疵等条件时,该义务可能不会发生;不真正义务不会产生履行请求权,而只产生请求损害赔偿的后果。由上可见,不真正义务的目的,在于尽量减少由违约所造成的损失,尽量避免社会财富不必要的损失和浪费[①],保障社会财富不断积累。

3. 后合同义务

后合同义务是指在合同关系消灭后,当事人依诚实信用原则应负有某种作为或不作为义务,或协助对方处理合同终了的善后事务的义务。《合同法》第九十二条规定:"合同的权利义务终止后,当事人应当遵循诚实信用原则,根据交易习惯履行通知、协助、保密等义务。"

有学者将先合同义务和后合同义务归入附随义务[②],本书认为此观点不妥。由于附随义务是附随于给付义务的,而给付义务则是合同履行过程中的义务,故附随义务应当列入合同履行过程中的义务范围。另外,附随义务强调的是附随性,而先合同义务和后合同义务显然不具有附随性质,其独立性更明显一些。这也是本书将合同义务群分为先合同义务、合同履行过程中义务和后合同义务的原因。

(二) 海上货物运输合同义务群

海上货物运输合同领域也存在类似的合同义务群,但并非合同义务群的每一构成都可成为首要义务。由于合同义务群中主给付义务是必备的,并决定着合同关系类型,故主给付义务才有可能成为首

[①] 贾邦俊:《合同义务扩张的种类及比较研究》,载《现代财经》2001年第5期,第46页。

[②] 管洪彦:《论合同义务来源多元化》,载《山东理工大学学报(社会科学版)》2006年第1期,第67—71页。

先义务。在管货义务、运输义务、签发运输单证义务等海上货物运输合同义务中,"运输义务与管货义务一起是用以决定合同类型的主给付义务。一个合同仅有管货义务,缺少运输义务,则该合同为保管合同;若仅有运输义务,该合同又仅为一般的承揽合同"①。签发运输单证显然是从给付义务。由于"安全和按时"是运输义务的应有之义,故"运输义务又可细分为安全运输义务和按时运输义务,前者主要指安全驾驶和管理船舶的义务(其中包含适航义务),可视为承运人的一种间接管货义务;而后者则指将货物按时运达目的地的义务(其中包含速遣义务)"②。如此一来,管货义务、安全驾驶和管理船舶的义务(其中包含适航义务)、按时运达目的地的义务(其中包含速遣义务)等是主给付义务,当然也最有可能成为首要义务。

对合同义务群的分析,一是方便合同理论研究,为正确确定合同方的权利和义务以及合同类型奠定基础,二是对意思自治下免除或减弱合同义务特别是主给付义务进行有效约束。最后一点显然更具有现实意义。按照合同自由原则,当事人可以在法律规定的范围内,自由约定合同条款,因此当事人可以在合同中约定合同义务的内容、范围。由于合同义务的内容、范围决定着合同类型,也就决定着违约责任及免责条款的约定界限。然而,合同中的免责条款虽排除了一方的责任,但在客观上却加重了另一方的合同风险。所以法律都会从公平、经济效率等角度出发,对合同义务的自由约定加以一定的限制,特别是对主给付义务、免责条款的自由约定加以限制。如在以留置为担保形式的担保合同中,不得约定不转移担保物;又如在海上货物运输合同中,不得约定免除承运人适航义务。《鹿特丹规则》第80条"批量合同特别规则"也有类似规定,其第4款规定:"本条第1款既不适用于第14条第1项和第2项、第29条和第32条中规定的权

---

① 史尚宽:《债法各论》,中国政法大学出版社2000年版,第585页。
② 单红军、赵阳、葛延珉:《浅析承运人的"责任期间"——兼谈对我国〈海商法〉第46条的修改》,载《中国海商法年刊》2002年第1期,第54—55页。

利和义务或因违反这些规定而产生的赔偿责任,也不适用于因第61条述及的作为或不作为而产生的任何赔偿责任。"换言之,尽管背离条款充分允许合同自由,但对于承运人的适航义务、船员适职要求、托运人提供信息义务、危货通知义务和加标志或标签义务,则不允许通过约定予以背离。

事实上,通过上述关于归责原则历史沿革的介绍,也不难看出,对意思自治下免除或减弱合同义务特别是主给付义务进行有效约束,正是《海牙规则》制定的一个主要原因,也是其一个主要成果。

二、首要义务是即使存在不负责事项时仍被考量是否有效履行的义务

某些义务之所以能成为首要义务,是因其对不负责事项而言,即使存在不负责事项,仍具有被考量是否履行及有效履行的特征。这一特征表明,首要义务是一种比较的结果,但不是合同义务群中两个或多个义务彼此之间比较的结果,因为合同义务群义务比较的结果,只能得出先合同义务、后合同义务、给付义务、附随义务、不真正义务,主给付义务、从给付义务,原给付义务、次给付义务等结果。首要义务是合同义务群包括的义务与不负责事项相比所得出的结果,即若某一或某些义务即使未被履行,但因存在不负责事项而免除责任,则该某一或某些义务就不是首要义务;反之,即使存在不负责事项,但若某一或某些义务未被履行,当事方仍须承担该某一或某些义务未被履行的责任,则该某一或某些义务就是首要义务。由此,可以得到如下几个判断。

(一)如果没有不负责事项,则就没有首要义务的问题

这显然是形成判断的大前提。在《汉堡规则》下,由于取消了类似《海牙规则》所规定的不负责事项,合同义务群包括的义务因缺少共同比对的对象,故不会出现哪个或哪些义务是首要义务的问题。

(二)如果存在不负责事项,则就没有首要义务的问题

如果存在不负责事项,但合同义务群中所有义务都不具有或都

具有针对不负责事项而被考量是否履行及有效履行的特征或要求,那么,此时也就没有首要义务的问题。前者如在18世纪的海上运输领域,承运人凭合同自由原则,订立了许多不负责条款,其最终结果是,承运人只有收取运费的权利,而不承担任何义务和责任,此时,当然就不会存在首要义务的问题。后者如第一章第四节所举的案例,即在17世纪中期英国法院审理的帕拉代恩诉简和阿利恩案(the "Paradine v. Jane, Aleyn, 1647")。此案确立的违约责任十分严格,即使发生不可抗力,都不得免责①。这说明,当事人的义务之于不负责事项,都具有先被考量是否有效履行的特征,其实都是首要义务,其结果当然是根本不存在首要义务的问题。

(三)首要义务的讨论必须是在两种或两种以上原因所致货损情况下才有意义

由于首要义务的判断须存在不负责事项,且首要义务并非合同义务群自身比对的结果,故首要义务在货损仅因义务未被有效履行所致情形下进行讨论是没有意义的。换言之,首要义务的讨论必须是在两种或两种以上原因所致货损情况下才有意义,其中至少有一种原因属不负责事项,至少有一种原因属未履行合同义务。

(四)称之为首要义务者,仍需要考量其与货损之间的因果关系

在传统海商法下,首要义务是一种"压倒一切的责任"(overriding duty),即若承运人有该等义务的违反,则不能主张不负责事项,并且只要有货损,不论货损原因与首要义务的违反有无因果关系,承运人均须负责②。但随着理论与实践的发展,这种观点愈显鲁莽,故被越来越多的规范予以抛弃。例如:英国一方面主张承运人只有尽了适航义务,才能主张免责;另一方面,又强调只有在货损

---

① 参见 Paradine v. Jane [1647] EWHC KB J5(26 March 1647)。后来,英美合同法在发展过程中,对不可抗力以及当事人约定的免责事由逐步给以承认,此时便出现了"首要义务"的问题。

② 张天钦:《海上货物运送法修正专论》,航贸图书出版社1986年版,第377—378页。

与适航义务的违反间存在因果关系时，承运人的赔偿责任才能成立①。另外在理论与实践均摒弃传统海商法下首要义务的考量标准，如果仍坚持首要义务的确认无须考量其与货损之间的因果关系，那么就没有论述首要义务的必要性。在尊重理论发展的前提下，首要义务的考量仍须坚持因果关系这一判断标准。

综上所述，可将首要义务定义为即使存在非免责事项的不负责事项时仍被考量是否有效履行的主给付义务。其要点如下：第一，首要义务是合同义务群中的主给付义务。第二，首要义务优先于不负责事项被考量。第三，不负责事项不包括免责事项，首要义务并非合同义务群中义务彼此之间的比对结果。第四，首要义务若未有效履行，则须承担货损赔偿责任，即使部分货损是由不负责事项所引致。

三、国际海上货物运输合同领域中的首要义务

学界对在普通法下哪些义务是首要义务并无分歧。朱作贤和司玉琢在《论〈海牙规则〉"首要义务"原则——兼评 UNCITRAL 运输法承运人责任基础条款》一文中指出："面对承运人滥用'合同自由'原则的现象，英美法通过一系列判决创造了'首要义务'原则……即谨慎照管货物的义务和航程开始时提供适航船舶的义务……"②蒋跃川在《论适航义务是否是承运人的首要义务》一文中指出："在英国普通法下，管货义务和适航义务都是承运人必须履行的基本义务，它们对于承运人赔偿责任的影响是完全一样的。而如果愿意使用'首要义务'一词的话，也可以说，这两项义务都是承运人的首要义务，它们

---

① 李守芹：《论适航责任》，载《中国海商法年刊》1992 年第 1 期，第 193 页。
② 朱作贤、司玉琢：《论〈海牙规则〉"首要义务"原则——兼评 UNCITRAL 运输法承运人责任基础条款》，载《中国海商法年刊》2002 年第 1 期，第 62—63 页。

在地位上并不存在任何差别。"①

(一)《海牙规则》下首要义务的两种观点争论

在《汉堡规则》下,如前所述,因《汉堡规则》取消了类似《海牙规则》所规定的不负责事项,故不会出现首要义务的问题。然在《海牙规则》下,学界对哪些义务是首要义务的问题仍未达到一致的认识。

1. 第一种观点:首要义务只有适航义务

朱作贤和司玉琢在其合著的《论〈海牙规则〉"首要义务"原则——兼评 UNCITRIAL 运输法承运人责任基础条款》一文中指出:"管货义务的地位已经衰落,不再属于首要义务的范畴,属于首要义务的只有适航义务。"②持这一观点的学者主要依据以下两点:

第一,该观点是通过对《海牙规则》进行体系解释得出的,如司玉琢和李志文在《中国海商法基本理论专题研究》中指出:"管货义务条款中有'除第4条另有规定外'的开首语,表明了如果存在冲突,第4.2条中免责事由的规定将优先于管货义务条款,而适航义务条款中没有这样的措辞,则隐含了适航义务条款优先于第4.2条。因此,承运人要享受第4.2条的'航海过失免责'与'火灾免责',必须首先完成适航义务,或者虽然未完成适航义务,但损害后果与船舶不适航无因果关系;管货义务则不同,即使'管货义务'未被履行,承运人也有权享受火灾免责。"③

第二,适航义务与管货义务的举证责任承担截然不同,并援引 William Tetley 的观点,即承运人在主张免责事项以前,首先必须针对货损证明其已完成适航义务或证明船舶不适航与货损不存在因果关系;其次,承运人才有权证明货损原因系由免责事项所致;然后举

---

① 蒋跃川:《论适航义务是否是承运人的首要义务》,载《中国海商法年刊》2007年第1期,第270页。
② 朱作贤、司玉琢:《论〈海牙规则〉"首要义务"原则——兼评 UNCITRAL 运输法承运人责任基础条款》,载《中国海商法年刊》2002年第1期,第64页。
③ 司玉琢、李志文主编:《中国海商法基本理论专题研究》,北京大学出版社 2009年版,第308页。

证责任转移至货方,即由货方承担货损原因系由承运人未能谨慎、妥善履行管货义务的举证责任[①]。

2. 第二种观点:首要义务包括适航义务和管货义务

蒋跃川在《论适航义务是否是承运人的首要义务》中指出:"只将承运人的适航义务视为承运人的唯一的首要义务的观点,是对《海牙规则》的一种误读,并非规则制定者的本意。""适航义务和管货义务也应是同等层次的义务,它们都是承运人的基本义务或首要义务,同样不存在地位上的差别。换言之,适航义务和管货义务在《海牙—维斯比规则》下的地位,与传统普通法及美国1893年《哈特法》相比,并没有任何变化。"[②]这一观点主要是通过以下几点论据论证的:

第一,《海牙规则》几乎是以1893年《哈特法》为蓝本而制定的,而在该法下,管货义务和适航义务在地位上并不存在差别,它们都是承运人不得通过合同条款背离的两项最基本的义务。而且没有证据表明,这两项基本义务在《海牙规则》制定前需要或已经发生变化。

第二,Somervell勋爵关于"开首语"的论述是完全不能成立的,且至今为止,似乎还没有任何一个判例判决在承运人违反了第3条第2款规定的管货义务致货损时仍可依第4条第2款的免责规定而不承担赔偿责任。并指出,"开首语"应是用来确定第3条第2款与第4条第4款(关于合理绕航的规定)和第6款(关于危险货物的规定)之间的关系的。

第三,很难想象货方会作出如此大的让步,接受一个弱化了的、将完全受制于承运人免责事项的管货义务。

第四,从举证责任来看,《海牙规则》下的适航义务,不再像《哈特法》不讲求不适航与货损之间的因果关系,而是强调因果关系,是一

---

① 朱作贤、司玉琢:《论〈海牙规则〉"首要义务"原则——兼评UNCITRAL运输法承运人责任基础条款》,载《中国海商法年刊》2002年第1期,第65页。
② 蒋跃川:《论适航义务是否是承运人的首要义务》,载《中国海商法年刊》2007年第1期,第272—276页。

种相对适航义务,即过失主义的适航义务。并指出,《海牙规则》第4条第1款的合理解释应是:只有在货方证明存在不适航且货损是由不适航造成的之后,承运人若援引免责事项,则承运人应举证证明其已尽谨慎处理合船舶适航之责。

第五,如果将适航义务定性为承运人的唯一首要义务,那么不得进行不合理绕航这一义务将处于何种地位? 因为在英美法历史上,包括在《海牙规则》通过以后,违反直航义务所产生的后果曾经更为严重[①]。

(二)对两种观点的评析

1. 第一种观点部分论据存在偏颇

本书认为,第一种观点的第一个论据是站不住脚的。该论据也为某些国外学者所主张,如 the "Maxine Footwear v. Canada Government Merchant Marine"案[②],"Maurienne"轮在加拿大的哈利法克斯港(Halifax)装货。在装货中,发现船的排污水管因天冷而被冰封。于是,船长雇佣了岸上工人"解冻"。工人用"喷灯"烧污水管,因污水管的软木部分被烧着而酿成火灾,致使已装船的货物全损。法院最后判决,承运人不享受火灾免责。Somervell 勋爵指出:"第3条第1款(指承运人的适航义务)是一项首要义务。如果其未被履行且造成损失,则第4条所列的免责事项就不能被援用。除了第3条第2款(指承运人的管货义务)的开首语(指 subject to the provisions of Article 4)之外,这是合乎情理的解释。第3条第2款受制于第4条的规定,而第3条第1款却不受这样条件限制的事实,使得这一结论十分清楚,无可争议。"("Artiele Ⅲ, rule 1, is an overriding obligation. If it is not fulfilled and the non-fulfillment causes the

---

① 蒋跃川:《论适航义务是否是承运人的首要义务》,载《中国海商法年刊》2007年第1期,第272—276页。

② 参见"Maxine Footwear v. Canada Government Merchant Marine"(1959)2 Lloyd's Rep. 105。

damage the immunities of articles Ⅳ cannot be relied on. This is the natural construetion apart from the opening words of article Ⅲ, rule 2. The fact that that rule is made subject to the provisions of article Ⅳ and rule 1 is not so conditioned makes the point clear beyond argument. ")①但这一体系解释受到许多学者的质疑,认为"开首语"的意思并非如此,而是用来确定第3条第2款与第4条第4款(关于合理绕航的规定)和第6款(关于危险货物的规定)之间的关系的,即第二种观点的第二个论据。也有学者指出,"开首语"也并非是用来确定第3条第2款与第4条第4款和第6款之间的关系的,而是为了确立管货义务为严格责任,因为《海牙规则》第3条第2款规定,即除遵照第4条规定外,承运人应适当和谨慎地装卸、搬运、配载、运送、保管照料和卸载所运货物,而《海牙规则》第4条中与该条款有关的是第4条第2款关于承运人免责事项的规定。"这就是说,在照料货物的各个环节,除非承运人能够证明货物的灭失或损坏是由于其可以免责的事由造成的,他都要负赔偿责任,只证明在照料货物的各个环节上没有过失是不够的。这显然是一种严格责任原则。"②这些解释表明,学界对"开首语"的目的和作用的认识是不统一的,故用其作为论据是不恰当的。而在事实上,正如持第二种观点的学者所言,似乎还没有任何一个判例判决在承运人违反了第3条第2款规定的管货义务致货损情况下,仍可依第4条第2款的规定免责。在the "American Mail Line v. Tokyo M. and F. Insurance Co."案中,船舱起火,但在等了数天后船方才向舱内注入灭火气体,法院最终判船方在管货上负有过失,并不能依赖火灾免责③。"最后应当注意的是,

---

① 司玉琢、李志文:《中国海商法基本理论专题研究》,北京大学出版社2009年版,第308页。
② 任铁军、祝莹霞:《再论承运人违约责任的归责原则》,载《海事司法论坛》2005年第2期。
③ 蒋跃川:《论适航义务是否是承运人的首要义务》,载《中国海商法年刊》2007年第1期,第274页。

一旦出现火情,承运人如果在灭火过程中存在疏忽,则须承担责任,因为此种疏忽实际上是管货疏忽。"("It should be noted finally that once a fire has been discovered, then the carrier can still be held responsible if it is negligent in extinguishing the fire because such negligence is in effect negligence in the care and custody of the cargo.")①

　　第一种观点的第二个论据也是站不住脚的。因为学界对适航义务与管货义务的举证责任分配与顺序尚未达成共识,正如第二种观点第四个论据所指出的,只有货方证明了船舶是不适航的以及不适航与货损之间存在因果关系时,承运人才有义务证明其已履行谨慎处理的义务②。英国的海商法学者及法院在货损索赔诉讼中也普遍持这种观点。Scrutton教授就认为:"只有当索赔方举证证明了船舶不适航以及船舶不适航是造成货损货差的原因这两项事实后,承运人才需举证证明他已尽'克尽职责'之责任。"③Wilson教授也持相同观点,"If it appears that the carrier is likely to prove the occurrence of an excepted peril, then it would pay the claimant to prove that the goods were damaged as a result of a breach of the carrier's duty to provide a seaworthy vessel: the burden of proving unseaworthiness is on the claimant"④。在"Bunga Seroja"案⑤中,澳大利亚法官Mchugh J指出,《海牙规则》第4条第1款关于"由于船舶不适航所引起的货物灭失或损坏一旦发生……"的表述,意味着货方为了转移举证责任,应首先证明货损是由船舶不适航所造成的。("If

---

① [1959]A. M. C. 2220. William Tetley: Selected Problems of Maritime Law under the Hague Rules, McGILL Law Journal, Vol. 9, No. 1, 1964, 60.
② 转引自 Scrutton, 446; Payne & Ivamy, 116; Carver para, 533。
③ Sir Thomas Edward Scrutton: Charterparty and Bills of lading, 20 ed, Sweet & Maxwell Scrutton, 1996, 442.
④ John F. Wilson: Carriage of Goods by Sea, 2 ed, FT Prentice Hall, 1993, 190.
⑤ 参见 the "Bunga Seroja"[1999]1 Lloyd's Rep. 512 at 527。

unseaworthiness is relied on, the cargo owner must prove that the loss or damage resulted from that unseaworthiness. Once that is proved the burden is on the carrier to prove that it exercised due diligence to make the ship seaworthy.")并指出,在《海牙规则》下,虽然"适航义务"是承运人的"首要义务",但这只是针对承运人应承担赔偿的责任范围而言的,即若部分货损是由承运人未履行适航义务所致,则承运人须承担全部货损的赔偿责任。这对举证责任并没有产生任何的影响,在举证责任上,"适航义务"与"管货义务"的举证是没有什么区别的。承运人要推翻"责任推定",只需举证证明有免责事项的发生及免责事项致货损的原因即可。因此,对于船舶不适航的举证责任与管货义务之举证责任一样均应先由索赔方来证明。由此可见,用一个充满争议的观点来作为论据也是不恰当的。

2. 第二种观点略显唐突和武断

第二种观点是建立在对第一种观点进行反驳基础之上的,某些反驳理由能有力地说明第一种观点的不合理性(这在本书对第一种观点分析时已作阐述)。特别是其第五个论据,学者提及了直航义务,表明该学者已摆脱了学界在分析首要义务时思维方式的束缚,即通过管货义务与适航义务之间的比较来确认首要义务,而潜意识地认识到首要义务的确认并不是通过管货义务与适航义务之间的比较来获得的,否则直航义务的位置就没有办法确定。

当然,第二个观点某些论据自身似乎也存在一些问题。如第一个论据指出,《海牙规则》几乎是以1893年《哈特法》为蓝本而制定的,而在该法下,管货义务和适航义务在地位上并不存在差别,它们都是承运人不得通过合同条款背离的两项最基本的义务。事实确实如此,但管货义务与适航义务地位不存在差别,并不能说明两者就是首要义务。管货义务与适航义务都是主给付义务,两者当然不会存在地位上的差别。而首要义务的确认,必须通过拟被确认的义务与非属合同义务群之参照物间的对比才能实现。可以确定,如果该学者将这一论据与第五个论据结合起来，必定能获得更为合理的判断。

由于第二种观点是为了反驳第一种观点而提出的，虽涉及首要义务确认的某些内在规定性，但因其目的限制了对首要义务问题进行更为深入的研究，且其反驳的结果，只能得出第一种观点的不合理性，而不能直接实现首要义务的具体确认。如此看来，第二种观点所认为的属于首要义务的是管货义务和适航义务的判断，仍显唐突和武断。

3. 本书的观点：首要义务包括适航义务、管货义务和直航义务

本书认为，首要义务的判断，首先要确定比对者和被比对者。如前所述，首要义务所要解决的是，当拟所称谓首要义务的义务未履行时，其与不负责事项，应何者优先被审视？这说明，首要义务绝非是某一义务与另一义务之间比对后的结果，或者说绝非是直接比对的结果。特别是在两者皆为主给付义务时，因两者地位是平等的，故没有优先被审视之说。

由此可见，目前海商法学界关于首要义务的争论，其实不是首要义务争论的问题，而是三个问题下的责任承担之思考，即某一行为违反了义务规定但法定或约定免责；某一行为同时违反了两个或两个以上义务，且其中一个是免责的、一个是负责的；存在一个行为、一个事件，且对该行为所违反的义务要负责的、对该事件不负责的。这三个问题若分别思考，还是较易处理的，但因学界将其混杂在一起来讨论，且又同时思考首要义务问题，致使上述问题越讨论越模糊。如持第一种观点的学者在阐述第一个论据时举了两个例子[①]：

> 假设承运船舶在装货港装货过程中，船舶的排污水管因天冷而冰封，船长雇佣岸上工人用喷灯烧烤污水管，导致污水管的

---

① 司玉琢、李志文：《中国海商法基本理论专题研究》，北京大学出版社2009年版，第308页。

软木被烧而酿成火灾,从而使已经装上船的货物全损,虽然在《海牙规则》下有火灾免责事项,且该火灾并不是承运人本人的过失造成的,但由于承运人未完成谨慎处理使船舶适航的义务,因此,无权享受火灾免责;再假设火灾发生在承运船舶在海上航行过程中,火灾原因是船员不慎将未灭的烟蒂扔进了货舱,虽然承运人违反了管货义务,但其依然可以享受火灾免责。

第一个例子显然是讨论某一行为同时违反了两个或两个以上义务,且其中一个不负责、一个负责时的责任承担问题。这一点也体现在该作者论述"首要义务原则的产生"时对前提条件所作的交待中:

> 由于违反《海牙规则》第3.1条与第3.2条,承运人必然存在过错,而第4.2条中(c)至(q)项中所列的免责事由都要求承运人不存在过错,因此,一种情形若能满足第3.1条或第3.2条,则必然不能满足第4.2条中(c)至(q)项,反之亦然。也就是说,在司法实践中,不存在3.1条或第3.2条与第4.2条中(c)至(q)项同时得以适用的情形,故第3.1条、第3.2条与第4.2条的(c)至(q)项之间在适用中不可能发生冲突。①

第二个例子显然是讨论某一行为违反了义务规定但法定或约定不负责时的责任承担问题。
持第二种观点的学者在分析适航义务和管货义务在英国普通法下的地位时指出②:

---

① 司玉琢、李志文:《中国海商法基本理论专题研究》,北京大学出版社2009年版,第307页。
② 蒋跃川:《论适航义务是否是承运人的首要义务》,载《中国海商法年刊》2007年第1期,第269—270页。

……于是逐渐地,"以尽可能的小心和技能完成运输货物"以及"在开航当时提供一艘适合于预定航程的船舶"这两项义务被视为承运人的首要义务(overriding obligation)。"它们被形容为是基本的保证或承诺(fundamental unertakings),或者默示的义务(implied obligations),如果货物由于遭受海上风险而受损,则(货方)仍可以质疑该货损是否是由于过失或者不适航造成的,如果是的话,则仅仅依靠免责将不能使承运人逃脱责任。"[1]

显然,该学者讨论的却是存在一个行为、一个事件,且对该行为所违反的义务要负责的、对该事件不负责的情况时的责任承担问题。

其实,无论是国际海上货物运输合同,还是一般合同领域,都存在某一行为同时违反两个或两个以上义务的情况,如合同当事人的违约行为同时违反了法律规定的诸如担保、照顾、通知等强制性义务,都需要判断相应的责任承担问题。但由于在一般合同领域,无论是采严格责任制还是完全过错责任制,在不存在不可抗力、合理损耗、债权人过错情况下,当事人违反了合同义务,都是要承担责任的,不会出现违反了合同义务而不承担责任的情形,相应的,就不会出现三个问题中的前两个问题;而后一个问题又因没有规定或约定即使存在不负责事项时主给付义务仍被考量是否有效履行的内容,故一般合同领域下责任承担问题是较为容易解决的。但在国际海上货物运输领域,因归责原则多采不完全过错责任制,且又规定或约定即使存在不负责事项时主给付义务仍被考量是否有效履行的内容,故在不存在不可抗力、合理损耗、债权人过错情况下,当某一行为同时违反了两个或两个以上合同义务,其中一个不负责的、一个负责时,以及存在一个行为、一个事件,且对该行为所违反的义务要负责的、对

---

[1] Carver: Carriage by Sea(thirteenth edition), London: Stevens & Sons, 1982, 101.

该事件不负责的情况时,如上所述,此时如何确定责任的承担,就成为一个非常麻烦的问题。但应当明确的是,棘手问题中的第一个问题的解决显然不会获得首要义务的确认结果,而第二个问题的解决才能最终获得首要义务的确认结果。然某一义务一旦被确认为首要义务,则该确认结果对前两个问题的解决都具有决定性的重要影响,因为有时调整规范会规定,违反了某个或某些首要义务,承运人须对全部损失负责,即便部分损失是由不可抗力、合理损耗、债权人过错造成的。

通过上述分析不难得出,目前海商法学界关于首要义务的讨论仍处于讨论主题不明确的状态,这是由国际海上货物运输合同自身特征所决定的。但梳理出目前海商法学界关于首要义务的讨论的具体三个问题,并不表示首要义务的确认与该三个问题的解决没有关系,相反,首要义务的确认对该三个问题是至关重要的。因为若某一行为违反了两个义务,其中一个义务是可免除责任的,而另一个义务是首要义务且不可免除,那么极有可能须对所有违反义务造成的损失承担责任。同理,若存在一个违反义务的行为且是负责的,存在一个不负责的事件,并假设两者在责任范围内是相同的,但若该行为违反的是首要义务,那么该不负责事项仍不予考虑。由此可见,在国际海上货物运输合同领域中,首要义务仍需要继续被研究、被确认。

结合首要义务的概念及判断场境要求,本书认为,在《海牙规则》下,属于首要义务的是适航义务、管货义务和直航义务。《海牙规则》是英美两国及其所代表的船货双方利益争斗的结果。在英国普通法下,适航义务、管货义务和直航义务都是首要义务,即如果货损是由于承运人未履行这三项义务或在这些方面存在过失所造成的,那么,承运人将不能援引普通法上的免责事由,而应承担货损赔偿责任。尽管有学者认为,直航义务在其发展过程中成为根本违约这一完全不同的概念的来源和开端[1],但根本违约这一概念,更增强了直航义

---

[1] Carver: Carriage by Sea(thirteenth edition), London: Stevens & Sons, 1982, 105.

务的首要义务特征。美国在与英国斗争中制定了《哈特法》,而其第1条和第2条实为对英国普通法下适航义务和管货义务为首要义务的重申和强调,特别对管货义务而言,正如第二种观点之第三个论据所分析的,很难想象货方会作出如此大的让步,接受一个弱化了的、将完全受制于承运人免责事项的管货义务。而对于直航义务,众所周知,在英美法历史上,包括在《海牙规则》通过以后,对该义务的违反所产生的后果曾经是更为严重的。这表明,在英美、船货双方利益博弈后所形成的《海牙规则》下,直航义务也是首要义务的组成部分。

这里需要明确的是,首要义务只是表明某一义务相对于非义务范围内的不负责事项而言的,其本身并不内含着绝对不能免除责任。比如,在《海牙规则》下,开航前或开航时的适航义务是一项首要义务,违反之,是不能免除赔偿责任的。然开航后若出现不适航状况,显然是没有尽到管理船舶之职,是一种义务的违反,但却是可以免除责任的。其理由:一方面,适航义务的责任期间限定在开航前或开航时;另一方面,在《海牙规则》下,管理船舶过失引致货损,是法定的免责事项。而这两个方面是互相对应的,内容是一致的。管货义务是一项首要义务,但在某些情况下,如船舶在海上航行过程中,船员不慎将未灭的烟蒂扔进了货舱并引发火灾,承运人虽然违反了管货义务,但仍可免除责任。这显然是法律明确规定予以免责的原因。这说明,首要义务之确定与首要义务之可免除责任是两个判断问题,两者不能混淆。

在《鹿特丹规则》下,由于其归责原则采完全过错责任制,但因其同时又规定了不负责事项,故仍有确认首要义务的必要性。有学者指出,《鹿特丹规则》"对管货义务的规定没有像《海牙规则》第3条第2款那样有一个令人费解的限定语,显示这两种义务是平等的和并列的关系","这样的规定,是对自英国普通法以来就一直为海上货物运输法律所秉持的原则的继承和重申,即管货义务和适航义务是承运人的两项基本义务或首要义务"①。但根据首要义务的确认规则，在《鹿特丹规则》下，属于首要义务的只有适航义务，且这种首要义务的特性显然低于《海牙规则》下首要义务的特性（具体推导过程详见第四章第四节）。

这里需要说明的是，上述关于首要义务的确认，大都是通过法律传统、体系解释、逻辑推演等途径得出的，因存在推导成分，故首要义务的确认必存在分歧意见。有的国家海商法则直接通过法律明确规定了首要义务，从而能有效避免出现分歧意见。如《日本国际海上货物运输法》(Japanese Carriage of Goods by Sea Act, 1992)第3条至第5条作出如下规定：

【承运人对货物的管货义务】

第3条 承运人对由于其本人或其雇用人在收受、装载、积载、运输、照料、卸载及交付货物过程中的疏忽造成的损失、损坏或迟延到达负责。

对由于船长、水手、引航员或承运人的雇用人在驾驶或管理船舶的行为造成的损害或由于船上火灾造成的损害（但由于承运人知道或其实际过失造成的损害除外），前款规定不适用。

第4条 除非承运人证明已按前条规定进行了谨慎处理，不得免除其前条规定的责任。

虽有前款规定，如果承运人证明货物的损害是由于下列原因之一造成的，而且该项货损是这种原因的后果，仍得免除其前条规定的责任；但是，如果证明，在承运人按前条规定进行谨慎处理后，货物损害便可以避免，而承运人并没有进行谨慎处理时，承运人不得享受免责。

---

① 蒋跃川：《适航义务之首要义务论考》，载李海主编《拱辰集——海商法问题研究》，大连海事大学出版社2008年版，第542页。

【谨慎处理使船舶适航的义务】

第 5 条　承运人对由于其本人或其雇用人员没有能在航程开始时谨慎处理：

1. 使船舶适航；
2. 配备船员、装备及供应船舶；
3. 使货舱、冷藏舱和船上其他载货处所适于并能安全接受、运输并保管货物所造成的货物灭失、损坏或迟延到达负责损害赔偿。

除非承运人证明其已按前款规定谨慎处理，不得免除其前款规定的责任。①

《1990 年韩国商法典》也采取此种规定模式，其第 787 条至第 189 条作出如下规定：

第 787 条　使船舶适航的义务

承运人若不能证明其本人或船员及其他雇用人员开航当时对如下事项已作谨慎处理，则不得免除因货物的灭失、毁损或迟延交付的损害赔偿责任。

船舶是能够安全航行的；

妥善配备船员、装备船舶和配备供应品；

船舶冷藏室及其他载货处所要适于货物的接收、装载和保管。

第 788 条　对货物注意的义务

承运人不能证明其本人或船员及其他雇用人员对货物的收

---

① 英文参见 http://www.jseinc.org/en/laws/japanese_cogsa.html. Kazuo Iwasaki. Japanese Carriage of Goods by Sea Act. 1992；韩立新、王秀芬编译：《各国（地区）海商法汇编（中英文对照）》，大连海事大学出版社 2003 年版，第 658 页。

受、装载、积载、运输、保管、卸载和交付已做谨慎处理的,不得免除因货物之灭失、损坏或迟延交付而产生的损害赔偿责任。

承运人因船长、船员、引航员或其他雇用人员的有关驾驶船舶、管理船舶的行为或因火灾而产生的货物损失,不负赔偿责任。但因承运人的故意或过失而发生的火灾除外。

第789 A 条　免除责任的事由

承运人能够证明在实际上存在着下列事实,并且在一般情况下该事实会导致货物损害的,免除其货物损害赔偿责任。但若能证明如果承运人按第787条及第788条第1款的规定谨慎处理,就能够避免货物损失的,但没有谨慎处理的除外……①

这种明确化的规定具有较强的可操作性、指示性,故而有利于相关纠纷的解决。相比之下,中国关于首要义务的确认,似乎显得唐突,对此有学者就指出:"司法实践与理论界对这个问题似乎并无太多的关注,适航义务系'首要义务'的原则被大家从容地接受与使用,即大多数的观点认为承运人欲免责,首先必须针对该货损证明完成了适航义务(或证明货损与不适航无因果关系)。但我们认为,这种结论在解释方法上并无十分令人信服的理由。"②那么,在《海商法》下,到底存不存在首要义务? 特别是在多因致货损且一因是适航义务时,这个问题就显得非常重要了。因为若《海商法》下存在适航义务等为首要义务,那么根据首要义务的要求,承运人须对所有多因致货损承担赔偿责任(关于《海商法》下是否存在首要义务的论述详见第五章第二节)。

---

① 韩立新、王秀芬编译:《各国(地区)海商法汇编(中英文对照)》,大连海事大学出版社2003年版,第719页。

② 朱作贤、司玉琢:《论〈海牙规则〉"首要义务"原则——兼评 UNCITRAL 运输法承运人责任基础条款》,载《中国海商法年刊》2002年第1期,第67—68页。

第三章 国际海运货损赔偿责任确定路径:国际公约的视角

《海牙规则》《汉堡规则》《鹿特丹规则》和《海商法》从不同角度规定了国际海运货损赔偿责任的确定路径,涉及归责原则、不负责事项(或免责事项)、首要义务、举证分配等综合运用,以达至立法的相关目的。需要说明的是,上述法律文件关于国际海运货损赔偿责任的确定路径是"单线式"的规定,各路径的确定显然是着眼于单一原因导致货损的情形,并没有考虑到混合原因导致货损的情形,或者说,立法者认为若清晰界定单一原因导致货损的赔偿责任确定路径,那么,混合原因导致货损的赔偿责任确定路径也就自然"计算"出来,但事实上却并非如此。

第一节 《海牙规则》下海运货损赔偿责任的确定路径

根据《海牙规则》第 4 条的规定,《海牙规则》下货损赔偿责任的确定路径如图 3.1 所示。

一、路径 a:不适航

第一步,货物索赔人需要提出初步证据,即证明货物是在承运人

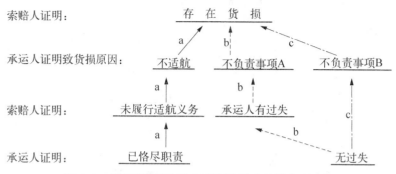

图 3.1 《海牙规则》下海运货损赔偿责任的确定路径

的责任期间[①]毁损的。货物索赔人无须证明货损的原因。《海牙规则》没有出现承运人的"责任期间"的规定,只是在其第 1 条第 e 项规定了"货物运输"是指自货物装上船时起至卸下船时止的一段期间。但是从联合国贸法委员会第三工作组的第三次会议工作报告中可以看出,工作组倾向于将上述期间视为承运人的责任期间(period of carrier's responsibility)。

第二步,承运人可针对索赔人提出的初步证据提出反驳,证明货损是由不适航造成的。《海牙规则》第 4 条第 1 款规定:"不论承运人或船舶,对于因不适航所引起的灭失或损坏,都不负责……"这说明,承运人对船舶不适航导致的货损不负责,即船舶不适航构成承运人抗辩的初步事由。

第三步,索赔人针对承运人提出的船舶不适航的抗辩,证明承运人未履行适航义务。《海牙规则》第 4 条第 1 款规定:"不论承运人或船舶,对于因不适航所引起的灭失或损坏,都不负责,除非造成的原因是由于承运人未按第 3 条第 1 款的规定,恪尽职责;使船舶适航;

---

① 参见 Report of the Working Group on International Legislation on Shipping on the work of its third session, held in Geneva from 31 January to 11 February 1972(A/CN. 9/63 and Add. 1);郭萍、高磊:《海运承运人责任期间之研究——兼谈对〈中华人民共和国海商法〉相关规定的修改》,载《中国海商法年刊》2011 年第 3 期,第 27—34 页。

保证适当地配备船员、装备和供应该船,以及使货舱、冷藏舱和该船的其他装货处所能适宜并安全地收受、运送和保管货物……"该条款第一句话的含义是:承运人对船舶不适航导致的货物灭失或损害不负责,但若证明该灭失或损害是由于承运人未履行适航义务所致的除外。显然,这一举证责任,即该灭失或损害是由于承运人未履行适航义务所致的,只能由索赔方承担,因为不可能是承运人自己证明自己没有履行适航义务[①]。

第四步,承运人针对索赔人提出的未履行适航义务,证明其已恪尽职责。《海牙规则》第 4 条第 1 款规定:"……凡由于船舶不适航所引起的灭失和损害,对于已恪尽职责的举证责任,应由根据本条规定要求免责的承运人或其他人承担。"换言之,如果承运人证明了其已恪尽职责,则虽承运人仍无法避免船舶不适航,但免除承运人的货损赔偿责任。

二、路径 b:不负责事项 A

第一步,货物索赔人需要提出初步证据,证明货物是在承运人的责任期间毁损的。货物索赔人无须证明货损的原因。

第二步,承运人可针对索赔人提出的初步证据提出反驳,证明发生了《海牙规则》第 4 条第 2 款第 a 项至第 p 项列举的事项,本书将其称为不负责事项 A,即:

(1) 船长、船员、引水员或承运人的雇佣人员,在驾驶船舶或管理船舶中的行为、疏忽或不履行义务;

(2) 火灾,但由于承运人的实际过失或私谋所引起的除外;

(3) 海上或其他可航水域的灾难、危险和意外事故;

(4) 天灾;

[①] 司玉琢:《承运人责任基础的新构建——评〈鹿特丹规则〉下承运人责任基础条款》,载《中国海商法年刊》2009 年第 3 期,第 5 页。

第三章　国际海运货损赔偿责任确定路径：国际公约的视角

（5）战争行为；

（6）公敌行为；

（7）君主、当权者或人民的扣留或管制，或依法扣押；

（8）检疫限制；

（9）托运人或货主、其代理人或代表的行为或不行为；

（10）由于任何原因所引起的局部或全面罢工、关厂停止或限制工作；

（11）暴动和骚乱；

（12）救助或企图救助海上人命或财产；

（13）由于货物的固有缺点、质量或缺陷引起的体积或重量亏损，或任何其他灭失或损坏；

（14）包装不充分；

（15）标志不清或不当；

（16）虽恪尽职责亦不能发现的潜在缺点。

就承运人以不负责事项 A 提出抗辩时，是否应先证明其已履行了适航义务问题，学界存在两种观点：一种观点认为承运人在主张不负责事项 A 时应首先证明其已做到谨慎处理使船舶适航，或证明船舶不适航与货损无因果关系；另一种观点认为，承运人主张不负责事项 A 时，无须首先证明其已谨慎处理使船舶适航，船舶不适航与货损之间的因果关系应由索赔人证明，只有索赔人证明了存在该因果关系后，承运人才有义务对其已经做到谨慎处理进行举证[1]。

本书认为，出现这一问题，缘由在于如前所述，在《海牙规则》下，适航义务是首要义务。既然是首要义务，自然就需要对承运人是否履行该首要义务进行考量。但也正如前所述，首要义务的实质在于，其对不负责事项 A 而言，即使存在不负责事项 A，仍具有被考量是否

---

[1] 司玉琢：《海商法专论》，中国人民大学出版社 2007 年版，第 201 页。

115

履行及有效履行的特征。而且,按路径 a 的第二步,即承运人可针对索赔人提出的初步证据提出反驳,证明货损是由不适航造成的,亦暗含着承运人需要举证不适航与货损之间的因果关系。也就是说,承运人既要证明船舶不适航及其与货损之间的因果关系,也要证明其对船舶不适航已经做到了谨慎处理。从这个角度讲,承运人以不负责事项 A 提出抗辩时是否应先证明其已履行了适航义务的问题并不能构成一个问题。第三步,索赔人针对承运人提出的抗辩,证明承运人对发生了《海牙规则》第 4 条第 2 款第 a 项至第 p 项列举的事项存在过失。

这是从《海牙规则》第 4 条第 2 款第 q 项的规定推导出来的,该条款规定:"非由于承运人的实际过失或私谋,或者承运人的代理人,或雇佣人员的过失或疏忽所引起的其他任何原因;但是要求引用这条免责利益的人应负责举证,证明有关的灭失或损坏既非由于承运人的实际过失或私谋,亦非承运人的代理人或雇佣人员的过失或疏忽所造成。"其中,"但是要求引用这条免责利益的人应负责举证",表明援用其他条款免责利益的人,不负责举证。显然,该条款第 a 项至第 p 项的举证责任应由索赔方承担。

三、路径 c: 不负责事项 B

第一步,货物索赔人需要提出初步证据,证明货物是在承运人的责任期间毁损的。货物索赔人无须证明货损的原因。

第二步,承运人可针对索赔人提出的初步证据提出反驳,证明发生了《海牙规则》第 4 条第 2 款第 q 项事项,本书将其称为不负责事项 B,即"非由于承运人的实际过失或私谋,或者承运人的代理人,或雇佣人员的过失或疏忽所引起的其他任何原因"。

第三步,承运人在援用不负责事项 B 时须证明其无过失。

《海牙规则》第 4 条第 2 款第 q 项规定:"不论承运人或船舶,对由于下列原因引起或造成的灭失或损坏,都不负责……(q) 非由于承运人的实际过失或私谋,或者承运人的代理人,或雇佣人员的过失或疏忽所引起的其他任何原因;但是要求引用这条免责利益的人应负责举证,证明有关的灭失或损坏既非由于承运人的实际过失或私谋,亦非承运人的代理人或雇佣人员的过失或疏忽所造成。"

该款已然明确指出,承运人在援用《海牙规则》第4条第2款第q项事项时必须证明其无过失。承运人的这一举证责任显然与《海牙规则》第4条第2款第a项至第p项的举证责任应由索赔方承担是不同的。

四、评析

在路径a中,恪尽职责是更高层次的一个主观状态要求,承运人未恪尽职责,虽属于过失范围,但较之一般过失的过失程度要高。

上述三条路径均最终以是否存在过失(无论哪条路径对过失程度要求的高或低)为承担货损赔偿责任的标准,由此可以看出,上述三条路径完全遵循了过失责任原则。

另外,通过上述路径分析可以判断,索赔人举证责任要重一些。特别是《海牙规则》17项不负责事项中除最后一项"非由于承运人的行为或过失"造成的货损要求承运人负举证责任外,其余各项均未明确规定由谁负责举证,其结果是如果承运人证明货损系因法定不负责事项所造成的,那么,索赔人就必须证明承运人对货损的发生有实际过失。

第二节 《汉堡规则》下海运货损赔偿责任的确定路径

根据《汉堡规则》第5条的规定,《汉堡规则》下货损赔偿责任的确定路径如图3.2所示。

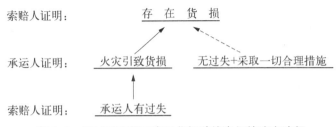

图 3.2 《汉堡规则》下海运货损赔偿责任的确定路径

一、路径 a：火灾事由

第一步，货物索赔人需要提出初步证据，证明货物是在承运人的责任期间毁损的。货物索赔人无须证明毁损的原因。

与《海牙规则》不同，《汉堡规则》明确规定了"责任期间"，其第 4 条第 1 款规定："按照本公约，承运人对货物的责任期间包括在装货港，在运输途中以及在卸货港，货物在承运人掌管的全部期间。"第 5 条第 1 款规定："除非承运人证明他本人或其受雇人或代理人为避免该事故发生及其后果已采取了一切所能合理要求的措施，否则承运人应对因货物灭失或损坏或延迟交货所造成的损失负赔偿责任，如果引起该项灭失、损坏或延迟交付的事故，如同第 4 条所述，是在承运人掌管期间发生的。"

第二步，承运人可针对索赔人提出的初步证据提出反驳，证明该货损是由火灾引起的。

《汉堡规则》并没有直接规定火灾是承运人免责的一个事项，但《汉堡规则》第 5 条第 4 款第 1 项规定："（Ⅰ）由火灾所引起的货物灭失、损坏或延迟交付，如果索赔人证明，火灾是由于承运人、其雇佣人或代理人的过失或疏忽所造成；（Ⅱ）经索赔人证明，由于承运人、其雇佣人或代理人在可能合理的要求他采取灭火以及避免或减轻其后果的一切措施方面的过失或疏忽所造成的货物的灭失、损坏或延迟交付。"该条款明确规定了由索赔人证明火灾是由于承运人、其雇佣人或代理人的过失或疏忽所造成的举证责任。换言之,承运人无须举证,即可以直接主张火灾免责的权利。由于火灾引致的货损大体上可分为两类:一是火灾直接造成的损失,如由于火烧或烟熏导致货物灭失或损坏;二是灭火所造成的损失,如通过灌水、封舱、使用灭火剂、翻舱倒载、践踏、抛弃等措施所造成的货物灭失、损坏,故《汉堡规则》对火灾作出上述两方面的规定[①]。

第三步,索赔人针对承运人提出的火灾免责,证明火灾是由于承运人、其雇佣人或代理人的过失或疏忽所造成的。索赔人的此项举证责任依据的仍是《汉堡规则》第5条第4款第1项规定。

二、路径 b:非火灾事由

第一步,货物索赔人需要提出初步证据,证明货物是在承运人的责任期间毁损的。货物索赔人无须证明毁损的原因。

第二步,承运人可针对索赔人提出的初步证据提出反驳,证明其已为避免事故的发生及其后果采取了一切所能合理要求的措施。《汉堡规则》第5条第1款规定:"如果引起货物的灭失、损坏或延迟交付的事故发生在第4条定义的承运人掌管货物的期间,承运人对由于货物的灭失、损坏以及延迟交付所造成的损失负赔偿责任,除非承运人证明,其本人、其受雇人或代理人已为避免事故的发生及其后果而采取一切所能合理要求的措施。"

三、评析

与《海牙规则》相比,《汉堡规则》无疑加重了承运人的责任,这种责任的加重不仅体现在适航义务、管货义务、直航义务与其他义务一样被置于同样考量的地位,即完全过失责任制,而且在举证责任分担方面,承运人也承担较重的举证责任。

---

① 吴焕宁:《国际海上运输三公约释义》,中国商务出版社2007年版,第121页。

《汉堡规则》下,承运人的举证责任非常重。《汉堡规则》对承运人采取了与《海牙规则》不同的归责原则,即对承运人采取了完全过失责任制,且在体例上没有像《海牙规则》第 4 条那样罗列了 17 项不负责事项,而是原则性地规定,如果货损发生在承运人的责任期间,承运人就要承担货损赔偿责任。这实为一种过失推定。同时,《海牙规则》在第 5 条第 1 中还以"但书"的形式规定,除非承运人能够证明他本人以及他的受雇人或代理人等已经为避免货损事件发生及其后果而采取了一切所能合理要求的措施,否则承运人就要承担货损赔偿责任。换言之,在索赔人证明货损是在承运人的责任期间发生之后,剩下的举证责任就全部落到承运人一方。承运人若想不承担货损赔偿责任,除了证明发生货损的原因外,还要证明他本人,以及他的受雇人或代理人,在整个过程中均已对货物给予了充分注意,没有任何过失,而且为了避免事故的发生及其后果,均"已……采取了一切所能合理要求的措施"。由此可见,《汉堡规则》下承运人举证责任完全不同于《海牙规则》下承运人举证责任,而是一种要求非常高的、非常严格的举证责任。

第三节 《鹿特丹规则》下海运货损赔偿责任的确定路径

相比其他国际海上货物运输公约,《鹿特丹规则》第一次在公约中明确规定了确定货损赔偿责任承担的路径,是将传统的法院习惯做法上升为法律条文,这将有助于《鹿特丹规则》确立的法律制度在各个国家更加统一、更具可操作性[1]。但该确定货损赔偿责任承担的路径也因规定得太繁琐而受到学界的批判,如有学者认为,其"规

---

[1] 司玉琢:《〈鹿特丹规则〉的新构建——评〈鹿特丹规则〉下承运人责任基础条款》,载《中国海商法年刊》2009 年第 3 期,第 1—8 页。

第三章 国际海运货损赔偿责任确定路径:国际公约的视角

定方式迥异""让人费解"①。

《鹿特丹规则》第 17 条明确规定了货损赔偿责任的确定路径,如图 3.3 所示。

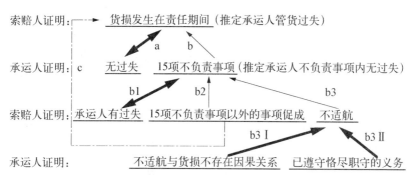

图 3.3 《鹿特丹规则》下海运货损赔偿责任的确定路径

一、路径 a

第一步,索赔人证明存在货损,且发生在承运人的责任期间,或证明造成货损的事件或情形发生在承运人的责任期间。

《鹿特丹规则》第 12 条第 1 款规定了承运人责任期间,即:

一、承运人根据本公约对货物的责任期,自承运人或履约方为运输而接收货物时开始,至货物交付时终止。

二、(一)收货地的法律或条例要求将货物交给某当局或其他第三方,承运人可以从该当局或该其他第三方提取货物的,承运人的责任期自承运人从该当局或从该其他第三方提取货物时开始。

(二)交货地的法律或条例要求将货物交给某当局或其他第三方,收货人可以从该当局或该其他第三方提取货物的,承运

---

① 朱曾杰:《〈鹿特丹规则〉评析》,载《中国海商法年刊》2009 年第 1/2 期,第 9 页。

人的责任期至承运人将货物交给该当局或该其他第三方时终止。

三、为确定承运人的责任期，各当事人可以约定接收和交付货物的时间和地点，但运输合同条款作下述规定的即为无效：

（一）接收货物的时间是在根据运输合同开始最初装货之后；或（二）交付货物的时间是在根据运输合同完成最后卸货之前。

相比《汉堡规则》的规定，《鹿特丹规则》为了适应日渐发展的集装箱多式联运的需要，就承运人责任期间在外延上不再局限于装货港至卸货港期间，而是向陆地两端延伸至"从接受货物至交付货物"。

另外，根据《鹿特丹规则》第17条第1款关于"如果索赔人证明，货物灭失、损坏或迟延交付，或造成、促成了灭失、损坏或迟延交付的事件或情形是在第四章规定的承运人责任期内发生的，承运人应对货物灭失、损坏和迟延交付负赔偿责任"的规定，除了索赔人证明货损的结果形态发生在承运人的责任期间，承运人需承担货损赔偿责任外，如果索赔人证明货损的致因事件发生在承运人的责任期间的，即"造成、促成了灭失、损坏或迟延交付的事件或情形是在……承运人责任期内发生的"，承运人也需承担货损赔偿责任。

第二步，承运人提出反驳，证明其没有过失；举证不能，推定承运人有过失。《鹿特丹规则》第17条第2款规定："如果承运人证明，灭失、损坏或迟延交付的原因或原因之一不能归责于承运人本人的过失或第18条述及的任何人的过失，可免除承运人根据本条第一款所负的全部或部分赔偿责任。"

此时案件应完结。

二、路径 b‐b1

第一步，索赔人证明有货损，且发生在承运人的责任期间，或证明造成货损的事件或情形发生在承运人的责任期间(对应第 17 条第 1 款)。

第二步,承运人证明是由 15 项不负责事项造成、促成了货损(对应第 17 条第 3 款)。

《鹿特丹规则》第 17 条第 3 款规定:

> 除证明不存在本条第 2 款所述的过失之外,如果承运人证明下列一种或数种事件或情形造成、促成了灭失、损坏或迟延交付,也可免除承运人根据本条第一款规定所负的全部或部分赔偿责任:
>
> (一)天灾;
>
> (二)海上或其他通航水域的风险、危险和事故;
>
> (三)战争、敌对行动、武装冲突、海盗、恐怖活动、暴乱和内乱;
>
> (四)检疫限制;政府、公共当局、统治者或民众的干涉或造成的障碍,包括非由承运人或第 18 条述及的任何人所造成的滞留、扣留或扣押;
>
> (五)罢工、关厂、停工或劳动受限制;
>
> (六)船上发生火灾;
>
> (七)虽恪尽职守仍无法发现的潜在缺陷;
>
> (八)托运人、单证托运人、控制方或根据第 33 条或第 34 条托运人或单证托运人对其作为承担责任的其他任何人的作为或不作为;
>
> (九)按照第 13 条第 2 款所述及的约定进行的货物装载、操作、积载或卸载,除非承运人或履约方代表托运人、单证托运人或收货人实施此项活动;
>
> (十)由于货物固有缺陷、品质或瑕疵而造成的数量或重量损耗或其他任何灭失或损坏;

(十一)非由承运人或代其行事的人所做包装不良或标志欠缺、不清;

(十二)海上救助或试图救助人命;

(十三)海上救助或试图救助财产的合理措施;

(十四)避免或试图避免对环境造成危害的合理措施;或

(十五)承运人根据第15条和第16条所赋权利的作为。

此时案件是否完结,还要考量下一步的结果。

第三步,索赔人证明不负责事项是由承运人过错促成或造成的,对由该不负责事项所致货损,承运人仍应承担赔偿责任(对应第17条第4款第1项)。

《鹿特丹规则》第17条第4款规定:"虽有本条第3款规定,有下列情形之一的,承运人仍应对灭失、损坏或迟延交付的全部或部分负赔偿责任:(一)索赔人证明,承运人或第18条述及的人的过失造成、促成了承运人所依据的事件或情形;或……"

此时案件应完结。

三、路径 b‐b2‐c

第一步,索赔人证明有货损,且发生在承运人的责任期间,或证明造成货损的事件或情形发生在承运人的责任期间(对应第17条第1款)。

第二步,承运人证明是由15项不负责事项造成、促成了货损(对应第17条第3款)。

此时案件是否完结,还要考量下一步的结果。

第三步,索赔人证明货损非由不负责事项促成或造成的,即是由15项不负责事项以外的事由造成或促成的(对应第17条第4款第2项)。

《鹿特丹规则》第17条第4款规定:"虽有本条第3款规定,有下列情形之一的,承运人仍应对灭失、损坏或迟延交付的全部或部分负赔偿责任:……(二)索赔人证明,本条第 3 款所列事件或情形以外的事件或情形促成了灭失、损坏或迟延交付,且承运人无法证明,该事件或情形既不能归责于其本人的过失,也不能归责于第 18 条述及的任何人的过失。"

此时又返回到了第一个路径,即路径 a。

四、路径 b‐b3‐b3Ⅰ和 b‐b3‐b3Ⅱ

第一步,索赔人证明有货损,且发生在承运人的责任期间,或证明造成货损的事件或情形发生在承运人的责任期间(对应第 17 条第 1 款)。

第二步,承运人证明是由 15 项不负责事项造成、促成了货损(对应第 17 条第 3 款)。

此时案件是否完结,还要考量下一步的结果。

第三步,索赔人证明货损是或可能是由不适航造成的(对应第 17 条第 5 款第 1 项)。

《鹿特丹规则》第 17 条第 5 款规定:

> 虽有本条第 3 款规定,在下列情况下,承运人还应对灭失、损坏或迟延交付的全部或部分负赔偿责任:
>
> (一)索赔人证明,造成或可能造成或促成灭失、损坏或迟延交付的原因是:
>
> 1. 船舶不适航;2. 配备船员、装备船舶和补给供应品不当;或 3. 货舱、船舶其他载货处所或由承运人提供的载货集装箱不适于且不能安全接收、运输和保管货物;并且
>
> (二)承运人无法证明:1. 本条第 5 款第 1 项述及的任何事件或情形未造成灭失、损坏或迟延交付;或 2. 承运人已遵守第 14 条规定的恪尽职守的义务。

第四步,承运人证明路径 b3Ⅰ不适航未造成货损,或路径 b3Ⅱ不适航造成了货损,但其已遵守恪尽职守的义务,否则,承运人应承担货损的赔偿责任(对应第 17 条第 5 款第 2 项)。

此时案件应完结。

五、评析

针对上述货损赔偿责任确定路径的评析,本书从以下三个方面进行评析。

(一)各路径与《鹿特丹规则》采完全过失责任原则契合程度的考察

《鹿特丹规则》的责任基础为完全过失责任原则。根据完全过失责任原则理论,承运人对货物灭失、损坏或迟延交付负赔偿责任的前提是其存在过失,承运人无须对因不可抗力等不可归责于自己的原因所导致的货损承担赔偿责任。换言之,完全过失责任原则须具备下列要件:存在货损,承运人未履行相关义务,货损与承运人未履行相关义务存在因果关系,承运人有过失。据此来分析一下路径 a、b-b1、b-b2-c、b-b3-b3Ⅰ、b-b3-b3Ⅱ举证责任逻辑路径是否契合完全过失责任原则。

路径 a:举证责任完全以承运人是否存在管货过失为主线的,如果是因承运人的管货过失导致货损,则承运人应承担货损的赔偿责任。该逻辑路径完全符合过失责任原则。

路径 b:在货损不是由承运人的过失所致时,如果货损是由免责事项导致的,即该免责事项隔断了"货损与承运人未履行相关义务存在因果关系",承运人对此货损不承担赔偿责任,这符合过失责任原则。

路径 b1:如果该免责事项是由承运人过错促成或造成的,承运人对由该免责事项所致货损仍应承担赔偿责任,这也符合过失责任原则。

路径 b2：针对承运人的免责事项抗辩理由，如果索赔人提出货损非由免责事项促成或造成的，即是由 15 项免责事项以外的事由造成或促成的，此时逻辑路径又返回到了 a，因 a 完全符合过失责任原则，故 b2 应视为符合过失责任原则。

路径 b3：针对承运人的免责事项抗辩理由，如果索赔人提出货损是或可能是由不适航造成的，此时若承运人无法证明：b3Ⅰ其未履行适航义务未造成货物毁损或 b3Ⅱ其已遵守恪尽职守的义务，那么承运人仍承担货损的赔偿责任。在 b3Ⅰ下，虽然承运人违反了适航义务，但这一违反与货损并没有因果关系，即不存在"货损与承运人未履行相关义务存在因果关系"这一要件，由此承运人不应对此货损承担赔偿责任，这符合过失责任原则。在 b3Ⅱ下，虽然承运人违反了适航义务，且与货损存在因果关系，但承运人已尽恪尽职守的义务，对此《鹿特丹规则》规定承运人不承担赔偿责任。这里需要分析的是"恪尽职守"的内涵。恪尽职守（due diligence），又称"谨慎处理"。与之相反则是没有恪尽职守，即构成 negligence（过失）。这样看来，b3Ⅱ也是符合过失责任原则的。

显然，上述分阶段的举证责任分配符合过错责任原则，但若综合分析，还是存在疑问的。

在货损完全由单一原因造成时，当承运人提出货损是由 15 项不负责事项造成或促成时（路径 b），索赔人只需要证明不负责事项是由承运人过错促成或造成的（路径 b1），或是由 15 项不负责事项以外的事由造成或促成的（路径 b2）就可以了，无须再以不适航（路径 b3）来抗辩承运人提出的不负责事项。不适航抗辩后置，显然与过错责任原则的逻辑判断路径不符。在过错责任原则下，索赔人应将致货损的承运人未履行的相关义务全部罗列出来，而后承运人一一抗辩，包括运用不负责事项，也就是说举证对象和顺序是承运人是否履行了相关义务在前，不负责事项在后，不负责事项是用来抗辩不适航等事由的。不适航抗辩，应在路径 a 中提出，或在其他路径的 b 阶段之前提出,而不应后置,更不应用来对抗不负责事项的。另外,在货损完全由单一原因造成时,该单一原因或是负责事项,或是不负责事项,不适航作为负责事项,完全可以归入 15 项不负责事项以外的事由(路径 b2),因此即使不适航抗辩后置,也无须单列。

之所以会出现如此情形,主要源于两个问题:一是要不要保留适航义务条款,二是如何安排适航义务的举证责任。

就第一个问题,因一个多世纪以来,适航义务是否履行及未履行时责任如何承担的问题始终是船货双方比较敏感的话题,也是船货双方博弈的主要范围,因此,船货双方都会强烈要求《鹿特丹规则》对这一问题作出明确的规定。而且考虑到与以往国际公约的衔接、对海洋环境的保护、船舶航行安全以及适航义务与不负责事项共存时关系处理等因素,大多数国家和地区仍坚持继续保留适航义务条款,尽管《鹿特丹规则》关于承运人责任基础的规定已使得适航义务条款并无继续保留的必要。另外,《鹿特丹规则》草案具体规定了承运人在运输合同下的一般性义务、管货义务、管船义务等,因此,从立法技巧来讲,也应规定适航义务。"如果删掉适航义务的规定的话,即使在实质上可能不会产生多么严重的问题,但至少从法律美学上而言,它也会使得《草案》的这一部分规定变得像少了一条腿的桌子一样,令人感觉有明显缺陷"[①],故最终的结果是《鹿特丹规则》继续保留了适航义务条款。

当决定继续保留适航义务条款后,联合国贸易法委员会第三工作组面临的一个直接问题便是如何安排适航义务的举证责任,包括在何时由何方举证及证明的范围。对于适航义务的举证安排,2003 年第三工作组(运输法)第十二届会议文件 A/CN.9/WG.III/WP.32 提供了如下三个备选方案:

---

① 课题组:《〈运输法草案〉中涉及利益的重要问题》,大连海事大学法学院,2008 年,第 23 页。

第5章 ~~第6条~~ 承运人的责任

第14条 ~~6.1~~ 责任基础

第1和第2款的备选案文A

1.6.1.1 如果货物的灭失、损坏或迟延交付发生于第3章4条所界定的承运人责任期间,则承运人对此种灭失、损坏或者迟延交付造成的损失须应负赔偿责任,除非承运人能证明该灭失、损坏或迟延交付既非其本人也非第15(3)~~6.3.2(a)~~条所指任何人的过失造成的。

2.~~6.1.3~~ 虽有第1款 ~~6.1.1条~~ 的规定,但承运人证明其遵守了第4章~~第5条~~项下的承运人义务并证明货物的灭失或损坏以及迟延交付[完全]是由于下列事件之一造成的,在无相反的证据的情况下,应推定承运人或一履约方的过失并未造成[或促成]此种灭失、损坏或迟延交付[承运人对此种灭失、损坏或迟延交付将不承担赔偿责任,但有证据证明其有过失或某一履约方有过失的除外]。

......

第1和第2款的备选案文B

1. 承运人证明以下各点,可免除其赔偿责任:

(一)其遵守了其在第13.1条①下的义务[或者其虽未能遵守这种义务但并未造成[促成]灭失、损坏或迟延交付],及

(二)灭失、损坏或迟延交付既非其本人的过失,也非其受雇人或代理人的过失所造成[或促成],或证明灭失、损坏或迟延

---

① A/CN.9/WG.III/WP.32文件第13条规定如下:
第13条 适用于海上航程的其他义务
1.5.4 承运人应在开航之前、开始之时[和航行之中]谨慎处理:
(a) 使船舶适航[并保持]适航状态;
(b) 妥善地配备船员、装备船舶和配备供应品;
(c) 使货舱和其他载货处所包括由承运人提供的用于装载货物的集装箱,适于并能安全地收受、载运和保管货物[并且]保持这种状态。

......

交付是由于下列事件之一造成的:

……

第1和第2款的备选案文C

1. 货物的灭失、损坏或迟延交付发生于第3章4条所界定的承运人责任期间的,承运人对此种灭失、损坏或者迟延交付造成的损失须应负赔偿责任。

2. 承运人能证明该灭失、损坏或迟延交付既非其本人也非第15(3)6.3.2(a)条所指任何人的过失造成[或促成]的,则根据第1款,该承运人不承担赔偿责任。

2之二 承运人证明货物的灭失或损坏以及迟延交付[完全]是由于下列事件之一造成的,应推定此种灭失、损坏或迟延交付既非承运人的过失也非第15(3)条所指任何人的过失所造成。

……

索赔人证明灭失、损坏或迟延交付是承运人或第15(3)条所指任何人的过失造成的,上述推定不成立。此外,索赔人证明灭失、损坏或迟延交付是由第13(1)(a)、(b)或(c)条所列情形造成的,上述推定亦不成立。然而,在此种情况下,承运人证明其遵守了第13条项下的职责的,可免除其赔偿责任。①

第一个备选方案根本没有提及举证安排,但可推断出,在索赔人仅证明货损存在且货损发生时间是在承运人的责任期间后,适航义务举证责任即转移至承运人;第二个备选方案明确提出承运人应当证明船舶是适航的;第三个备选方案则明确提出,索赔人应当证明承运人不适航,且对索赔人的证据,承运人可再举出反证以证明船舶是适航的。但到了2003年第三工作组(运输法)第13届会议时,索赔

---

① 参见 A/CN.9/WG.III/WP.32"运输法[全程或部分途程][海上]货物运输文书草案秘书处的说明"文件第19—23页。

人对船舶不适航先负初步举证责任被 A/CN.9/WG.III/WP.36 文件明确规定下来了，即货方有义务先证明船舶不适航造成或者可能造成了损失，这样就可以引起举证责任的转移，推定承运人有过错。由承运人证明自己对于船舶适航问题没有过错或者是能够举证证明船舶不适航与货物的灭失、损坏、迟延交付没有因果关系，从而免除承运人的赔偿责任。至此，在适航义务方面推定承运人有过错作为第三个推定被吸纳到《鹿特丹规则》草案"三个推定"的立法框架内[①]。

若从这个角度讲，不适航抗辩后置，似乎不会对《鹿特丹规则》下过失责任制的责任基础产生影响，但从理论推导结果看，不适航抗辩后置仍会产生其他逻辑问题（详见第四章第四节）。

（二）对《鹿特丹规则》第 17 条第 3 款开头语表述的理解

如何理解《鹿特丹规则》第 17 条第 3 款开头语"除证明不存在本条第 2 款所述的过失之外……"的表述？

在中文环境下，该表述似乎应理解为承运人须同时证明无过失和不负责事项，由此，引申出一个问题，即路径 a 和路径 b 是何种关系？是并列关系还是选择关系？

根据《鹿特丹规则》下货损赔偿责任确定路径的整体判断，路径 a 和路径 b 是一种选择关系，而非并列关系，即在承运人依路径 a 不能证明其有过失的情况下，该公约为承运人提供了另一条通道，即承运人还可以选择路径 b 来抗辩索赔人。

根据 A/CN.9/WG.III/WP.56 公布的公约草案第 17 条第 2 款的相关规定，也可以作出相同的判断：

第 17 条　赔偿责任基础

1. 承运人对货物的灭失或损坏以及迟延交付而造成的损

[①] 司玉琢、韩立新：《〈鹿特丹规则〉研究》，大连海事大学出版社 2009 年版，第 160 页。

失承担赔偿责任,条件是索赔人需证明

(a) 灭失、损坏或迟延交付;或

(b) 造成或促成灭失、损坏或迟延交付的情形

发生在第 4 章所界定的承运人的责任期内。承运人证明造成灭失、损坏或迟延交付的原因或原因之一既非其本人的过失也非第 19 条提及的任何人的过失的,免除其全部或部分赔偿责任。

2. 承运人不能按第 1 款的规定证明其无过失,但证明造成或促成灭失、损坏或延迟交付的原因是第 3 款所列举的某一事件的,免除其全部或部分赔偿责任,但下列情况除外……①

就本条款而言,虽然最后公约的规定与 A/CN. 9/WG. III/WP. 56 公布的相关规定存在描述上的差别,但根据 A/CN. 9/WG. III/WP. 81 就第 17 条"赔偿责任基础"所作出的脚注,即"对原来案文的重拟稿,原来的案文载于 A/CN. 9/572 第 31 段和第 75 段,在 A/CN. 9/572 第 33 段和第 80 段中获广泛接受,并在 A/CN. 9/WG. III/WP. 56 中公布。对本条草案的重拟稿完全取自已获接受的原来的案文,重拟的目的只是通过简化本条草案的结构而改进行文措辞,无意对内容作任何改变"(Redraft of text set out in paras. 31 and 75 of A/CN. 9/572, as broadly accepted in paras. 33 and 80 of A/CN. 9/572, and as published in A/CN. 9/WG. III/WP. 56. The redraft of this draft article, which is drawn entirely from the previous text as accepted, is only intended to improve the drafting by simplifying the structure of the draft article, and is not intended to change the content of the provision in any way)②,说明描述上的差别绝无改变

---

① 参见 A/CN. 9/WG. III/WP. 56。案文原载 A/CN. 9/572 第 31 段和第 75 段,并获广泛接受,载 A/CN. 9/572 第 33 段和第 80 段。

② 参见 A/CN. 9/WG. III/WP. 81。

条文本义的意思①。

此种关系也表明,当承运人完成路径 a 第二步举证后,就不存在索赔人继续举证承运人方存在过失问题,只有承运人启动路径 b-b1 第二步举证(即以不负责事项抗辩索赔人时),才会有索赔人继续举证的问题。

(三) 对《鹿特丹规则》第 17 条第 2 款中"或"字含义的理解

如何理解第 17 条第 2 款关于"不能归责于承运人本人的过失或第 18 条述及的任何人的过失"中"或"字的含义?

"或"字表明是一种选择关系。换言之,两者中存在一者即满足生效条件。如此看来,只要承运人证明自己没有过失,或者第 18 条述及的人没有过失,承运人即无须承担货损赔偿责任。若按此理解,那么只要承运人证明其本身没有过失,就可以对货损不承担赔偿责任。由于在现实中,很少有事故是由承运人本人的过失造成的,且承运人也很容易举证其没有过失,由此必然使承运人处于无须承担任何责任的地位。但很显然,这种理解是错误的。就承运人责任基础条款而言,正如上文所述,由于 A/CN.9/WG.III/WP.56 公布的公约草案之相关规定与 A/CN.9/WG.III/WP.56 公布的公约草案之相关规定是没有任何差别的,只是措辞不同而已,而根据后者公布的草案第 17 条第 1 款关于"承运人证明造成灭失、损坏或迟延交付的原因或原因之一既非其本人的过失也非第 19 条提及的任何人的过失的,免除其全部或部分赔偿责任"的规定,可以得出,《鹿特丹规则》第 17 条第 2 款的"或"字显然不是一种选择关系,而是一种并列关系。

---

① 章博:《航海过失免责的取消:〈鹿特丹规则〉的取舍》,载上海海事大学海商法研究中心编《海大法律评论 2008》,上海社会科学院出版社 2009 年版,第 166—167 页。

第四节 国际海运货损赔偿举证责任分配：困境与性质

通过对《海牙规则》《汉堡规则》《鹿特丹规则》下海运货损赔偿责任确定路径的梳理，可以明显看到，举证责任分配在其中发挥的重要或关键作用。因此，在上述梳理的基础上，对举证责任分配作一探究，显属必要。

一、举证责任分配的理论与评析

关于举证责任分配的理论有很多，但几乎所有民事法律并没有纯粹地将上述某一理论作为举证责任分配的唯一原则或标准。即使立法者试图确立唯一举证责任分配原则或标准，但都是不成功的。

（一）举证责任分配的理论

举证责任分配最早产生于罗马法时代，但其对后世产生了巨大的影响。19世纪末20世纪初引领学术潮流的几个重要学说，如"待证事实分类说""法规分类说""法律要件分类说"等，皆与罗马法举证责任分配原则有着深厚的渊源关系。尽管到了20世纪中后叶，学界又提出"危险领域说""盖然性说""损害归属说"等有别于罗马法的民事举证责任分配规则，但在一般领域里，举证责任的分配仍然以"法律要件分类说"为要旨，实际上并没有背离罗马法举证责任分配原则。

1. 罗马法举证责任分配原则

罗马法关于举证责任分配的规则多由罗马法学家在法学文献和论著中加以论述，如："D.22,3,2 举证的责任由提出主张的人承担，而不是由否定该主张的人承担。""C.4,19,23 当原告承认证明不了自己的主张时，不得要求被告做与其立场相反的证明。因为按照事物的本性来说,否认某一事实的人所给予的证明是无效的。"①

罗马法关于举证责任分配的规则可以概括为两个基本原则:一是原告负有举证责任之义务,即"原告对于其诉,以及其诉请求之权利,须举证证明之","原告不举证证明,被告即获胜诉"。此为"无原告则无法官"这一古老法则在证据法上的体现。若原告尽其举证责任,则被告应提出足以推翻原告的证据,否则判决原告胜诉,即"若提出抗辩,则就其抗辩有举证之必要"。二是"举证义务存于主张之人,不存于否认之人",即"为主张之人负有证明义务,为否定之人则无之","事物之性质上,否定之人无须证明"②。此为"谁主张,谁举证"证明规则的历史渊源。

2. 近代举证责任分配理论

19世纪末20世纪初,经过各国学者和法官的不断研究,学界产生了诸多举证责任分配理论,其中较为有影响力的主要包括待证事实分类说、法规分类说、法律要件分类说等学说。

待证事实分类说,又称为要证事实分类说,是指依待证事实是否有可能得到证明以及证明时的难易程度来分配举证责任。该说又分为消极事实说、推定事实说、外界事实说等。消极事实说认为:主张消极事实者(指主张事实不存在,事实未发生),不负举证责任;主张积极事实者(指主张事实存在,事实已发生),就该事实负举证责任。推定事实说认为:不能只按照消极事实和积极事实的划分来确定举证责任,还应配合推定才能实现科学的分配。外界事实说主张依事实能否通过感官加以观察,将待证事实分为外界事实和内界事实:外界事实易于证明,故主张的人应负举证责任;内界事实无法直接感知,极难证明,故主张的人不负举证责任。

---

① [意]桑德罗·斯奇巴尼:《民法大全选译 司法管辖权 审判 诉讼》,黄风译,中国政法大学出版社1992年版,第57页。
② 李汉昌、刘田玉:《统一的诉讼举证责任》,载《法学研究》2005年第2期,第102—103页。

法规分类说着眼于实体法条文,从对实体法条文的分析中归纳出分配举证责任的原则,认为实体法条文通常都有原则与例外规定,凡要求适用原则规定的人,仅应就原则规定要件事实的存在负举证责任,无须证明例外规定要件事实的不存在,例外规定要件事实由对方当事人主张并负举证责任。

法律要件分类说与待证事实分类说相对立,认为依据实体法规定的法律要件事实的不同类别分担举证责任,为诉讼上所欲证明的事实为要件事实,而哪种事实须由何方当事人负举证责任,应依该要件事实发生何种法律上的效果而定。法律要件分类说又包括最低限度事实说、通常事实说、完全性说、规范说等。最低限度事实说将事实分为权利发生规定的要件事实、权利障碍规定的要件事实和权利消灭规定的要件事实。凡主张权利发生者或是主张对方的权利有障碍、对方的权利已经消灭者,应就权利发生、障碍或消灭的最低限度事实负举证责任。通常事实发生说将法律要件事实分为通常事实与例外事实。认为主张权利存在之人应就通常可使该权利发生的事实负举证责任,例外事实的存在由对方当事人负举证责任。完全性说认为实体法中已隐藏着举证责任分配的规则,故应通过对实体法条文的分析来寻找分配举证责任的一般原则。同时,该说将法律规范分为权利发生规范和权利消灭规范两大类,其中,主张权利者应当就权利效果发生所必要的全部要件事实,包括一般要件事实和特别要件事实承担举证责任;相对方应就权利消灭要件事实承担举证责任。规范说是由莱奥·罗森贝克提出的。该说认为举证责任分配问题已在实体法中进行了考虑和安排,通过对法条的分析,即可找出举证责任分配的一般原则。法律规范可分为对立的两大类:一类是能够产生某种权利的规范,另一类是妨碍权利产生或使已经产生的权利归于消灭的规范,即权利妨碍规范、权利消灭规范、权利限制规范。主张权利存在的一方当事人,应就权利产生的法律要件事实举证;否认权利存在的一方当事人,应就权利妨碍法律要件事实、权利消灭的法律要件事实或权利限制的法律要件事实进行举证①。

3. 现代举证责任分配理论

进入20世纪60年代后,德国的一些学者对居于通说地位的法律要件分类说进行了反思和批判,提出了一些新的学说,如危险领域说、盖然性说、损害归属说等,以试图取代或者修正法律要件分类说。

危险领域说是德国学者普霍斯对涉及合同违约诉讼中比较特殊的证明责任分配案例进行一系列研究后提出的学说,即依据待证事实属哪一方当事人控制的危险领域为标准来决定举证责任的分配,当事人应当对其所能控制的危险领域中的事实负举证责任。如在侵权赔偿诉讼中,损害原因、主观过错均属侵害人所能控制的危险领域,则应当由侵害人就不存在因果关系、主观上无过错负举证责任,"因为另一方当事人难以知道处于加害人控制之下的危险领域中事件发生过程,难以提出证据"②。危险领域说的最大特点是不拘泥于法律条文对权利规定的形式构成,把证明的难易和有利于防止损害的发生作为举证责任分配的根据,应当说"它在方法论上改变了过去规范说的教条主义,在举证责任的重新分配方面反映了分配公正性的要求"③。

盖然性即可能性,故盖然性说主张以待证事实发生的盖然性的高低,作为分担举证责任的依据,即当事实处于真伪不明状态时,如根据统计资料或人们的生活经验,该事实发生的盖然性高,主张该事实发生的当事人不负举证责任,而由对方当事人对该事实未发生负举证责任。

损害归属说以公平正义为基本的原则,主张以实体法确定的责任归属或损害归属原则作为分配举证责任的标准,即通过对实体法各条文进行对比、分析,寻找出实体法关于某一问题的损害归属原则(在实际运用中,该原则具体化为盖然性原则、保护原则、担保原则、

---

① [德]莱奥·罗森贝克:《证明责任论》,庄敬华译,中国法制出版社2002年版,第173页。
② 司玉琢:《海商法专论》,中国人民大学出版社2007年版,第202页。
③ 吕日东:《举证责任倒置的实质——逆否分配》,载《山东审判》2005年第5期,第80页。

信赖原则、惩罚原则、社会危险分担原则),然后由依实体法应当承担责任的一方负举证责任。如在雇员因雇主违反义务受损害而提起诉讼的案件中,依据盖然性原则和保护原则,应由雇主就损害发生与违反义务两者之间的因果关系负举证责任,不由雇员举证,雇员只就发生损害事实进行举证。又如,在因产品质量缺陷致人损害的侵权诉讼中,应由产品的制造者承担举证责任[①]。

(二)评析

上述大陆法系关于举证责任分配理论或学说均存在一定不足。如就危险领域说,有学者指出:"危险领域说的特色在于首先划定一个领域或空间范围,然后在这一领域实行一种证明责任分配的原则,以此来弥补原来规范说的不足和缺陷。但这一理论的问题点是何谓危险领域并不明确。定义一个抽象的概念似乎并不难,难在能否将这一概念在每一个案件中具体,即能否具体适用。……普霍斯对危险领域的定义太广,几乎债务人的所有行为都被囊括在其中。这一来,他自己为危险领域说设定的空间范围也就完全被抛弃了。"[②] 就盖然性说而言,有学者指出:"盖然性说对于一部分举证责任分配问题可以成为解决的标准,但是并非所有的事项均能依此标准进行分配。因为许多事项在性质上无法利用科学的方法或生活经验来判断其盖然性的高低。对盖然性高低的考虑,不能绝对地作为分配举证责任的标准,更何况有若干法律规定的事项,立法者原有一定的保护目的,这些事项即使其发生的盖然性不高,在解释上也不因此而课以举证责任。"[③] 就损害归属说而

---

① 李汉昌、刘田玉:《统一的诉讼举证责任》,载《法学研究》2005年第2期,第104—105页。

② [日]松本博之:《证明责任的分配》,日本信山社1996年版,第60—61页;张兵:《举证责任分配中的法官自由裁量权——从一起汽车自燃事故说起》,http://www.bokee.net/bloggermodule/blog_viewblog.do?id=498963。

③ 李汉昌、刘田玉:《统一的诉讼举证责任》,载《法学研究》2005年第2期,第104—105页。

第三章　国际海运货损赔偿责任确定路径：国际公约的视角

言,有学者指出:"损害归属说实际上没有统一的分配原则,甚至不像其他学说那样有一个明确的基本原则,不过是提出了在决定分配时应考虑的诸多因素。"①

上述关于举证责任分配理论或学说的不足,使得学界关于举证责任分配应采哪种理论或学说尚未达成共识,这本身说明举证责任分配的确定是一件棘手的理论与实践命题。正如学者所言,举证责任分配的标准是一道公认的法律难题:在形形色色的疑难案件面前,人们发现,那些举证责任分配规则常常显得捉襟见肘,众说纷纭的理论在初学者眼里甚至被搅成一团糨糊②,至今也尚无人能够加以妥善地解决③的一个"世纪之猜想"④。

与大陆法系不同,英美法系通说认为,举证责任分配并不存在一般性的标准或理论,需要结合相关要素"具体情况具体分析"进行"利益衡量",即在对具体案件进行举证责任分配时需要综合考虑诸如政策、公平的信念、证据所持、举证的方便、盖然性、经验规则等要素,并在此基础上,对各种诉讼利益做出衡量,以实证的方式来具体地分配诉讼上的举证责任。"英美法系的举证责任分配原则表现为多元要素的集合,具有灵活性、司法对策性强的特点,但也存在着任意性、不同一性的缺点。"⑤正因为如此,有学者将英美法系诉讼称为"事实出发型诉讼",以有别于大陆法系"规范出发型诉讼"⑥。

---

①　吕日东:《举证责任倒置的实质——逆否分配》,载《山东审判》2005 年第 5 期,第 80 页。
②　何海波:《举证责任分配:一个价值衡量的方法》,载《中外法学》2003 年第 2 期,第 129—140 页。
③　叶自强:《举证责任及其分配标准》,载梁慧星主编《民商法论丛(第 7 卷)》,法律出版社 1997 年版,第 176—195 页。
④　[德]莱奥·罗森贝克:《证明责任论》,庄敬华译,中国法制出版社 2002 年版,序言"证明责任:世纪之猜想"。转引自司玉琢:《海商法专论》,中国人民大学出版社 2007 年版,第 203 页。
⑤　谷晓峰:《论我国民事举证责任之分担》,载陈光中主编《诉讼法理论与实践——民事行政诉讼卷》,人民法院出版社 2001 年版,第 374 页。
⑥　[日]中村英郎:《新民事诉讼法讲义》,陈刚等译,法律出版社 2001 年版,第 20 页。

举证责任理论与学说尚难达致统一,相关国家的立法试图确立唯一举证责任分配原则或标准,也显无劳。

如《瑞士民法》第8条规定,由主张的事实导出权利的人,除非法律另有规定,应就主张的事实存在为举证。对此,我国台湾地区学者陈荣宗指出,该条规定是有名无实的条文,对解决举证责任分配问题是没有帮助的,因为其并未明确何人应就何种事实进行举证,以及在事实不明时应由何人承担败诉责任,该条笼统的规定仅仅是一句口号而已①。我国《民事诉讼法》第六十四条第一款规定:"当事人对自己提出的主张,有责任提供证据。"这就是学界广为熟悉的"谁主张,谁举证"之原则,但李浩教授却指出,该条规定并不能解决举证责任归属的确定问题。如在侵权诉讼中,原告主张被告有过错,被告则主张自己无过错,按照上述规定,原告应就被告有过错负举证责任,被告则应就自己无过错负举证责任。结果,对同一争议事实双方当事人都负举证责任。这样,一旦有无过错处于真伪不明状态时,法院就无从依据举证责任下判决。可见,上述规定并未解决举证责任分担的问题②。我国台湾地区所谓的"民事诉讼法"第277条也有如此规定,即当事人主张有利己的事实者,就其事实有举证的责任,其结果必然也会出现双方当事人就同一问题举证且均举证不能时无法裁判的情形。另外,德国和日本的民事诉讼法则对于举证责任分配问题均无明文规定。上述事实表明,想通过规定一种原则或标准来解决举证责任分配问题是行不通的。

二、国际海运货损举证责任面临的逻辑难题

在国际海上货物运输领域,情况亦然。如就承运人过失的举证责任而言,在《海牙规则》下,一般是由索赔人承担承运人过失的举证

---

① 陈荣宗:《举证责任之分配》,载中国法制出版社编《证据法论文选萃》,中国法制出版社2005年版,第221页。
② 李浩:《举证责任研究》,中国政法大学出版社1993年版,第134页。

责任,但在《汉堡规则》下,却是由承运人承担这一举证责任。对于这一历史过程,显然是没有哪一种理论或学说所能解释的。因为任何一种理论或学说要解释这一历史现象都面临着一个逻辑上无法克服的难题,即既要说明在《海牙规则》下由索赔人承担承运人过失的举证责任是合理的,又要说明在《汉堡规则》下由承运人承担承运人是否存在过失的举证责任也是合理的[1]。

于是,学界尝试构建将两个或两个以上的举证责任分配原则并于一身的举证责任分配理论,如危险领域说、盖然性说、利益衡量说等。

危险领域说认为,当损害原因处于债务人或加害方控制的危险领域时,债务人或加害人应当对不存在故意、过失以及因果关系承担举证责任;其他领域则依规范说确定举证责任的分配[2]。这其实是两个举证责任分配标准。

盖然性说虽然主张以待证事实发生的盖然性高低,作为举证责任分配的依据,即当待证事实真伪不明时,若该事实发生的盖然性高,则主张该事实发生的当事人不负举证责任,而应由相对人就该事实不发生进行举证,但其还遵循另一个分配标准,即考虑到举证的难易,进而主张具有证明可能性的当事人应当承担举证责任[3]。这其实也是采两个举证责任分配标准。

利益衡量说更是将证据的距离、举证的难易、诚信原则作为举证责任分配的标准[4]。这说明,利益衡量说也不是遵循单一或唯一举证责任分配标准的。

---

[1] 王国征:《海运索赔中承运人过失举证责任分配的启示》,载《东方论坛:青岛大学学报》2007年第2期,第110—120页。
[2] 张卫平:《民事诉讼:关键词展开》,中国人民大学出版社2005年版,第243—244页;陈刚:《证明责任法研究》,中国人民大学出版社2000年版,第192页。
[3] 常怡:《比较民事诉讼法》,中国政法大学出版社2002年版,第422—423页。
[4] 李浩:《民事举证责任研究》,法律出版社2003年版,第124页。

三、举证责任:平衡利益的"调节器"

本书认为,事实上,举证责任更多地被作为一种平衡利益的调节器。图3.4可以表示举证责任的这一功能。

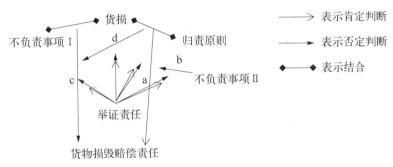

图 3.4 举证责任的平衡作用

从图3.4可以看出,归责原则是一个基本前提,一般来说,出现货损,且符合归责原则,就要承担责任a;但如果存在不负责事项Ⅱ(或免责事项),那么,即使符合归责原则,也无须承担责任b。如果货损是由不负责事项Ⅰ(除免责事项以外的不负责事项)所致,那么,无须承担责任c,但若符合归责原则时,仍要承担责任d。a、b、c、d是确定责任承担的一般逻辑路径,相关国际海上货物运输公约或国内立法基本都是按这一逻辑路径进行编排的。但为了更好地平衡船货双方的利益,举证责任除了实现探究事实真相的目的外,也在a、b、c、d确实路径中发挥一定的调节作用,从而表现出举证责任分配标准并非唯一的特征。有时,举证责任分配这一调节作用甚至会"颠覆"上述逻辑路径本意追求的结果。类似"瑕瑜互见"的例子俯拾即是。

比如,1999年《美国海上货物运输法(草案)》(COGSA 1999)第9条第4款规定:"……航海过失或管船过失——在一方当事人主张船长、船员、引航员或海上承运人的受雇人在航行或管理船舶中有疏忽的灭失或损坏的诉讼中,该方当事人须举证证明航行或管理该船舶中的疏忽。"该条款表明，COGSA 1999取消了类似《海牙规则》的航海过失免责，实质是一种承运人责任的相对加重，为了平衡船货双方利益，对相关的举证责任分配上进行了调整，即一改《海牙规则》下承运人方证明无过失的举证责任分配的规定，而是要求索赔方承担承运人方在驾驶或管理船舶中存在过失及由其所致货损的举证责任。

《汉堡规则》被视为船货双方利益博弈中货方取得的一次胜利，不但在归责原则上一改《海牙规则》之不完全过错责任，而采完全过错责任制，且对不负责事项只字未提，是对《海牙规则》一次较为彻底的变革，对货方利益给予高度关注。但为了平衡船货双方的利益，在举证责任分配方面，货方对承运人作出了让步，即依然保留《海牙规则》下火灾之"除外条款之除外"的举证责任由索赔人承担的规定。《汉堡规则》第5条第4款第1项规定："运送人对于以下的货物损失、损坏或迟延交付，负赔偿责任：因火灾而引致的货物的损失或损坏或延迟交付，如要求赔偿人能证明火灾是由于运送人、其受雇人或代理人的过失或疏忽所致；要求赔偿人证明由于运送人、其受雇人或代理人在采取可以合理要求的一切措施以扑灭火灾和防止或减轻其后果方面的过失或疏忽而引起的损失、损坏或延迟交付。"该条款表明，在火灾致损的情况下，承运人有过失的举证责任由索赔方承担，但这一举证是非常困难的，从而在一定程度上缓和了承运人承担较重责任的状况。

《鹿特丹规则》更是将举证责任分配的利益调节作用发挥到极致，具体表现就是"三个推定"的新构建。首先，在第一个推定中，索赔方只要证明货损发生在承运人的责任期间，承运人就被推定为有过失，承运人若进行有效抗辩，必须证明其本人以及履约方没有过错；其次，在第二个推定中，承运人只要证明货损是因为具体列明的不负责事项所致，则可被推定为无过失，如果索赔方不能反证出承运人有过失，那么承运人不负赔偿责任；最后，在第三个推定中，关于船舶适航导致的货损问题上，索赔方有义务先证明船舶不适航造成或者可能造成了损失,从而举证责任的移转,由承运人继续按照第一个推定去证明自己无过失或是船舶不适航与货物的灭失、损坏、迟延交付没有因果关系。特别是在第三个推定中,举证责任分配的利益调节作用发挥极佳。因为如果规定索赔方证明的是造成货损的原因是船舶不适航,那么就相当于让索赔方在举证船舶不适航之时一并承担举证不适航及其与货损之间的因果关系,这对索赔方来说,无疑是一件非常困难的事。基于此因素考量,《鹿特丹规则》增加了一项规定,即如果索赔方证明了致货损原因"可能是"船舶不适航,那么举证责任就移转给承运人。可见,《鹿特丹规则》对索赔方就船舶不适航举证的义务相对要求是不高的,并没有更加强调因果关系的举证责任,其实质是适当地减轻了索赔方的举证责任。

由上可见,国际海运货损赔偿责任分担规则实涉举证责任问题,那么举证责任到底如何分配才更为公平合理,而这一问题显然不仅是立法层面的问题,而且受到航运发展和利益平衡的影响。但有一点应当明确,那就是举证责任分配的利益平衡作用不应僭越其查察事实真相的目的,且保持举证责任分配的协调性,不能出现冲突和矛盾,否则,将不利于司法实践和海商法治秩序的形成[1]。另外,通过本书第四章第三节和第四节的论述也可以得出判断,举证责任对实体法规则来说,在一定程度上达到一种"对冲"情形。正如 H. W. 埃尔曼在《比较法律文化》一书中引用一位美国法官在观察了英美法系和大陆法系的诉讼模式后得出的结论中所说的,"举证规则可能使实体法规则完全不起作用"[2]。

---

[1] 参见关正义先生的博客载文,http://blog.sina.com.cn/guanzhengyi2007。
[2] [美] H. W. 埃尔曼:《比较法律文化》,贺卫方、高鸿均译,生活·读书·新知三联书店1990年版,第171页。

第四章　多因致货损赔偿责任的分担

在多因致货损情况下，若能区分每一个原因所致的货损，那么，一般来说[①]，依自己的责任自己承担的原则处理即可，但若不能区分每一个原因所致的货损时，应如何确定赔偿责任的承担？

假设货损是由不适航和航行过失同时或共同所致，且能将两者分清，按照通常理解，承运人仅就其不适航所致货损承担赔偿责任，但在《海牙规则》下，此时承运人将承担全部的赔偿责任。正如 the "Jemple Bar"案判词所言："……无论如何，如果事实表明不适航是由于船舶所有人未尽谨慎处理使船舶适航所致，并且在造成灭失方面与航行过失同时起作用，那么，在这种情况下，船东就要负责。"[②]很显然，关于多因致货损时赔偿责任承担的确定这一问题，不能简单地将致货损的每一个原因依货损赔偿责任确定规则判定责任后，再按多因致货损赔偿责任承担原则进行加减法处理。

《鹿特丹规则》正处开放供签署阶段，尚无判例可以援用，但其秉持的是"严格区分责任原则"，依此原则，承运人当然仅承担不适航致货损的赔偿责任，然具体推导的结果并非如此，承运人此时仍要承担

---

① 一般来说，指的是一般情况下，然有时未必如此，具体论述详见后文。
② 参见［1999］AMC427 第 458 页。

全部货损的赔偿责任(具体推导过程详见后文)。《海牙规则》下的结论,是适航义务为首要义务使然,而《鹿特丹规则》下的结论,则是具体举证责任分配与顺序使然。

这一假设及其结论说明,在确定多因致货损时赔偿责任的具体承担时,简单地将致货损的每一个原因依货损赔偿责任确定路径确定责任后,再按多因致货损赔偿责任承担原则进行加减法处理,显然过于机械化、简单化。

第一节 多因致货损赔偿责任分担立法例

多因致货损赔偿责任承担规则主要有瓦里斯库拉原则、平均分摊损失原则和严格区分责任原则等三种立法例[①]。上述立法例的关系如图4.1所示。

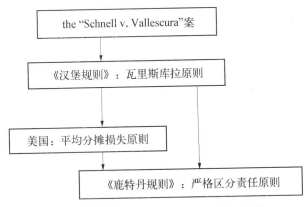

图4.1 多因致货损赔偿责任分担立法例

---

① 陈敬根、关正义:《〈鹿特丹规则〉下混合原因致货物损毁赔偿责任的分担》,载《武汉理工大学学报(社会科学版)》2009年第6期,第81—82页。

一、瓦里斯库拉原则

瓦里斯库拉原则(Vallescura Rule)是 1934 年美国纽约州南区法院(United States District Court for the Southern District of New York)在审理 the "Schnell v. Vallescura"案[①]时所确立的原则。《汉堡规则》采纳该原则,并为一些国家立法所借鉴。

（一）the "Schnell v. Vallescura"案

在 the "Schnell v. Vallescura"案中,原告货主 Schnell 委托被告从西班牙运送一批洋葱到美国。被告的 Vallescura 号蒸汽轮负责此次运输。当 Vallescura 号蒸汽轮抵达目的港时,货方发现洋葱早已腐败,但根据提单的记载,洋葱在被接收和装运时,状态良好。被告据此引用免责条款作为抗辩理由。法院结合证据认定,Vallescura 号蒸汽轮运输的洋葱之所以腐烂,是由在整个航程中通风设施不适当通风所致,而通风设施不适当通风来自两个方面：一是承运人为应对海上恶劣天气所采取的措施,即关闭所有的通风口和舱口；二是承运人未在天气晴朗时采取通风措施,即保持舱口和通风口的夜间开放,两个方面共同导致洋葱的腐烂。

美国纽约州南区法院认为,承运人应当赔偿因第二个方面即承运人未在天气晴朗时采取通风措施所造成的货损,并委托一个专门的委员查明和计算货损数额,但该委员会很难查明和计算两个方面所致损失的数额。在比较不适当通风的时间与正常通风和适当关闭通风的时间[②]后,法院最终判决,承运人虽无须承担第一个方面所造成的货损,但由于承运人未能指出第二个方面所造成的货损的具体数额,故应承担全部货损的赔偿责任。此判例便形成了瓦里斯库拉原则,即承运人如果不能将两个或两个以上原因所造成的同一货损

[①] 参见 Vallescura(Schnell v. Vallescura),293 U. S. 296,1934 AMC 1573(1934)。
[②] 整个航程为 23 天,委员会指出在整个航程中,保持舱口和通风口开放的只有 170 个小时,适当关闭通风的有 144 个小时,而不适当关闭的有 238 个小时。

分开，且其中一个或多个原因是承运人需要承担赔偿责任的，一个或多个原因是承运人可以免除赔偿责任的，那么就视为承运人没有完成货损原因的举证责任，承运人须承担全部货损的赔偿责任[①]。正如此案判词所言：

> 这一规则的理由显而易见。履行这一职责是承运人单方所能控制。承运人赖以减免其职责所提出的事实与情形，仅属于承运人单方所知晓，而这些对货方来说通常是不可能了解的。其结果必然是，对于承运人不能解释或解释不了的不属于其可以免责范围内的损失，法律要求承运人承担货损赔偿责任。(The reason for the rule is apparent. Discharge of the duty is peculiarly within his (the carrier) control. All the facts and circumstances upon which he may rely to relieve him of that duty are peculiarly within his knowledge and usually unknown to the shipper. In consequence, the law casts upon him the burden of the loss which he cannot explain or, explaining, bring within the exceptional case in which he is relieved from liability.)[②]

The "Schnell v. Vallescura"案事实与审理过程表明，瓦里斯库拉原则的适用情况包括四个方面：一是出现货损；二是导致货损的原因存在两个或两个以上；三是承运人至少对其中一个原因导致的货损承担责任，且至少对其中一个原因导致的货损不承担责任；四是承运人无法确定非由其承担责任的原因所致的货损数额。符合上述

[①] 司玉琢：《承运人责任基础的新构建——评〈鹿特丹规则〉下承运人责任基础条款》，载《中国海商法年刊》2009年第4期，第1—8页。

[②] 庄晨：《海运货损索赔举证责任比较研究》，上海海运学院2001年硕士学位论文，第33页；参见 The "Carso"(1931)41 Lloyd's Rep. 33, 1577。

四个方面,承运人则须承担全部货损的赔偿责任。

这一结论与黄永申博客所记载的论文《货运索赔举证责任的四项基本原则》之相关叙述有出入。该文指出,如果货物的灭失或损害有些是因承运人的免责事由引起的,有些是因承运人违约造成的,如违反了《海牙规则》第 3 条第 2 款规定的照料货物的义务,那么根据"瓦里斯库拉原则",承运人对货物的灭失或损害应承担全部赔偿责任,但承运人能够证明有些货损是由不负责事由引起的,则可免除部分赔偿责任。根据《海牙规则》第 3 条第 1 款的规定,承运人在开航之前或开航当时负有使船舶适航的义务。如果货物灭失或损害是由于承运人没有恪尽职责使船舶适航引起的,那么瓦里斯库拉原则不适用①。

本书认为,这段翻译正好与瓦里斯库拉原则本义相反。瓦里斯库拉原则并不是首先要求承运人承担全部货损赔偿责任,其次才要求承运人举证将多个原因所致货损区别开来,而是当多个原因导致货损出现时,承运人须将不同原因所致货损予以区分;若无法证明,承运人则须承担全部的货损赔偿责任。另外,瓦里斯库拉原则并不涉及船舶适航情况下的货损分担问题,因为在《海牙规则》下,适航义务是一项首要义务,若承运人未履行适航义务,则不论是否存在不负责事项,承运人均须承担全部的货损赔偿责任,故此时,瓦里斯库拉原则根本就不适用。

(二)瓦里斯库拉原则的影响

《汉堡规则》第 5 条第 7 款规定:"运送人、其受雇人或代理人的过失或疏忽与另一原因结合而产生损失、损坏或迟延交付时,运送人仅于损失、损坏或迟延交付可以归因于此种过失或疏忽的限度内负赔偿责任,但运送人须证明不可归因于此种过失或疏忽的损失、损坏

---

① Willianms Tetley:《货运索赔举证责任的四项基本原则》,黄永申编译,参见 http://www.bloglegal.com/blog/cgi/shownews.jsp? id=750000560。

或延迟交付的数额。"("Where fault or neglect on the part of the carrier, his servants or agents combines with another cause to produce loss, damage or delay in delivery the carrier is liable only to the extent that the loss, damage or delay in delivery is attributable to such fault or neglect, provided that the carrier proves the amount of the loss, damage or delay in delivery not attributable thereto.")该条款表明,承运人须对自己不能免除赔偿责任范围以外共同造成此项损失的其他原因所致货损的数额承担举证责任;若承运人不能成功举证,就难以援引此条款,也就要承担本不应由其承担的其他原因所致货损的赔偿责任。应当说,《汉堡规则》的这一规定,与1934年 the "Schnell v. Vallescura"案时所确立的原则是"相同"的。本书之所以作出如此表达,是因为学界关于 the "Schnell v. Vallescura"案与《汉堡规则》之间的源与流的关系存在不同认识。例如,司玉琢等学者认为,《汉堡规则》第5条第7款的规定吸纳了"瓦里斯库拉原则"①。张永坚、朱曾杰、吴焕宁等学者认为,《汉堡规则》第5条第7款的规定是从《国际公路运输公约》借鉴而来的②。另外,司玉琢和李志文主编的《中国海商法基本理论专题研究》一书认为,这是在《海牙规则》体系下通过 the "Schnell v. Vallescura"案的判例建立起来的原则,《汉堡规则》将该原则予以法定化③。

瓦里斯库拉原则除了体现在《汉堡规则》中,还体现在一些国家或地区的司法实践或立法中。

美国1936年《美国海上货物运输法》(COGSA 1936)实际上就贯彻了这一原则。正如 Sturley Michael F 在 Texas International Law Journal 发表的 *Modernizing and Reforming U. S. Maritime Law:*

---

① 司玉琢:《〈鹿特丹规则〉的评价与展望》,载《中国海商法年刊》2009年第1/2期,第4页脚注1。
② 吴焕宁:《国际海上运输三公约释义》,中国商务出版社2007年版,第124页。
③ 司玉琢、李志文主编:《中国海商法基本理论专题研究》,北京大学出版社2009年版,第314页。

第四章 多因致货损赔偿责任的分担

The Impact of the Rotterdam Rules in the United States 一文所言：

在国际海上货物运输案件中，法院创造了一个非常复杂的举证责任转移机制。货物索赔人须提交最初证据确认诉求，即他须证明货物交付给承运人状况良好但在承运人交付时货物受损。如果货物索赔人成功举证，那么，承运人需要证明货损是由 COGSA 第 4 条第 2 款所列明的除外风险所致。此时，举证责任又转到索赔人，索赔人须证明承运人的过失或船舶不适航也是致损原因之一。如果货损是两个或两个以上原因所致，且其中至少一个是承运人过失，一个是除外风险，那么，承运人须区别不同原因所致的货损。尽管这一原则（即"瓦里斯库拉原则"——本书注）是最高法院在《哈特法》下通过 the "Schnell v. Vallescura"案的审理确立的，法院仍继续将这一原则贯彻到了 COGSA 中。但事实上，这对承运人来说是不可能实现的，一旦法院认定货损是由上述多因所致，其结果必然是承运人承担了全部货损的赔偿责任。〔The courts have created a complex scheme of shifting burdens of proof in COGSA cases. The cargo claimant bears the initial burden of establishing a prima facie case—generally by showing that the goods were delivered to the carrier in good condition and subsequently delivered by the carrier in damaged condition. If the claimant carries this burden, the carrier then has the burden of proving that one of the "excepted perils" enumerated in section 4(2) of COGSA caused the loss or damage. If the carrier can do so, the burden then shifts back to the claimant to show that the carrier's negligence (or the unseaworthiness of the vessel) was also a contributing cause. If the case reaches the stage in which the carrier has established at least a partial defense (by showing that an excepted peril was at least a partial cause of the loss) and the cargo claimant has established that the carrier is at least partially responsible (by showing, for example, that the carrier's negligence was at least a partial cause of the loss), the burden then falls on the carrier to segregate the damages for which it is responsible from those for which it is not. Although the Supreme Court established this rule in Schnell v. Vallescura, a case that arose under the *Harter Act*, the courts have carried the same principle forward to COGSA. In practice, this has proven to be a near-impossible burden for carriers to meet, with the result that carriers generally bear the entire loss whenever the court determines that concurrent causes contributed to it.]①

《挪威海商法》也采瓦里斯库拉原则,其第275条第3款规定:"当灭失是由于承运人的过失或疏于职责以及其他原因共同造成时,承运人只对因其过失或疏于职责所造成的灭失部分负责。承运人应负责举证非由于其过失或疏于职责造成的灭失范围。"②换言之,承运人若无法举证非由于其过失或疏于职责造成的灭失范围,则承担举证不能的责任,须对全部灭失责任承担赔偿责任。

我国《海商法》第五十四条规定:"货物的灭失、损坏或者迟延交付是由于承运人或者承运人的受雇人、代理人的不能免除赔偿责任的原因和其他原因共同造成的,承运人仅在其不能免除赔偿责任的范围内负赔偿责任;但是,承运人对其他原因造成的灭失、损坏或迟

---

① 参见 Sturley Michael F: Modernizing and Reforming U. S. Maritime Law: The Impact of the Rotterdam Rules in the United States, Texas International Law Journal, April 1, 2009, 447。

② 韩立新、王秀芬:《各国(地区)海商法汇编(中英文对照)》,大连海事大学出版社 2003年版,第1203页。

延交付应当负举证责任。"该规定与《汉堡规则》的规定基本一致,唯一不同的是两者关于"但书"的表述存在一定差异,即《汉堡规则》强调数额的证明,而《海商法》强调的更多是一种因果关系的证明,显然相比而言,前者的举证要求比后者的更为严格、苛刻。

法国则进一步发展了瓦里斯库拉原则,将承运人不负责的原因予以区别,并采取不同的裁判倾向:如果货损是由某项承运人可以免责的过失和可以归入托运人"谨慎范围"①内的原因共致时,则承运人通常只需承担部分责任②;如果货损是由承运人可以免责的过失和无法归入托运人"谨慎范围"的原因共致时,此时若承运人的过失是损害的近因,即"要不是"承运人的过失,货损将不会发生,则倾向于由承运人对全部货损负责③。

二、平均分摊损失原则

瓦里斯库拉原则的实质在于当多个原因致货物毁损且无法区别原因时由承运人承担全部赔偿责任,这是对承运人责任的一种加重,但其缺乏理论基础,实为一种粗暴的立法行为,因此长期以来,海商法学界对其质疑之声不断。有的国家开始在其本国海商立法中试图摒弃这一原则。瓦里斯库拉原则的"始作俑者"美国就一改 COGSA 1936 继续遵循该原则的做法,1999 年《美国海上货物运输法(草案)》

---

① 可归入托运人"谨慎范围"内的原因包括包装不良、货物固有缺陷、托运人或货主的过失等,无法归入托运人"谨慎范围"内的原因包括海上危险或政府限制等。
② 参见 Cour de Casation, March 5, 1996 (The Diego and The Aquitania), DMF1996, 507, commentary by Pierre Bonassies, DMF Hors serie No. 71, pp. 56; Cour de Casation, January 20, 1998 (The Red-Sea-Elbe), DMF 1998, 578, note P. Delebecque, commentary by P. Bonassies, DMF Hors serie No. 3, 1999, No. 104, 76; Cour de Cassation, November 26, 1996 (The World Navigator), DMF 1997, 798, note R. Achard。
③ 参见 Chambre Arbitrale Maritime de Paris, Sentence No. 971, October 24, 1997, DMF 1998, 706, commentary by P. Bonassies, DMF Hors serie No. 2, 1998, No. 111, pp. 72; Cour de Casation, July 7, 1998 (The Atlantic Island), DMF 1998, 826, note p. Bonassies and additional commentary, DMF Hors serie No. 3, 1999, No. 104, 75。[加]威廉·台特雷:《国际海商法》,张永坚等译,法律出版社 2005 年版,第 80—81 页。

(简称 COGSA 1999)采取了平均分摊损失的做法。

(一)1999年《美国海上货物运输法(草案)》的规定

COGSA 1999第9条第5款作出如下规定:

1. 一般规定——如果货物的灭失或损坏部分是因承运人违反义务或承运人的疏忽或过失造成,而部分是因本条第3款规定的一个或数个免责事项所造成的,那么,承运人和船舶:

(1)对经要求赔偿的当事人证明是因其违反义务、过失或疏忽所引起的范围的灭失或损坏负责;而

(2)对经该承运人证明是因一个或数个免责事项所引起的范围的灭失或损坏则不负责。

2. 证据不充分——如果没有证据能使货物灭失或损坏诉讼中的事实审判法官据以确定第1项下的灭失或损坏的范围,且承运人或船舶应对该灭失或损坏的不确定部分负责,那么,该承运人或船舶的总的责任为该灭失或损坏的一半。[①]

该条款表明,如果货物灭失或损坏系承运人违反义务或承运人的过失或疏忽以及一项或多项免责原因共同造成的,则承运人或船舶对索赔方能够证明完全归因于承运人违反义务、过失或疏忽造成的货物灭失或损坏负责,及承运人证明完全归因于一项或多项不负责事项造成的货物灭失或损坏不承担责任;如果没有证据表明货物灭失或损坏原因属于上述哪一种情况,并且承运人或船舶被认定对货物灭失或损坏负责,则承运人或船舶的责任总额为该货物灭失或损坏金额的一半[②]。也就是说,在无法分清比例的情况下,法院可直

[①] 韩立新、王秀芬:《各国(地区)海商法汇编(中英文对照)》,大连海事大学出版社2003年版,第393页。

[②] 司玉琢、郭萍,韩立新:《美国99年COGSA的主要变化、影响及我国对策分析》,载《中国海商法年刊》1999年第1期,第381页。

接按照 1∶1 比例分摊损失,承运人和索赔人各承担一半损失。

（二）Inter-Club Agreement 的规定

保赔协会间协议（Inter-Club Agreement）是 1970 年代表出租人的保赔协会和代表承租人的保赔协会制定的《保赔协会内部土产格式协议》（*Inter-Club New York Produce Exchange Agreement*,ICA）的简称。制定 ICA 的目的,是为了分清"土产格式"下不同原因造成的海运货物灭失和损坏、短少的责任,以解决船舶在定期租赁的情况下船东的责任范围很难确定的问题,如根据 1993 年"土产格式"第 8 条(a)款规定,货物作业的责任划分就不够明确[①],以便能够在货主和船东之间建立起一个在 NYPE 和 ASBATIME 等格式合同下迅速公平地分配责任比例的便捷货物索赔机制。ICA 自 1970 年推出以后,经过 1984 年、1996 年和 2011 年三次修订。第一次修订的主要目的是为了弥补 ICA 中提出索赔时时间限制的条款漏洞,第二次修订的主要目的是为了使 ICA 适应集装箱货物的运输,第三次修订主要通过扩大 ICA 下货物索赔定义、适用于多式联运提单和修正诉讼时效以适应《汉堡规则》的介入等三个方面理顺 ICA 条款之间的逻辑。

ICA 调整货物索赔,包括货损、货物灭失、溢装、短装、迟延等,还包括索赔方因索赔所产生的法律费用及利息、保赔协会通信代理和专家费用等。ICA 可以通过协会间协议条款（ICA 条款）并入租约,调整船东和承租人的责任归属,即使双方都没有加入相应的保赔协会[②]。

ICA 关于责任分配规定如下：

[①] The Strathnewton [1983] 1 Lloyd's Rep. 219,222.

[②] 适用 ICA 的重要前提是货物索赔已经妥善解决或者和解。ICA 1996 第 4 条规定:"本协议下的责任分摊仅适用于下列货物索赔案：……(C) 货物索赔已经妥善解决或和解,并且已经已经完成赔付。"

The apportionment

(7) The amount of any cargo claim to be apportioned under this Agreement shall be the amount in fact borne by the party to the charterparty seeking apportionment, regardless of whether that claim may be or has been apportioned by application of this Agreement to another charterparty.

(8) Cargo claims shall be apportioned as follows:

(a) Claims in fact arising out of unseaworthiness and/or error or fault in navigation or management of the vessel:

100% Owners

save where the Owner proves that the unseaworthiness was caused by the loading, stowage, lashing, discharge or other handling of the cargo, in which case the claim shall be apportioned under sub-Clause (b).

(b) Claims in fact arising out of the loading, stowage, lashing, discharge, storage or other handling of cargo:

100% Charterers

unless the words "and responsibility" are added in Clause 8 or there is a similar amendment making the Master responsible for cargo handling in which case:

50% Charterers

50% Owners

save where the Charterer proves that the failure properly to load, stow, lash, discharge or handle the cargo was caused by the unseaworthiness of the vessel in which case:

100% Owners

(c) Subject to (a) and (b) above, claims for shortage or overcarriage:

第四章 多因致货损赔偿责任的分担

50% Charterers

50% Owners

unless there is clear and irrefutable evidence that the claim arose out of pilferage or act or neglect by one or the other (including their servants or sub-contractors) in which case that party shall then bear 100% of the claim.

(d) All other cargo claims whatsoever (including claims for delay to cargo):

50% Charterers

50% Owners

unless there is clear and irrefutable evidence that the claim arose out of the act or neglect of the one or the other (including their servants or sub-contractors) in which case that party shall then bear 100% of the claim.

根据上述条款的规定,出现货损货差,如果是船东的责任(如不适航),那么由船东承担100%的赔偿责任;如果是租船人的责任(如装卸不当,包括积载、处理、绑扎等),那么由租船人承担100%的赔偿责任;如果因短卸、失窃和溢卸等造成且责任无法区分的,那么由船东和租船人各自承担50%的赔偿责任①。这说明,ICA的上述条款的规定与COGSA 1999第9条第5款的相关规定是相同的,即在无法分清比例的情况下,采平均分摊损失原则,法院可直接按照1∶1比例分摊损失,承运人和索赔人各承担一半损失。

（三）评析

COGSA 1999和ICA为了追求公平,摒弃了瓦里斯库拉原则,并采

---

① 王海明:《船舶保险理论实务与经营管理》,大连海事大学出版社2006年版,第370页;詹先凯:《租船、航运实务案例评析》,微信公众号:海商法资讯(maritimelawinfo),2017年9月,第575—576页。

取了平均分摊损失原则。但平均分摊损失原则在公平诉求上显然并没有走得太远,反而是一种倒退,因为这一貌似公平的原则更缺乏理论依据,是在无法确定货损赔偿责任时采取"各打五十大板"的简单粗暴的做法。更为重要的是,平均分摊损失原则有可能凭空让货方承担货物毁损的 50% 的赔偿责任,从而为承运人提供了逃避法律责任的机会。假设承运人在提供全部证据后应承担超过 50% 的货损赔偿责任(如 70%),那么,承运人极有可能不会提供全部的证据,因为依 COGSA 1999 第 9(e)(1) 条和 ICA 第 (8)(d) 条的规定,若此时货方也无法提供全部证据,那么,承运人只承担 50% 的货损赔偿责任,而无须承担超过 50% 的货损赔偿责任(即 70%);相反,此时货方却要无缘无故地承担 50% 的货损赔偿责任①。也就是说,"平均分摊损失原则"在这一假设案件中不仅不利于货方,反而加重了货方的责任②。因此,从船货双方公平诉求角度看,COGSA 1999 和 ICA 摒弃"瓦里斯库拉原则",改采"平均分摊损失原则",目的是欲向公平合理分摊损失的诉求迈出一大步,但实际上却倒退了一大步,更远地偏离了公平。

三、严格区分责任原则

《鹿特丹规则》对瓦里斯库拉原则和平均分摊损失原则均予以摒弃,改采严格区分责任原则,即承运人仅对应由其承担赔偿责任的事件或情形所造成的那部分灭失、损坏或迟延交付负赔偿责任。

(一)《鹿特丹规则》的相关规定

《鹿特丹规则》第 17 条第 6 款规定:"承运人根据本条规定被免除部分赔偿责任的,承运人仅对根据本条应由其负赔偿责任的事件或情形所造成的那部分灭失、损坏或迟延交付负赔偿责任。"("When

---

① 陈敬根、关正义:《〈鹿特丹规则〉下混合原因致货物毁损时赔偿责任的分担》,载《武汉理工大学学报(社会科学版)》2009 年第 6 期,第 82 页。
② 赵伟:《论 UNCITRAL 运输法草案中承运人的责任制度》,上海海事大学 2005 年硕士学位论文,第 30 页。

the carrier is relieved of part of its liability pursuant to this article, the carrier is liable only for that part of the loss, damage or delay that is attributable to the event or circumstance for which it is liable pursuant to this article.")

其实,如前所述,就混合原因致货损时承运人赔偿责任的承担的问题,"瓦里斯库拉原则"和"平均分摊损失原则"都曾出现在《鹿特丹规则》通过之前的草案中。2003 年 9 月,联合国国际贸易法委员会(UNCITRAL)最早公布的运输法公约草案 A/CN. 9/WG. III/WP. 32 文件规定:"如果造成货物灭失、损坏或迟延交付的部分原因是承运人不承担责任的,另外部分原因是承运人负有责任的,则承运人对所有灭失、损坏或迟延交付都负有责任,除非承运人能够证明具体一部分损失是由其不承担责任的原因造成的。"("If loss, damage or delay in delivery is caused in part by an event for which the carrier is not liable and in part by an event for which the carrier is liable, the carrier is liable for all the loss, damage, or delay in delivery except to the extent that it proves that a specified part of the loss was caused by an event for which it is not liable.")该规定实质含义与瓦里斯库拉原则是一致的。同时工作组还决定将第二套备选案文作为一则说明加以保留,其表述为:"如果没有证据分配全部责任,那么,承运人承担货物的灭失、毁损或迟延交付的一半责任。"("If there is no evidence on which the overall apportionment can be established, then the carrier is liable for one-half of the loss, damage, or delay in delivery.")换言之,在第一套方案情形下,承运人须对损失担负全责,而在第二套方案情形下,承运人仅仅被要求担负损失的一半。由此看来,在当时的情况下,A/CN. 9/WG. III/WP. 32 文件其实是对瓦里斯库拉原则和平均分摊损失原则均采取了保留。但联合国大会第 63 届会议第 67 次全体会议于 2008 年 12 月 11 日审议通过的《鹿特丹规则》,为何摒弃瓦里斯库拉原则和平均分摊损失原则而采严格区分责任原则？这一摒弃又是基于哪些因素的考虑？

（二）《鹿特丹规则》采严格区分责任原则的原因

本书认为，《鹿特丹规则》拒绝适用瓦里斯库拉原则和平均分摊损失原则的主要原因在于：一是《鹿特丹规则》新构建的责任基础之必然结果；二是平衡船货双方利益之需要。其中，后者又决定前者，因为国际公约，特别是私法性质的国际公约，平衡利益是首要的。就运输法领域而言，正是发达国家与发展中国家、船方与货方、承运人与索赔人之间利益之争及对此所进行的平衡努力，才催生了《海牙规则》《维斯比规则》《汉堡规则》《鹿特丹规则》。另外，对公平的积极追求，也是《鹿特丹规则》拒绝适用瓦里斯库拉原则和平均分摊损失原则的一个主要原因。

1.《鹿特丹规则》新构建的责任基础的必然结果

《鹿特丹规则》架构了一种新的承运人责任基础，即在归责原则上，采取了完全过错责任制；在举证责任分配及举证不能的后果上，相比于《海牙规则》《汉堡规则》，《鹿特丹规则》则作出了非常明确的规定[①]。

在归责原则上，《鹿特丹规则》采《汉堡规则》的模式，实行完全过错责任制，取消了航海过失免责和承运人的受雇人或代理人过失致火灾的免责，把承运人是否存在过错作为衡量其是否承担赔偿责任的首要准则，从而为《鹿特丹规则》拒绝适用瓦里斯库拉原则和平均分摊损失原则奠定了稳定的基础。

在举证责任分配及举证不能的后果上，《鹿特丹规则》首先规定在管货义务上推定承运人有过失，即承运人须证明自己没有管货过失，若举证不能，将承担赔偿责任。《鹿特丹规则》第17条第1款规定："如果索赔人证明，货物灭失、损坏或迟延交付，或造成、促成了灭

---

① 有学者将《鹿特丹规则》第17条关于举证责任及举证不能后果的规定归纳为"三个推定"。参见司玉琢：《承运人责任基础的新构建——评〈鹿特丹规则〉下承运人责任基础条款》，载《中国海商法年刊》2009年第3期，第1—8页。

失、损坏或延迟交付的事件或情形是在承运人责任期内发生的,承运人应对货物灭失、损坏或迟延交付负赔偿责任。"且其第2款规定,如果承运人证明,灭失、损坏或迟延交付的原因或原因之一不能归责于承运人本人的过失或承运人、任何履约方及其受雇人或代理人的过失,可免除承运人全部或部分赔偿责任。其次,在不负责范围内推定承运人无过失,即在规定的不负责范围内,由索赔方负责举证证明承运人有过失,举证不能,便推定承运人无过失。《鹿特丹规则》第17条第3款列明了承运人的15项不负责事由,因不负责事项的一种或几种造成货物灭失、损坏或迟延交付,承运人可不承担全部或部分赔偿责任。除非索赔方证明,不负责事项的发生是因承运人本人的过失或承运人、任何履约方及其受雇人或代理人的过失造成或促成的,承运人仍应负全部或部分赔偿责任。最后,适航义务实行承运人有过错推定,即当索赔人证明船舶不适航是或可能是造成货损的原因时,由承运人负责举证没有过失或不存在因果关系,若承运人举证不能,则承担货损赔偿责任。

  完全过错责任制加上上述非常明确的规定,表明索赔方和承运人都有各自的明确的阶段性举证义务、范围,对举证范围内的对象不能有效地履行举证义务时,将承担举证不能的后果。特别是,《鹿特丹规则》关于举证责任及举证不能后果的明确表明,承运人所负的赔偿责任或所免除的赔偿责任严格建立在造成货损的原因与货损的结果的一一对应关系上,即部分货损是由承运人应负责的某一原因造成的,承运人只就该部分货损承担赔偿责任;部分货损是由承运人不负责的某一原因造成的,则承运人就该部分货损不承担赔偿责任。

  与《鹿特丹规则》相比,《海牙规则》和《汉堡规则》显然没有如此明晰、确定。《汉堡规则》虽然也采取完全过错责任制,但在举证责任分配及举证不能的后果上却规定除火灾外全部实行承运人有过错推定,且其第5条第7款规定,"运送人、其受雇人或代理人的过失或疏忽与另一原因结合而产生损失、损坏或延迟交付时,运送人仅于损失、损坏或延迟交付可以归因于此种过失或疏忽的限度内负赔偿责任,但运送人须证明不可归因于此种过失或疏忽的损失、损坏或延迟交付的数额",从而在一定程度上使承运人所负的赔偿责任或所免除的赔偿责任无法严格建立在造成货损的原因与货损的结果的一一对应关系上,其实质是加重了承运人的责任。《海牙规则》虽然在管货义务上实行承运人过错推定,在不负责事项上实行承运人无过错推定,但由于归责原则实行的是不完全过错责任制,从而也在一定程度上使承运人所负的赔偿责任或所免除的赔偿责任无法严格建立在造成货损的原因与货损的结果的一一对应关系上,其实质是加重了索赔人的责任。

《鹿特丹规则》较好地处理了上述问题,使承运人所负的赔偿责任或所免除的赔偿责任严格建立在造成货损的原因与货损的结果的一一对应关系上,由此必然导致《鹿特丹规则》在实际上是拒绝了瓦里斯库拉原则的适用。正如 The Hon Justice Steven Rares 所言:

> 《鹿特丹规则》改变了修订后的《海牙规则》关于混合原因致货损时承运人赔偿责任的立场,即如果证据表明货损原因或部分原因不能归责于承运人的过失,或一项或数项的免责事项造成货损,那么,将免除承运人全部或部分赔偿责任。这就推翻了 the "Gamben Chemical"案[①]和 the "Hilditch(No. 2)"案[②]关于混合原因致货损且承运人只能证明一项不负责事项时承运人仍须承担全部赔偿责任的解释。[…affect the position under the amended Hague Rules relating to carriers' liability in circumstances involving concurrent causes. . . relieve the carrier of all or part of its liability if it proves either that the cause, or

---

① 参见 147 CLR at 165。
② 参见 245 ALR at 145 [93]。

one of the causes of the loss was not attributable to its fault, or that one or more of the stipulated events or circumstances caused or contributed to the loss, damage or delay. This reverses the interpretation in Gamben Chemicaland Hilditch (No. 2) that the carrier was liable if there were concurrent causes but it only established one exception.]①

对此,Sturley 等学者指出,尽管《鹿特丹规则》第 17 条第 6 款已明确规定:"承运人根据本条规定被免除部分赔偿责任的,承运人仅对根据本条应由其负赔偿责任的事件或情形所造成的那部分灭失、损坏或迟延交付负赔偿责任。"("The Rotterdam Rules largely codify the U. S. burden-shifting scheme, which is consistent with the approach taken in many countries. The one exception is the final step of the process—the Vallescura Rule. Although the Hamburg Rules adopted the Vallescura Rule, the Rotterdam Rules implicitly reject this approach.")②但该条第 2 款和第 3 款已"含蓄地"或"暗示地"(implicitly)表明瓦里斯库拉原则是不适用的。

2. 平衡船货双方利益的特殊需要

海商法具有行业法的色彩,基于海上风险特殊性,加之承运人力量的强大,从 18 世纪到 19 世纪中期,承运人一直处于绝对优势的地位,经常滥用"合同自由"原则,肆意列入货损免责的条款③。为了平衡船货双方的利益,在《海牙规则》制定过程中,"承运人以牺牲合同

---

① 参见 Steven Rares: The onus of proof in a cargo claim – articles III and IV of the Hague-Visby Rules and the UNCITRAL Draft Convention. http://www.federalcourt.gov.au/aboutct/judges_papers/speeches_raresj6.html#_ftnref86。

② 参见 Sturley Michael F: Modernizing and Reforming U. S. Maritime Law: The Impact of the Rotterdam Rules in the United States, Texas International Law Journal, April 1, 2009, 448。

③ 司玉琢:《海商法(第二版)》,法律出版社 2007 年版,第 155 页。

自由换取驾驶和管理船舶过失免责,托运人获得对提单条款广泛免责的禁止"①。但由于当时船货双方在力量对比上,船方占优势,故《海牙规则》总体上表现为偏袒船方的利益。进入20世纪中期,船货双方力量发生了改变,需要对双方利益进行平衡,并集中体现在如何修改《海牙规则》上。一方代表着西方航海发达国家,从维护船方利益出发,不愿对《海牙规则》进行实质性的修改,于1968年布鲁塞尔外交会议上通过了《海牙—维斯比规则》。此规则仅对《海牙规则》进行两处非实质性的修改;另一方代表着发展中国家,从维护货方利益出发,对《海牙规则》进行原则性和实质性的修改,并于1978年通过了《联合国海上货物运输公约》,即《汉堡规则》。由此也便形成了三个公约同时并存的局面。

进入21世纪,国际海运形势发生了实质性的变化,"代表货方力量逐渐强大","承运人和托运人的谈判力量趋于平衡"②,航运市场已然是一个货方市场。而随着托运人或货方力量的增强,相应的,在国际海事立法中,就需要对船货双方的利益进行新一轮的平衡。

这种平衡在《鹿特丹规则》中主要体现在以下两个方面:

一是对承运人的实体方面的责任进行增减,在增加责任方面,如取消航海过失免责和承运人的受雇人或代理人过失致火灾的免责,适航义务贯穿整个航次,赔偿责任限额提高,在一定条件下执行控制方指示的义务等③;在减轻责任方面,如构成迟延交付的条件,取消国内法的适用等。

二是在举证责任方面,摒弃《海牙规则》和《汉堡规则》对举证责任畸轻畸重的做法。在海运货损索赔举证责任分配上,《海牙规则》和《汉堡规则》都作了畸轻畸重的规定。在《海牙规则》规定的17项

---

① 余劲松:《国际经济法问题专论》,武汉大学出版社2003年版,第218页。
② 郭萍、朱珂:《从国际海上货物运输公约的变革看船货双方利益的博弈》,载《大连海事大学学报(社会科学版)》2008年第3期,第6页。
③ 司玉琢:《〈鹿特丹规则〉的评价与展望》,载《中国海商法年刊》2009年第1/2期,第3—10页。

不负责条款中,除了最后一项,即"非由于承运人的行为或过失"所致货损要求承运人承担举证责任之外,其余各项均未明确规定举证责任的承担者,其结果必然是若承运人成功证明货损系因法定不负责事项所致,那么索赔人就必须证明承运人对货损的发生存在实际过失。但《汉堡规则》第5条第1款却规定:"除非承运人证明他本人、其受雇人或代理人为避免该事故的发生及其后果已采取了一切所能合理要求的措施,否则承运人应对因货物灭失或损坏或延迟交付所造成的损失负赔偿责任,如果引起该灭失、损坏或延迟交付的事故是在承运人掌管货物期间发生的。"据此,在索赔人成功证明货损发生于承运人的责任期间后,余下的举证责任就全部由承运人一方来承担,承运人不仅要证明事故发生的原因,还要证明为防止损害的发生,其已尽到一切合理的措施,且不存在过错。特别是,如果承运人能够证明还有其他原因造成损害或索赔人证明承运人对货损至少有参与过失,则区分货损究竟由何人负担的举证之责,应由承运人负担;当承运人不能区分时,须对全部货损负责(即"瓦里斯库拉原则")[①]。为了避免出现上述举证责任分配畸轻畸重的情形,《鹿特丹规则》吸纳了《海牙规则》和《汉堡规则》的合理成分,对举证责任的分配和顺序作了明确规定。

相比较《海牙规则》和《汉堡规则》,《鹿特丹规则》在举证责任分配与顺序方面对船货双方的利益进行了新的平衡,如虽然要求承运人的适航义务贯穿整个航次,但对适航义务的举证只要求承运人承担已尽"谨慎处理"使船舶适航,或货损与不适航不存在因果关系;虽然承运人不负责事项少了过失致火灾免责,但在举证方面先由承运人证明火灾的发生及火灾造成了货物损坏、灭失及迟延交付的事实,之后对火灾的发生存有过错的举证责任由索赔方来承担;虽然承运

---

① William Tetley:《海上货物索赔(第三版)》,张永坚、胡正良、傅廷中等译,司玉琢、倪暹校译,大连海运学院出版社1993年版,第118页。

人管货义务是从收到交(经约定也可以是从装到卸)且成为初步证据,但取消"瓦里斯库拉原则"和确定过失责任制在一定程度上缓解了在混合原因致货物毁损时承运人的举证责任。

3. 对公平价值目标的积极追求

A/CN.9/WG.Ⅲ/WP.32 文件均保留了瓦里斯库拉原则和平均分摊损失原则。但随后的 A/CN.9/WG.Ⅲ/WP.36 文件对该问题作了如下表述:"承运人或第 14 条第 2 款所述的某人的过错促成了灭失、毁损或迟延交付,但同时还有承运人不能负责的并存原因的,在不影响第 18 条所规定的承运人限制赔偿责任的权利的情况下,承运人应负责的赔偿额应当(由法院)按灭失、毁损或迟延交付应归咎于承运人过错的程度相应确定。(只有当法院无法确定实际分担额时,或者当法院确定平均分摊时,法院可均摊赔偿责任。)"

该表述说明,一是不予采取瓦里斯库拉原则,二是明确了法院自由裁量过错比例的权力,三是只有当实在无法确定责任之时,才适用"平均分摊损失原则"。但是这种规定的弊端是显而易见的,在双方均无法举证损失原因之时,如果援引上述规定,那么处理结果极有可能是承运人仅仅承担了 50% 的责任,而且这样举证责任分配的恶果,即承运人将有意不配合取证,尤其是当其所负的过错比例大于 50% 之时,这使得索赔人想要承运人多承担责任,举证是非常艰难的,而且使索赔人承担了因欠缺部分证据而产生的风险。[In the absence of sufficient evidence, a carrier's maximum exposure would be limited to liability for 50 per cent of a loss (subject to a monetary cap). In practice, a carrier would, therefore, only have an incentive to adduce any relevant evidence if this would reduce his liability even further. Effectively, a cargo claimant would bear the risk associated with a lack of evidence.]①

---

① 参见 A/CN.9/WG.Ⅲ/WP.41 文件的第 19 段内容。

鉴于此,公约草案对该问题作如下规定:"承运人根据本条前述各款被免除其部分赔偿责任的,承运人仅对根据前述各款其应当承担责任的事件或情形所造成的那部分灭失、损坏或迟延交付承担赔偿责任,其赔偿责任应当根据前述各款所确立的基础分担。"[①]该表述强调了己责己负,实为明确建立了严格区分责任原则,从而实现了对瓦里斯库拉原则和平均分摊损失原则的摒弃。该表述从此一直延续下来,并最终成为《鹿特丹规则》第17条第6款。

（三）对"严格区分责任原则"的评析

《鹿特丹规则》关于混合原因致货损时赔偿责任承担规则对赋予法官一定的自由裁量权、提高船货双方举证的积极性和增强海事安全风险管控能力起到了积极的促进作用。

1. 赋予法官一定的自由裁量权

应当说,瓦里斯库拉原则、平均分摊损失原则可操作性较强,方便了法官裁判,但其不公平性也非常明显。而《鹿特丹规则》摒弃瓦里斯库拉原则、平均分摊损失原则后,法官需要判明混合原因致货物毁损且无法区别责任时的船货双方的责任,这虽然增加了法官判案的难度,但至少是向公平诉求的实现迈出了一大步,特别是这一判明过程将赋予法官一定的自由裁量权。

虽然 the "Schnell v. Vallescura"案形成了"瓦里斯库拉原则",但在具体审判过程中,法官也是有一定的自由裁量权的,之所以要求承运人承担全部赔偿责任,固然有无法区分可免责的和不可免责的原因,但在比较不适当通风的时间与正常通风和适当关闭通风的时间后,"看起来,大部分损失源于不适当关闭舱口和通风口",也是作出承运人承担全部赔偿责任之判决的关键因素。("The commissioner, after hearing evidence, found that it was impossible to ascertain how much of the damage was due to want of ventilation in fair

---

① 参见2005年9月8日发布的A/CN.9/WG.Ⅲ/WP.56文件。

weather and how much to want of it in bad. But, after comparing the periods during which the ventilators were negligently closed with those during which they were open or properly closed, he stated: '**It would seem, therefore, that the greater part of the damage must have been due to improper shutting of the hatches and ventilators.**' He concluded that as the vessel had failed to show what part of the damage was due to bad weather, the petitioner should recover the full amount of the damage. The District Court, accepting the report of the commissioner as presumably correct, as required by Admiralty Rule 43 1/2, 286 U. S. 572 (28 USCA § 723), found no basis for rejecting its conclusions and gave judgment to libel ants accordingly."）①如此看来，瓦里斯库拉原则并非是只要无法区分可免责的和不可免责的原因致货物毁损，就直接判定承运人承担全部赔偿责任，而是存在一个相对责任比较的问题。相比之下，尽管平均分摊损失原则在同样情况下要求双方各分摊50%的责任，表面看上去很公平，但实际上连瓦里斯库拉原则的公平水平都没有达到，其是彻头彻尾地拒绝了法官自由裁量权。

与上述相比，《鹿特丹规则》第17条第6款在一定程度上赋予法官自由裁量权，在混合原因致货物毁损且无法区别责任时，法官应凭自身的业务素质、审判经验、逻辑推演等裁判双方的赔偿责任。因此，可以肯定，该条款实质上赋予法官一定的自由裁量权。正如Michael F. Sturley所言："在混合原因共致货损时，其中一个或多个是承运人负责的，一个或多个是承运人不负责的，如何在承运人与索赔人之间分配责任，该条款赋予了法院裁量权。根据本条前几款的规定，责任的分摊比例是与因果关系程度相一致的。例如，承运人负

---

① 参见 United States Supreme Court. December 3, 1934. 55 S. Ct. 194; 293 U. S. 296, 79 L. Ed. 373. 转引自 http://supreme.justia.com/us/293/296/。

有举证除外风险所致货损的责任,这样,承运人对这部分货损就免予承担赔偿责任;货损索赔人负有举证承运人的过失所致货损的责任,这样,承运人须承担该部分的货损赔偿责任。"["This provision gives courts the flexibility to apportion liability between the carrier and cargo interests when concurrent causes exist, one or more of which is the carrier's responsibility and one or more of which are causes for which the carrier is not liable. The apportionment should be in proportion to the degree of causation, as determined under the previous paragraphs in the article. The carrier, for example, has the burden of proving the extent to which the excepted perils caused the loss or damage (thus partially excusing it from liability) while the cargo claimant has the burden of proving the extent to which the carrier's fault caused the loss or damage (thus partially imposing liability on the carrier)."][1]

2. 提高船货双方举证的积极性

如何促进船货双方积极举证,进而公平合理判明责任的承担,一直是海商法、海事法及相关诉讼法所追求的目标之一。但无论是瓦里斯库拉原则还是平均分摊损失原则,都根本无法达到这个追求目标。

根据瓦里斯库拉原则,因混合原因致货损时的赔偿责任是由承运人来区分的,若无法区分,则承运人应当对全部货损承担责任。那么当货损一部分是由承运人负责的原因造成的、一部分是由承运人不负责的原因造成的时,因承运人无法区分原因所致的损失,则需承担全部责任,将导致承运人在举证责任方面的消极不作为。特别是当货损的一部分是由于托运人或收货人的过错所致时,仍由承运人

---

[1] 参见 Sturley Michael F: Modernizing and Reforming U. S. Maritime Law: The Impact of the Rotterdam Rules in the United States, Texas International Law Journal, April 1, 2009, 448。

承担区分货损比例的举证责任，显然更不合理。这是因为在实务中，这种责任比例往往很难划分，要求承运人承担区分货损比例的举证责任，尤其是《汉堡规则》要求承运人举证不同原因致货损的数额，无疑等于直接确定承运人对因托运人、收货人的过错所致的货损承担赔偿责任。如此一来，举证与否，承运人皆负全部赔偿责任，承运人只能选择消极举证，那么，公平合理判明责任的承担的目标也就很难达到。

平均分摊损失原则在同样情况下，选择各打五十大板，如前所述，这不仅进一步偏离了公平合理分摊损失的目标，而且在某种程度上对承运人是有利的，那么，为了维护这种投机利益，承运人非但不提供证据，甚至会提供使责任更加不清的证据，由此，公平合理判明责任的承担就只能成为一种奢谈。

相比之下，《鹿特丹规则》摒弃了瓦里斯库拉原则和平均分摊损失原则，坚持己责己负，强调严格区分责任，不仅促使承运人更加谨慎处理使船适航，倍加努力去履行管货义务，且在出现纠纷后，承运人和索赔人都会积极地提供全部证据。由此一来，离公平合理判明责任的承担的目标也就越来越近了。

3. 增强海事安全风险管控能力

随着造船技术、操船技术和管船技术的迅速发展及其在实践中的应用，船舶抵御海上自然灾害风险和增强船货自身安全的能力应大幅提高，但事实却并非如此，海运货损等事故仍较频发，因此了解海运货损原因的真相，探究海事安全风险发生规律，总结海事安全风险防范经验，增强海事安全风险管控能力，一直是海事各界关注的焦点问题之一。

了解海运货损原因的真相是《鹿特丹规则》隐含的一种积极倡导，这一点可从《鹿特丹规则》第17条第3款规定得到大致判断。《鹿特丹规则》第17条第3款规定："除证明不存在本条第2款所述的过失之外，如果承运人证明下列一种或数种事件或情形造成、促成了灭失、损坏或迟延交付,也可免除承运人根据本条第一款规定所负的全部或部分赔偿责任……"既然承运人已证明不存在本条第 2 款所述的过失,承运人何必去积极证明存在不负责事项呢?[①] 除非是为了增强不承担赔偿责任的理由,但如果证明不了不负责事项,岂不是自讨没趣! 需要承运人证明到底何种原因致货损吗? 司法实践需要查明致货损的原因吗? 显然,从单纯判明责任承担角度讲,只要达到举证责任规则的要求和标准,是不需要过多探究非法律意义之外的导致货损的原因。但是从航运企业、航海管理等角度讲,为了防止再次出现类似货损,为了增强海事安全风险管控能力,仍需要查明法律意义之外的导致货损的原因。因此从这个角度讲,《鹿特丹规则》关于混合原因致货损时赔偿责任承担规则对增强海事安全风险管控能力在某种程度上也起到了积极的促进作用。

通过对多因致货损赔偿责任分担规则立法例的介绍,可以发现,无论是瓦里斯库拉原则,还是平均分摊损失原则,抑或严格区分责任原则,都关涉着海商法中十分敏感的问题。20 世纪 30 年代通过一个案例确立的瓦里斯库拉原则,在随后的发展中,历经数变,且在国际公约和国内立法中仍未取得一致认识。这一事实表明,如何根据当代航运形势的变化,合理确立多因致货损的责任划分问题,显然仍是立法环节中一个非常重要的课题[②]。

第二节 《海牙规则》下多因致损承运人赔偿责任

考虑到虽然 1924 年的《海牙规则》没有规定多因致货损时赔偿

[①] 学界对该条款与第 17 条第 2 款之间是何种关系,存在着并列说和选择说两种观点,但本书认为,应采并列说观点,详述见后文。

[②] 参见关正义先生的博客载文,http://blog.sina.com.cn/guanzhengyi2007。

责任承担的原则,但裁判者事实上都是通过《海牙规则》的条文推演对相关问题作出判决的,同时也考虑到《海牙规则》在调整国际海上货物运输中的重要作用,所以在研究多因致货损赔偿责任承担这一问题时,有必要把《海牙规则》囊括进来。

一、未履行适航义务与不负责事项共致货损

在《海牙规则》下,对于任何不负责条款来说,谨慎处理使船舶适航是承运人最起码的一项义务,即首要义务。这一点在许多案例中得到了体现。

(一) 未履行适航义务与火灾共致货损

在"玛克辛鞋业有限公司诉加拿大政府商船公司案"(the "Maxine Footwear Co. Ltd. v. Canadian Government Merchant Marine Ltd.")①中,Maruienne 轮在装货期间,遇水管冰冻。雇员根据船长命令,用吹管烤烘水管,以融化冻冰,结果引起火灾,不得不将船舶凿沉,致使货物严重受损。英国枢密院判决认为,承运人雇用人员的疏忽引起火灾的原因,是承运人在航程开始前和当时没有谨慎处理或恪尽职责使船舶适航,由此所造成的货损,承运人不能免责②。正如 Somervell 爵士指出:"《海牙规则》第 3 条第 1 款(克尽职责使船舶适航的规定)是一项最重要的义务。如果它未得到履行,且该不履行引起了损害,就不能依赖第 4 条的各项豁免事项(例如,火灾)。除了第 4 条第 2 款的开首语之外,这是顺理成章的解释。该项规则(即第 4 条第 2 款)是根据第 4 条的条款制定,及第 3 条第 1 款并不受制于第 4 条规定的事实,使得此点(指最重要的义务)十分清楚,无可争议。"③

---

① 参见[1959] A.C. 589 at 602—603(P.C.)。
② 叶伟膺:《承运人对火灾造成的损失可否免责》,载《中国船检》2000 年第 3 期,第 42 页。
③ William Tetley:《海上货物索赔(第三版)》,张永坚、胡正良、傅廷中等译,司玉琢、倪涅校译,大连海运学院出版社 1993 年版,第 294 页。

第四章 多因致货损赔偿责任的分担

当所运送货物发生灭失的原因可能为不适航时,是否谨慎处理或恪尽职责将成为唯一关注的焦点,如 the "Eisenerz G. m. b. H. v. Federal Commerce & Navigation Co. (The Oak Hill)"①。而且谨慎处理或恪尽职责的义务不能够委托,如 the "Riverstone Meat Co. Pty. Ltd v. Lancashire Shipping Co. (The Muncaster Castle)"②。但是,如果承办人(contractor)适格且仔细地作为,那么承运人也会被认为履行了谨慎处理或克尽职责的义务,如 the "Union of India v. N. V. Reederij Amsterdam(The Amstelslot)"③。

上述认识是符合《海牙规则》精神的。《海牙规则》的核心是规定承运人最低限度的责任与义务、可享受的不负责范围及其对货损的赔偿限额,其中适航责任则是承运人必须承担的法定的、强制的、不可豁免的最低限度的责任,若承运人连这一最低限度的责任都未尽到,却照样享受不负责事项,显然有悖于该规则的精神④。所以,在《海牙规则》下,当货损是由承运人违反适航义务和某种承运人不负责的原因共同造成时,承运人要对全部损失负责。换言之,在《海牙规则》下,即使货损货差的一部分是由承运人未履行适航义务而导致的,承运人也要对全部损失负责。

(二) 未履行适航义务与航行过失、火灾过失共致货损

可能会有学者指出,当货损是由承运人违反适航义务和航海过失或者火灾过失共同造成时,因航海过失和火灾过失均免除赔偿责任,此时遵循上述判断似乎还欠些火候。本书认为,除了首要义务理论作为支撑外,在《海牙规则》下,当货损是由承运人违反适航义务与航海过失、火灾过失共致时,也会得出上述判断。

在《海牙规则》制定过程中,船货双方达成的一个妥协产物便是

---

① 参见[1974] S. C. R. 1225,[1975] 1 Lloyd's Rep. 105(supr. Ct of Can.)。
② 参见[1961] A. C. 807,[1961] 1 Lloyd's Rep. 57,1961 AMC 1357(H. L.)。
③ 参见[1963] 2 Lloyd's Rep. 223(H. L.)。
④ 李守芹:《论适航责任》,载《中国海商法年刊》1992年第1期,第196页。

货方以承认船方航海过失免责为主要代价,来换取船方对船舶的适航性和适货性的保证,因此可以确定,若船方没有履行适航义务,当然就不能享有航海过失免责的权利,其结果必然是由承运人承担全部的赔偿责任。在 the "Jemple bar"案中,法院也裁定:"……无论如何,如果事实表明不适航是由于船舶所有人未尽谨慎处理使船舶适航所致,并且在造成灭失方面与航行过失同时起作用。那么在这种情况下,船东就要负责。"①

如前文所述,在航行过程中,因承运人雇佣人员等过失引起火灾并致货损,当属意外事件,而非过失免责事项。既然适航义务作为首要义务,其若未被履行,则无须考量不可抗力事项,那么当然更无须考量意外事件了。因为在过失责任制下,意外事件比不可抗力事项更具被归责性。而且在《海牙规则》制定过程中,船货双方达成的换取船方对船舶的适航性和适货性的保证之主要代价并不包括火灾免责,货方更不会作出如此大的让步,所以承运人未履行适航义务与火灾过失共致货损,承运人仍须承担全部的货损赔偿责任。另外,因承运人雇佣人员等过失引起火灾并致货损,一般应归于管货过失,由于适航义务与管货义务均为主给付义务,且都为首要义务,显然不能一者优先于另一者,进而得出承运人承担或不承担全部货损责任的结论。是故,此时自然就应分别考量各自的货损赔偿责任。

(三)具体举证责任

本书在前文《海牙规则》下海运货损赔偿责任确定的路径 b 中指出,就承运人以不负责事项Ⅰ提出抗辩时,是否应先证明其已履行了适航义务问题,学界存在两种观点:一种观点认为承运人在主张不负责事项Ⅰ时应首先证明其已做到谨慎处理使船舶适航,或证明船

---

① William Tetley:《海上货物索赔(第三版)》,张永坚、胡正良、傅廷中等译,司玉琢、倪逻校译,大连海运学院出版社 1993 年版,第 301 页。

舶不适航与货损无因果关系。另一种观点认为,承运人主张不负责事项Ⅰ时,无须首先证明其已谨慎处理使船舶适航,船舶不适航与货损之间的因果关系应由索赔人证明,只有索赔人证明了存在该因果关系后,承运人才有义务对其已经做到谨慎处理进行举证[①]。

若按第一种观点,承运人主张以火灾免责,须先证明其是否已做到谨慎处理使船舶适航,此时所有问题的关键其实归结为承运人是否已恪尽职责使船舶适航这唯一举证责任上,举证不能,须承担全部货损赔偿责任。

若按第二种观点,根据路径a和路径b及题设情况,出现的情形是,索赔人证明承运人未履行适航义务而承运人无法证明其已尽谨慎处理使船舶适航,承运人证明货损是由非其本人过失引起的火灾所致而索赔人无法证明承运人对火灾之发生存在过失。这就说明,在此阶段承运人既要证明其已尽谨慎处理使船舶适航,又要证明货损非由其本人过失的火灾所致。承运人若想免除部分责任,必须将可免责的和不可免责的部分及其所致货损的数额区别开来。但在实践中,承运人往往是无法提出充分而有力的证据予以区分的,其结果便是承运人承担全部货损的赔偿责任。

但就此两种观点的争议,本书提出了自己的观点,承运人以不负责事项Ⅰ提出抗辩时是否应先证明其已履行了适航义务的问题并不能构成一个问题,详见第三章第一节。

二、未履行管货义务与不负责事项共致货损

结合首要义务的分析,在《海牙规则》下,管货义务也是一项首要义务。此观点在一些案例中也得到体现。

(一)未履行管货义务与航行过失、管船过失共致货损

在 the "Gosse Millerd, Ltd., and Another v. Canadian

[①] 司玉琢:《海商法专论》,中国人民大学出版社2007年版,第201页。

Government Merchant Marine, Ltd."案中①,承运人的船舶 Canadian Highlander 号装载洋铁于 1925 年从英国斯旺西港开往加拿大温哥华港。货物在起运港装载时状态良好,但到达目的港后发现货物全损。经调查,该船途经利物浦时冒雨卸下木材,又装上其他货物。装货完毕后因船员疏忽没有关好 5 号舱舱盖。在随后的航行中船舶与码头围墙发生碰撞,致使 5 号舱受损,需要进行修理。修理时因船员疏忽没有用防水帆布盖紧货舱,导致雨水进入货舱造成严重货损。法院认为,船员卸载其他货物后没有关好舱盖,对货舱进行修理时也没有使用防水布盖紧货舱,因而造成货损。船员未履行谨慎管货的义务,承运人应当承担责任,不能免责②。正如 Green L. J. 在本案中所指出的,《海牙规则》第 3 条第 2 款应理解为承运人必须在责任期间履行管货义务,虽然第 4 条第 2 款第 1 项规定了航行过失免责和管船过失免责,但该些免责事项并不能免除承运人的管货义务③。承运人因未履行管货义务,或存在管货过失而致货损,承运人不能援引免责条款。

在 1946 年的 the "Alchelviator"案中④,船员在卸货时因过失损坏了 bigled pump,并导致船底进水,造成货损。经查,造成货损的直接原因是由于未妥善且谨慎管货所致,而管货义务是首要义务,故承运人难以援引免责条款进行抗辩⑤。

在《海牙规则》下,因管货义务是首要义务,故当货损是由承运人违反管货义务和某种承运人不负责的原因共同造成时,承运人责任

---

① 孙晔华:《国际海运承运人航行或管船过失免责条款》,载《集装箱化》2008 年第 12 期,第 32 页。

② 参见 Gosse Millard v. Canadian Gov't Merchant Marine,[1928] All ER 97,98 (HL)。

③ 参见[1928]Vol. 32 Lloyd's Rep. ,91;[1929] AC 223,241。

④ 孙晔华:《国际海运承运人免责条款研究》,大连海事大学硕士学位论文,2008:35—36。

⑤ 陈梁:《提单免责条款及其对海运货物保险的影响》,武汉大学出版社 2005 年版,第 158 页。

的承担规则与承运人违反适航义务和某种承运人不负责的原则共同造成货损时的责任承担规则是一致的,即如果货损是由违反管货义务与某种不负责的原因共同造成的,承运人要对全部损失负责。

(二) 具体举证责任

这里需要注意的是,当该种不负责的原因是航行过失和火灾过失两项内容时,推导过程有些变化。

当承运人既违反了管货义务,又未履行驾驶船舶和管理船舶义务时,如何确定责任?如前所述,作为承运人运输义务的构成内容,驾驶船舶和管理船舶是承运人主给付义务,管货义务亦是承运人主给付义务,且是间接的运输义务。两者均为主给付义务,都是非常重要的,且首要义务是相对于非承运人义务类的不负责事项而言的,主给付义务之间不存在首要义务之说。显然,不能因为管货义务是首要义务,就简单地判断承运人须承担全部货损责任。

本书认为,此时应分别考量,即既然《海牙规则》免除了航海过失之责任,那么与航海过失相对应的货损应予免除,与管货义务相对应的货损不予免除。而根据《海牙规则》赔偿责任的确定路径,承运人主张航海过失免责时,须承担举证责任,即证明货损是由航海过失所致;索赔人提出初步证据,证明货物是在承运人的责任期内毁损的,则举证责任即转移至承运人,所以必然要求承运人区分两者及所致货损的数额。但在实践中,承运人往往无法提出充分而有力的证据来区分造成损失的原因,其结果便是承运人须承担全部货损的赔偿责任。

当货损是由承运人违反管货义务和非承运人本人过失造成的火灾(火灾过失)共同所致,如何确定责任?在航行过程中,因承运人雇佣人员等过失引起火灾并导致货损,一般应归于管货过失。而根据《海牙规则》第 4 条第 2 款第 2 项的规定,承运人对火灾过失之管货过失是免除货损赔偿责任的,由此就会出现某些管货过失是要负责的,某些管货过失是无须负责的,而两部分管货义务在性质上都是管货义务。如此一来,管货义务作为首要义务,虽仍存在,但其首要义务的整体性出现了减损,此时的管货义务实质上分为两个部分:一部分是违反后须承担责任,另一部分是违反后无须承担责任。管货义务内部这种矛盾,显然不可能也没有理由再像适航义务那样,仍具有非常强势的被首先审视的地位。如何既体现前一部分之管货义务的首要义务性质,又体现后一部分之管货义务的在其未被履行时可免除责任性质呢?此时唯一的解决办法,只能将两者分开考量。

根据《海牙规则》赔偿责任的确定路径,承运人主张火灾免责时,须承担举证责任,即证明货损是由火灾所致;索赔人提出初步证据,证明货物是在承运人的责任期内毁损的,则举证责任即转移至承运人。换言之,承运人仍须对两部分管货过失承担举证责任,承运人为了免除火灾过失所致货损的赔偿责任,就必须区分两部分管货过失及其所致货损的数额。但在实践中,承运人往往无法提出充分而有力的证据予以区分,其结果便是承运人须承担全部货损的赔偿责任。

三、未履行直航义务与不负责事项共致货损

直航义务是指承运人负有按照约定的或者习惯的或者地理上的航线将货物运往卸货港的义务。没有按照约定的或者习惯的或者地理上的航线将货物运往卸货港,属于绕航。其中,没有正当理由而绕航的,属非合理绕航[①]。

(一)绕航与货损赔偿责任承担之间的关系形态

由于各国国内法规定的不同,关于绕航与货损赔偿责任承担之间关系存在如下几种形态:

[①] 有的国家没有规定非合理绕航的情况,有的国家则作出了规定,如美国《海上货物运输法》第4条规定:"如果绕航是为了装卸货物或上下旅客,则该绕航将被初步推定上为不合理。"言外之意,只有考虑了同一航程船方和货方各方的利益后进行的绕航,才可能是合理的。

一是只要非合理绕航,即承担货损赔偿责任,而不问货损是否因非合理绕航所产生的。在 the "Joseph Thorley Ltd. v. orchis S. S. Co. Ltd."案中,船舶发生绕航,货物在卸货过程中被装卸工人损坏,提单当中有条款规定免除船东因装卸工人的过失所致货损的责任。尽管索赔货损与绕航之间无任何的因果联系,然船舶背离合同航次,所以即使未对船载货物产生任何损害,但还是被禁止依赖提单当中的免责条款[①]。也就是说,从绕航那一刻起,船东就丧失了依赖提单中免责条款的权利。

二是非合理绕航只有与货损存在因果关系,才承担货损赔偿责任,也即承运人只要证明非合理绕航与货损不存在因果关系,便无须承担货损赔偿责任。在 the "James Morrison v. Shaw Savill"案中,Tokomaru 轮船长签发的提单约定,航次为从 New Zealand 至 London,允许挂靠中途港,且可免除船东因公敌行为导致的货损责任。在到达目的港之前,船东决定挂靠 Le Havre 港,但在前往挂靠港的途中,被敌国即德国的潜水艇发射的鱼雷击中,船货皆损。上诉法院认为,该案中 Le Havre 港不是自由绕航条款内的中途港,因此免责条款不能援引,即使船舶前往 Le Havre 港的途中遭受德国潜艇袭击的风险少于前往目的港遭受德国潜艇袭击的风险,承运人也不能免责。承运人只有证明没有绕航仍然造成了货损,也即证明货损跟绕航无因果联系,才能免责。当然,这也包括绕航后虽恢复了合同航次,但仍被鱼雷击中的情况[②]。

三是非合理绕航与货损存在因果关系,且主观上存在故意或过于自信过失,才承担货损赔偿责任。如有学者认为,承运人承担的是过错责任,绕航是否合理不是判断承运人是否承担货损责任的标准,

---

① 参见[1907] 1 K. B. 660;陈梁:《提单免责条款及其对海运货物保险的影响》,武汉大学出版社 2005 年版,第 203 页。
② 参见[1916] 2 KB 783, E. R. Hardy Lvamy: Casebook on Shipping Law, Lloyd's of London Press Ltd, 1987, 25。

只有在承运人的故意行为所导致的货物灭失或损害时,承运人才承担责任①。

在普通法下,不得非合理绕航是一项强制性义务,非合理绕航是一项根本违约行为(fundamental breach of contract)②,其法律后果是承运人将无权根据合同和法律援引不负责条款。在 the "Hain S. S. Co. v. Tate & Lyle"案中,在租约下,船舶驶往东印度群岛,并按租家的指示在古巴的两个港口和圣多明哥的一个港口装货。租家做出了必要的指示,但由于与船代联系的失败,船长并没有收到在圣多明哥哪个港口装货的相关指示。于是,在古巴的两个港口把相关的货物装船了以后,船长将船舶开往皇后镇等待租家的命令。但很快船东和租家都发现了其中的误差,后者便马上命令船长驶回圣多明哥去装载剩余的货物。途中该船发生了搁浅,船上部分货物灭失。此案中,法官判决在违约只是轻微或者并非实质性的情况下,只要货主放弃其视船东毁约的权利,运输合同将会继续存在。此时,承运人有权向货主索要运费和共同海损的分摊,而货主因船东绕航所生之损失被严格地限制在了运用违约损害赔偿金的范围之内③。Atkin 勋爵认为:"背离合同约定的航线已构成承运人违约,无论绕航多轻微,违反合同中这一重要因素,另一方当事人有权认为此行为已触及合同的根基并宣布将不受该合同任何条款的约束。"④("a breach of such serious character that, however slight the deviation, the other

---

① 参见孙晔华:《国际海运承运人免责条款研究》,大连海事大学 2008 年硕士学位论文,第 51 页。

② 根本违约制度(fundamental breach of contract)始见于英国合同法。英国历来将合同条款依其性质和重要程度不同区分为条件和担保两类,违反不同条款,相应的法律后果不同。条件指合同中重要的、根本性的条款。违反条件将构成根本违约,受害人不仅可以诉请赔偿,而且有权要求解除合同。参见王利明:《违约责任论》,中国政法大学出版社 2003 年版,第 70 页。担保则为合同中次要的和附属性的条款,只是"某种应履行但如不履行还不至于导致合同解除的协议"。因此,若违反该条款,当事人只能诉请赔偿。参见傅廷中:《论船舶绕航》,载《中国海商法年刊》1995 年第 1 期,第 118—127 页。

③ 参见张弋:《浅谈绕航的法律后果》,载《航海》2013 年第 4 期,第 18—20 页。

④ 参见林琳:《不合理绕航的合同责任》,载《水运管理》2006 年第 9 期,第 33 页。

party of the contract is entitled to treat it as going to the root of the contract, and to declare himself as no longer bound by and of the contract terms.")①

1906年英国《海上保险法》第46条第1款规定:"凡船舶无合法理由绕离保险契约所规定的航线者,自绕航时起,保险人得免除责任,并不因为损失发生前船舶已经恢复原定航线而有所区别。"根据此项规定,绕航和灭失之间无须存在因果关系,只要绕航,哪怕货物发生灭失或损害可能与绕航无关,承运人仍承担货损赔偿责任。

这时需要注意的是,在不合理绕航之后发生的并由不合理绕航所致货损,承运人应否承担货损赔偿责任?普通法下存在两种做法:一是美国主张,承运人因绕航所负的损害赔偿责任是绝对责任,因此,承运人即使证明了货损在绕航时仍不可避免,也不免除其货损赔偿责任。二是英国主张,承运人若证明了即使不绕航也一定会发生天灾、战争和货物潜在缺陷等免责事项并致货损,则免除其货损赔偿责任。之所以会出现如此差别,概因美国是传统的货主国家,英国是传统的船主国家,故就承运人不合理绕航下货损赔偿责任而言,前者严于后者②。

(二)直航义务的强制性

《海牙规则》将因果关系原则引入绕航学说,即只有非合理绕航和货物灭失或损害有因果关系时,承运人才承担货损赔偿责任,从而在一定程度上减轻了承运人的严格责任。《海牙规则》第4条第4款规定:"为了救助或企图救助海上人命或财产而发生的绕航,或任何合理绕航,都不能作为破坏和违反本公约或运输合同的行为;承运人对由此而引起的任何灭失或损害,都不负责。"("Any deviation in saving or attempting to save life or property at sea or any

---

① 参见 Hain S. S. Co. v. Tate and Lyle(1936)41 Comm Cas 350,HL。
② 参见李吉:《国际海上货物运输中承运人的举证责任研究》,大连海事大学2009年硕士学位论文,第15页。

reasonable deviation shall not be deemed to be an infringement or breach of this Convention or of the contract of carriage, and the carrier shall not be liable for any loss or damage resulting therefrom.")

但《海牙规则》并未改变这一强制性义务的性质,学界共持的理由是:

第一,"由此而引起"(resulting therefrom)这个表述表明,承运人若想免除绕航赔偿责任,须证明绕航具有合理性或证明货损和绕航之间没有任何因果联系,但实践中,承运人往往因无法证明而不得不承担赔偿责任。特别是《海牙规则》不调整不合理绕航产生的法律争议,所以《海牙规则》中关于责任限制的规定对不合理绕航下承运人的责任是不适用的。其后果是,一旦承运人进行了不合理绕航,就不能援引责任限制,就须对货损承担完全的赔偿责任。

第二,即使能证明存在因果关系,但通过《海牙规则》第4条第4款关于"为救助或企图救助海上人命或财产而发生的绕航,或任何合理绕航,都不能作为破坏或违反本公约或运输合同的行为"之规定可以推导出,在《海牙规则》下,不合理绕航是被视为"破坏或违反本公约或运输合同"的行为,而如前文所述,在普通法下,违反运输合同的行为显然是一项根本违约行为,货方可因此而解除合同,并以遭受的损失向承运人提出索赔。合同既然被解除,承运人就不能享受免责了。这在即使绕航是产生货损的部分原因的情况下,亦是如此。

在 the "International Guano, etc v. Robert Macandrew & Co."案①中,该合同航次是从 Holland 至 Algeciras 及 Alicante。但船舶在抵达 Algeeiras 卸货之前,挂靠了 Corunna 港,而在离开 Algeciras 时,并没有直接驶往目的地 Alicante 卸货,而是驶往 Seville。

---

① 参见[1909] 2 K. B. 360;陈梁:《提单免责条款及其对海运货物保险的影响》,武汉大学出版社 2005 年版,第 254 页。

因此，船舶在实际上已构成了绕航。经查，部分货损在绕航发生之前就已出现，部分货损则是在绕航后因遇恶劣天气所致。承租人在赔偿货主货损后，即向船东索赔。船东辩称，部分货损是因遇恶劣气候所致，并非因未合理速遣完成合同航次所致，故对该部分货损免责；部分货损在绕航发生之前就已存在，故对此部分货损不应承担责任。但船东的辩称遭到 Pickford 大法官的反对，他认为上诉法院已经使该问题明确化，即一旦发生了绕航，该合同就不存在，因而也不能依赖合同规定的免责条款对货物损害赔偿之请求提出抗辩，故船东须对全部损失承担赔偿责任。

第三节 《汉堡规则》下多因致损承运人赔偿责任

在《汉堡规则》下，如前所述，因《汉堡规则》采完全过失责任制，取消了类似《海牙规则》所规定的不负责事项，所以从理论上讲不会出现《海牙规则》下首要义务的问题，也不会出现多因致损情况下承运人会承担全部货损赔偿责任。但是，《汉堡规则》关于举证责任分配的规定，也会出现多因致损下承运人承担全部货损赔偿责任的情形。

一、对《汉堡规则》第 5 条第 7 款的理解

《汉堡规则》第 5 条第 7 款对多因致货损时赔偿责任的承担规则作出了规定："运送人、其受雇人或代理人的过失或疏忽与另一原因结合而产生损失、损坏或延迟交付时，运送人仅于损失、损坏或迟延交付可以归因于此种过失或疏忽的限度内负赔偿责任，但运送人须证明不可归因于此种过失或疏忽的损失、损坏或延迟交付的数额。"

根据该条款的规定，如果承运人能够证明还有其他原因造成损害或索赔人证明承运人对货损至少有参与过失，则区分货损究竟由

何人负担的举证之责,应由承运人负担;当承运人不能区分时,须对全部货损负责。然在实践中,承运人往往因无法证明不负责情形所致货损的"数额"而承担全部的赔偿责任。这与"瓦里斯库拉原则"的精神并无二致。换言之,如果货损是由承运人未履行适航义务、管货义务、直航义务等主给付义务与不负责事项共致时,承运人须证明不可归因于其过失或疏忽的损失、损坏或延迟交付及其数额。很显然,这对承运人来说,是非常困难的,由此承运人往往是要承担全部货损的赔偿责任的。这说明,在《汉堡规则》下,就多因致货损来说,承运人举证责任是较重的。

如前所述,the "Schnell v. Vallescura"案事实与审理过程表明,瓦里斯库拉原则的适用情况包括四个方面:一是出现货损;二是导致货损的原因存在两个或两个以上;三是承运人至少对其中一个原因导致的货损承担责任,且至少对其中一个原因导致的货损不承担责任;四是承运人无法确定非由其承担责任的原因所致的货损数额。符合上述四个方面,承运人则须承担全部货损的赔偿责任。

上述结论与张永坚先生翻译的威廉·台特雷著的《国际海商法》之相关论述不同,后者将瓦里斯库拉原则论述为:"当货物灭失或损害的一部分系由承运人应对之负责的作为或不作为所引起的,一部分系由承运人不应对之负责的作为或不作为引起(除外危险)时,Vallescura 规则规定,除非承运人能证明灭失或损害是由除外危险造成的,否则,应由承运人对全部灭失或损害负责。"①

本书认为,这段关于承运人的举证责任的翻译表达尚需厘清的是,承运人是在不能证明全部的灭失或损害是由除外危险造成的,还是不能证明部分的灭失或损害是由除外危险造成的时,才承担全部货损责任?另外,"除非承运人能证明灭失或损害是由除外危险造成的"之描述,仍只局限于货损状态,这与《汉堡规则》关于货损数额的

---

① [加]威廉·台特雷:《国际海商法》,张永坚译,法律出版社 2005 年版,第 80 页。

规定明显存在程度上的差别,但《汉堡规则》的规定更符合"瓦里斯库拉原则"的本义。

二、具体适用

当然,瓦里斯库拉原则适用的前提,必须是索赔人已证明货物交给承运人时状况良好,且货损发生在承运人责任期间。否则,即使索赔人能证明部分货损是由承运人过失所致,也不能适用该原则。因为索赔人的举证责任并没有完成,自然举证责任也就不能顺利转移。

在 the "Niel Maersk"案中,袋装沙丁鱼因通风不良、积载不当而致损。虽然提单记载表面状况良好,但承运人抗辩称货方并没有证明交货时货物的真正状态。法院查明,货物检验证书记明装载时货物湿度为 9.29%,而此种湿度易使货物腐败。提单记载仅指货物的外部状况,只是一种初步证明。在货方不能证明交货时货物的真正状态的情况下,便不能适用瓦里斯库拉原则,即要求承运人将非其原因所致货损与因其积载不当所致货损予以区分①。

这里需要指出的是,《汉堡规则》规定的瓦里斯库拉原则仍存在不明确的地方,正如日本学者樱井玲二在其著的《关于〈汉堡规则〉的成立之二》指出的,虽有《汉堡规则》第 5 条第 7 款的规定,但"所谓由承运人方面的过失和其他原因所引起的灭失等,而且能区别由各种原因造成的损害数额时,实际上想定的是怎样的事例呢? 未必是明确的。例如,在货物的缺陷和承运人方面的过失结合在一起时,也许会作出类似抵销过失的处理"②。

---

① 参见庄晨:《海运货损索赔举证责任比较研究》,上海海运学院 2001 年硕士学位论文,第 33 页。
② 参见[日]樱井玲二:《关于〈汉堡规则〉的成立之二》,载《海运》(日文)1978 年 8 月号。

第四节 《鹿特丹规则》下多因致损
承运人赔偿责任

《鹿特丹规则》对多因致货损时承运人赔偿责任的承担作出了明确规定,其第17条第6款规定:"承运人根据本条规定被免除部分赔偿责任的,承运人仅对根据本条应由其负赔偿责任的事件或情形所造成的那部分灭失、损坏或迟延交付负赔偿责任。"若仅通过该条款的规定,似乎可以得出如下几个判断:一是《鹿特丹规则》下将不再存在首要义务的问题;二是多因致货损时赔偿责任分担原则将遵循严格区分责任制。该两点直观判断本身显然也是一致的,且是相互印证的,但事实果真如此吗?

一、未履行适航义务与不负责事项共致货损

《鹿特丹规则》摒弃了瓦里斯库拉原则、平均分摊损失原则,加之《鹿特丹规则》设置了特殊的举证规则,从而使情况发生了变化。如船舱内发生货物汗湿,需要打开通风设备进行通风,但遇到大风浪,无法打开通风筒通风,风浪停止时应打开通风设备进行通风,但通风设备出现故障而未能通风,此时出现货损。遇到大风浪,无法开通风筒通风,属于不负责条款;风浪停止时应打开通风设备进行通风,但因通风设备出现故障而未能通风,属于不适航,此时应由谁承担赔偿责任?此例应区分以下三种情形。

(一)三种情形的分析

一是如果承运人证明不适航与货物毁损没有因果关系,则承运人无须承担任何责任。道理很简单,不负责事项致货损,承运人不承担赔偿责任;不适航与货物毁损没有因果关系,那么承运人对不存在因果关系的不适航也就不承担货物毁损的赔偿责任。

二是如果承运人证明其已尽恪尽职守的义务,则承运人仅承担

因不适航所造成的货物毁损的赔偿责任。根据《鹿特丹规则》第17条第5款第(b)项的规定[①],承运人证明其已尽恪尽职守的义务(即合理谨慎的义务)是其不承担不负责事项所致货损的赔偿责任的证据。也就是说,此时承运人不承担不负责事项所致货损的赔偿责任,但仍要承担因不适航所造成的货损的赔偿责任。此时契合了《鹿特丹规则》确立的"严格区分责任原则"。

三是如果承运人无法证明不适航与货物毁损没有因果关系或无法证明其已尽恪尽职守的义务,那么承运人要对全部的损失承担赔偿责任。根据《鹿特丹规则》第17条第5款第(b)项规定,承运人证明不适航与货物毁损没有因果关系或证明其已尽恪尽职守(即"合理谨慎的义务")的义务,是承运人不承担不负责事项所致货损的赔偿责任的证据,因此若承运人无法证明不适航与货物毁损没有因果关系或证明其已恪尽职守的义务,那么承运人的不负责事由就是不成立的,其仍要承担所谓"不负责事项"所致货物毁损的赔偿责任。由此可得,尽管不适航与"不负责事项"均是造成货物毁损的原因,但承运人仍要对全部损失负责。

这一结论虽然与《海牙规则》下的结果相同,但具体的推导过程和剖析逻辑显然不同,两者在质上是有明显区别的。而这一结论,与《鹿特丹规则》第17条第6款的规定,即"承运人根据本条规定被免除部分赔偿责任的,承运人仅对根据本条应由其负赔偿责任的事件或情形所造成的那部分灭失、损坏或迟延交付负赔偿责任"是矛盾的,也即与《鹿特丹规则》确立的"严格区分责任原则"相矛盾。从这

[①] 《鹿特丹规则》第17条第5款:"虽有本条第3款规定,在下列情况下,承运人还应当对灭失、损坏或者迟延交付的全部或者部分负赔偿责任:(a)索赔人证明,造成或者可能造成、促成或者可能促成灭失、损坏或者迟延交付的原因是:(一)船舶不适航;(二)配备船员、装备船舶和补给供应品不当;或者(三)货舱或者船舶的其他载货处所或所有由承运人提供的装载货物的集装箱不适于并且不能安全接收、运输和保管货物;并且(b)承运人既无法证明:(一)本条第5款(a)项述及的任何事件或者情形未造成灭失、损坏或者迟延交付,也无法证明:(二)其遵守了第14条所规定的合理谨慎的义务。"

一角度讲,此时适航义务符合首要义务的特征,当属首要义务。换言之,《鹿特丹规则》下,适航义务仍为首要义务。

也有学者指出,《鹿特丹规则》第 17 条第 5 款开头语为"虽有本条第 3 款规定……"就表明了适航义务是首要义务。本书认为,这种理解似乎太过于简单。出现这种理解,可能受到前文所述的学界在讨论《海牙规则》下适航义务是唯一首要义务时逻辑推演的影响,因为《海牙规规》第 3 条第 2 款开头也有类似的描述,即在管货义务条款中"除第 4 条另有规定外",进而产生了判断关联。但通过对《海牙规则》下适航义务之首要义务的分析以及《鹿特丹规则》下货损赔偿责任确定路径可以看出,适航义务在《海牙规则》下是首先被考量的,而在《鹿特丹规则》下却是在路径 b - b3 - b3 I 和 b - b3 - b3 II 中被置后考量。换言之,适航义务在两个公约下被考量的顺序、过程是不同的。由此也可以得出这样的结论,即在《鹿特丹规则》下,适航义务虽然也具有首要义务的特征,但这种首要义务的特征显然没有《海牙规则》下的更明显、更突出,两者还是存在层次上的差别。

(二)《鹿特丹规则》第 17 条第 2 款"过失"的界定

这里还需要指出的是,路径 b - b3 - b3 I 和 b - b3 - b3 II 下适航义务之首要义务的定性及其与"严格区分责任原则"的矛盾性,还导致无法界定《鹿特丹规则》第 17 条第 2 款"过失"的内容。

《鹿特丹规则》第 17 条第 2 款[①]对"过失"没有指明具体内容。结合第 17 条第 1 款[②]的内容,该"过失"似应指"管货过失",即承运人没有履行"管货义务"(该管货义务应采广义概念,即指《鹿特丹规则》第 11 条交货义务、第 13 条管货义务、第 15 条合法处理危险货物和第

---

① 《鹿特丹规则》第 17 条第 2 款规定:"如果承运人证明,灭失、损坏或者迟延交付的原因或者原因之一不能归责于承运人本人的过失或者第 18 条述及的任何人的过失,承运人免除其根据本条第 1 款所承担的全部或部分赔偿责任。"

② 《鹿特丹规则》第 17 条第 1 款规定:"如果索赔人证明,货物的灭失、损坏或者迟延交付,或者造成、促成了灭失、损坏或者迟延交付的事件或者情形是在第 4 章规定的承运人责任期间内发生的,承运人应当对货物灭失或者损坏以及迟延交付负赔偿责任。"

16条合法牺牲货物),而且不适航抗辩理由后置,也暗示着第17条第2款对"过失"不包括适航义务方面的过失。

但在索赔案的实际处理中,承运人通常会在索赔案的一开始就提交有关适航和适航义务三项内容(《鹿特丹规则》第14条)[①]中规定的其他事项的证据,以证明其对于毁损没有过失[②]。若按《鹿特丹规则》关于适航义务举证责任分配的规定,那么,在索赔案实际处理之初承运人提交的有关其尽到适航义务的证明,完全没有必要再在索赔案审理之初提交,因为《鹿特丹规则》明确规定了索赔人证明承运人未尽到适航义务与损害结果之间存在因果关系之后,承运人才有举证责任证明自己恪尽职守。换言之,如果"过失"仅指"管货义务"方面的过失而不包括"适航义务"方面的过失,那么,根据举证路径 b 系列可推导出如下结论:在单一原因致货损情况下,对适航义务的考量,只出现在承运人提出货损是由不负责事项造成的或促成的情况;也即即使是因不适航造成了货损,但因承运人没有提出不负责事项作为抗辩,故索赔人不得以承运人未履行适航义务为由要求承运人对因不适航所致货损承担赔偿责任。该结论显然是不能被接受的。

如果该"过失"包括"适航义务"方面的过失,情况如何?根据举证路径可得:作为抗辩理由,适航义务的履行有可能出现在路径 a,即是承运人用以抗辩索赔人依第17条第1款提出的事由;也有可能出现在路径 b-b3 系列,即是承运人针对索赔人抗辩承运人不负责事项而提出的。

在单一原因致货损情况下,适航义务的履行作为一种抗辩,是不

---

① 《鹿特丹规则》第14条"特别适用于海上航程的义务"规定:"承运人必须在开航前、开航当时和海上航程中谨慎处理:(a) 使船舶处于并且保持适航状态;(b) 妥善地配备船员、装备船舶和补给供应品,并且在整个航程中保持此种配备、装备和补给;并且(c) 使货舱和船舶所有其他载货处所,和所有由承运人提供的装载货物的集装箱,适于并能安全接收、运输和保管货物,并且保持此种状态。"

② 参见 A/CN.9/544 文件"第三工作组(运输法)第十二届会议工作报告"第131段。

会出现两次的。假如在路径 a 中,针对索赔人提出的第 17 条第 1 款,承运人成功举证其没有管货过失,也没有适航过失,此时承运人便不承担货损的赔偿责任,案件到此也应完结。但货损是客观存在的,无论任何一方都想知道货损是如何产生的。故在一般情况下,承运人仍要举证货损是由不负责事项导致的,由此便进入了路径 b-b1、b-b2-c、b-b3-b3Ⅰ和 b-b3-b3Ⅱ。而在混合原因致货损情况下,特别是在一个原因可不负责、一个原因须负责的情况下,举证分配必然要进入路径 b-b1、b-b2-c、b-b3-b3Ⅰ和 b-b3-b3Ⅱ。

如上所述,路径 b-b1 和 b-b2-c 完全符合过失责任原则,逻辑推导没有问题。对于路径 b-b3 系列,实质上仍围绕着适航义务展开的。其结果是:如果承运人证明其履行了适航义务,或虽其未履行适航义务,但已尽恪尽职守的义务,或并未因此造成货损,那么承运人仍不负赔偿责任。如此一来,在因不适航致货损情况下,为抗辩不适航致货损,承运人提出了不负责事项,而为了抗辩承运人的不负责事项,索赔人提出了不适航,那么考虑不适航和不负责事项又有何意义呢?不负责事项与适航义务又是什么关系?按照路径 b-b3 系列,只能推导出这样的结论:适航义务既是不负责事项抗辩的对象,又是抗辩不负责事项的理由;不负责事项既是抗辩不适航的理由,又是不适航抗辩的对象。进而得出结论:在《鹿特丹规则》下,适航义务与不负责事项的关系是混乱的。

二、未履行管货义务与不负责事项共致货损

由于《鹿特丹规则》摒弃了瓦里斯库拉原则,因此情况稍微有些不同。如船舱内发生货物汗湿,需要打开通风设备进行通风,但遇到大风浪,无法开通风筒通风,风浪停止时应打开通风设备进行通风,但船员未及时打开通风设备,此时货损应由谁来承担?

遇到大风浪,无法开通风筒通风,属于不负责条款;风浪停止时应打开通风设备进行通风,但船员未及时打开通风设备,属于未履行

管货义务,两者若共同造成货物毁损,此时依据《鹿特丹规则》第17条第6款的规定,承运人仅对风浪停止时应打开通风设备进行通风但未及时打开通风设备所造成的损失负部分赔偿责任。但在承运人不能举证将违反管货义务和可不负责的原因分开时,承运人也不会因此而承担全部货损赔偿责任。这一结论表明,在《鹿特丹规则》下,管货义务已不再是首要义务。

三、未履行直航义务与不负责事项共致货损

在《鹿特丹规则》下,没有"合理绕航"的词语,而是用"如果绕航根据适用的法律构成违反承运人义务的……"来表达绕航的合理性,由此可见,《鹿特丹规则》下的绕航是否合法,交由所适用的法律来判断。

如前所述,在普通法下,直航义务是一项强制性义务,不合理绕航构成了一项根本违约行为,承运人须对全部货损承担赔偿责任,即使货损是和不负责事项共同造成的。

《海牙规则》只是引入了因果关系,但直航义务的强制性并未改变。

但《鹿特丹规则》关于不合理绕航的责任显然与上述不同。《鹿特丹规则》第24条规定:"如果绕航根据适航的法律构成违反承运人义务,承运人或海运履约方不得因此被剥夺本公约为其提供的任何抗辩或赔偿责任限制,但第61条规定的情形除外。"《鹿特丹规则》第61条规定:"如果索赔人证明,违反本公约规定的承运人义务所造成的损失,是由于声称有权限制赔偿责任的人本人故意造成此种损失的作为或不作为所导致的,或者明知可能产生此种损失而轻率地作为或不作为所导致的,则承运人或第18条述及的任何人,无权根据第59条的规定或按照运输合同的约定享有限制赔偿责任的利益。"

根据上述规定可以得出如下判断:

第一,在《鹿特丹规则》下,即使依所适用的法律,承运人违反直

航义务，且已根本违约，但承运人仍可享受各种抗辩和责任限制的权利。这里的抗辩显然包括无须承担由不负责事项所致货损的赔偿责任。

第二，只有在货损是由承运人故意违反直航义务所致时，承运人才承担责任，并无权享受免责和赔偿责任限制。显然在《鹿特丹规则》下，判断承运人承担绕航的法律责任时，无须考虑《海牙规则》所要求的绕航的"合理性"，而只考虑这种绕航是否存在主观故意。

第三，《鹿特丹规则》对主观故意的内容也有明确的规定，即必须是故意"造成此种损失"或"明知可能产生此种损失而轻率地"作为或不作为。换言之，如果承运人致货损的作为或不作为虽然出于故意，但若其主观意志并非是故意"造成此种损失"，那么承运人对此种货损无须承担赔偿责任；如果承运人对造成此种损失的主观意思并非出于明知，且事实上造成货损，那么承运人也无须对货损承担赔偿责任；如果承运人主观意思是"明知可能产生此种损失"，但承运人证明了其没有"轻率地"作为或不作为，相反是谨慎地作为或不作为，那么承运人对此种货损仍无须承担赔偿责任。

上述判断表明，《鹿特丹规则》对承运人直航义务的要求是较低限度的，是远远低于《海牙规则》《汉堡规则》所要求的，如此看来，在承运人直航义务方面，货方显然是作出了最大限度的让步。

第五章 《海商法》下海运货损赔偿责任规则与完善

《海商法》第四十六条、第五十一条和第五十四条规定了海运货损赔偿责任的规则,即采取不完全过失责任制,设立了三个海运货损责任确定路径,同时对多因致货损赔偿责任规则作出了明确规定。

第一节 海运货损赔偿责任的确定路径

《海商法》下海运货损赔偿责任的确定路径如图 5.1 所示。

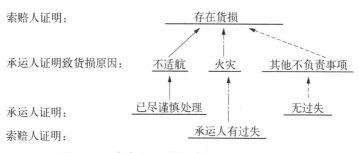

图 5.1 《海商法》下货损赔偿责任的确定路径

一、路径 a:不适航

第一步,货物索赔人需要提出初步证据,证明在承运人的责任期内发生货损。

《海商法》第四十六条规定了承运人责任期间,即"承运人对集装箱装运的货物的责任期间,是指从装货港接收货物时起至卸货港交付货物时止,货物处于承运人掌管之下的全部期间。承运人对非集装箱装运的货物的责任期间,是指从货物装上船时起至卸下船时止,货物处于承运人掌管之下的全部期间。在承运人的责任期间,货物发生灭失或者损坏,除本节另有规定外,承运人应当负赔偿责任。前款规定,不影响承运人就非集装箱装运的货物,在装船前和卸船后所承担的责任,达成任何协议。"

《海商法》第四十六条的规定借鉴了《海牙规则》和《汉堡规则》的相关规定,对集装箱货物和非集装箱货物分别规定了承运人的不同的责任期间,即"装货港接受—卸货港交付"和"装船—卸船",并明确规定,除非承运人可以援引免责事项,否则承运人仅对责任期间内发生的货物灭失、损坏负赔偿责任。

有学者对《海商法》第四十六条关于承运人仅对责任期间内"发生"的货物灭失、损坏负赔偿的规定提出批评:一是该条仅规定"对发生的货物灭失或者损坏负赔偿责任",那么在承运人责任期间内产生迟延交付货物的经济损失,承运人是否承担赔偿责任不明确;二是如果仅仅是导致货物灭失、损坏或迟延交付的事件或情形发生在承运人责任期间,而损失或损坏的结果发生在责任期间之外,承运人是否还承担赔偿责任不明确。根据《海商法》第四十六条的解释,该责任期间的规定采用了"应负责任期间"论,因此对上述涉及的损失,承运人都无须承担赔偿责任,这样的结论显然是极其不合理,也是不公平的①。

第二步,承运人可针对索赔人提出的初步证据提出反驳,证明货

---

① 郭萍、高磊:《海运承运人责任期间之研究——兼谈对〈中华人民共和国海商法〉相关规定的修改》,载《中国海商法年刊》2011年第3期,第27—34页。

损是由不适航造成的,但承运人须证明其已尽谨慎处理义务。

承运人证明货损是由不适航造成的系为推导的结果。《海商法》第五十一条规定:"在责任期间货物发生的灭失或者损坏是由于下列原因之一造成的,承运人不负赔偿责任:……(十一)经谨慎处理仍未发现的船舶潜在缺陷;……"

船舶存在潜在缺陷,表示船舶不适航。根据《海商法》第五十一条规定,船舶不适航可以成为承运人不负责的事由。

但承运人须证明其已尽谨慎处理义务,是《海商法》第五十一条第二款明确规定的。《海商法》第五十一条规定:"在责任期间货物发生的灭失或者损坏是由于下列原因之一造成的,承运人不负赔偿责任:……(十一)经谨慎处理仍未发现的船舶潜在缺陷;(十二)非由于承运人或者承运人的受雇人、代理人的过失造成的其他原因。承运人依照前款规定免除赔偿责任的,除第(二)项规定的原因外,应当负举证责任。"

"承运人依照前款规定免除赔偿责任的,除第(二)项规定的原因外,应当负举证责任"的规定表明,除了火灾原因外,承运人对其他不负责事项须承担举证责任,且当承运人以船舶不适航要求不负责时,须证明其已尽谨慎处理义务;而第(十二)项"非由于承运人或者承运人的受雇人、代理人的过失造成的其他原因"表明,当承运人以不适航和火灾外的其他事项要求免责的,须证明"非由于""过失"所致。

二、路径 b: 火灾

第一步,货物索赔人需要提出初步证据,证明在承运人的责任期间发生货损。

第二步,承运人可针对索赔人提出的初步证据提出反驳,证明货损是由火灾所致的。

《海商法》第五十一条规定:"在责任期间货物发生的灭失或者损坏是由于下列原因之一造成的,承运人不负赔偿责任:……(二)火灾……"

根据《海商法》第五十一条的相关规定,"火灾"是承运人反驳索赔人索赔的一个理由。

第三步,索赔人针对承运人的抗辩,证明致货损的火灾是由承运人的过失所致。

《海商法》第五十一条规定:"在责任期间货物发生的灭失或者损坏是由于下列原因之一造成的,承运人不负赔偿责任:……(二)火灾,但是由于承运人本人的过失所造成的除外;……承运人依照前款规定免除赔偿责任的,除第(二)项规定的原因外,应当负举证责任。"

该条款规定表明,承运人承担火灾致货损的赔偿责任的前提是承运人本人有"过失",而根据《海商法》第五十一条第二款关于"承运人依照前款规定免除赔偿责任的,除第(二)项规定的原因外,应当负举证责任"的规定,证明承运人本人有过失的责任是由索赔人承担的;如果索赔人举证不能,则推定承运人无过失成立,对火灾致货损不承担赔偿责任。

三、路径 c:其他不负责事项

第一步,货物索赔人需要提出初步证据,证明在承运人的责任期内发生货损。

第二步,承运人可针对索赔人提出的初步证据提出反驳,证明货损是由"其他不负责事项"造成的,但承运人援用此事项时须证明其无过失。

"其他不负责事项"即是除了不适航和火灾外的《海商海》第五十一条所规定的其他内容,包括:

"(一)船长、船员、引航员或者承运人的其他受雇人在驾驶船舶或者管理船舶中的过失;……(三)天灾,海上或者其他可航水域的危险或者意外事故;(四)战争或者武装冲突;(五)政府或者主管部门的行为、检疫限制或者司法扣押;(六)罢工、停工或者劳动受到限制;(七)在海上救助或者企图救助人命或者财产;(八)托运人、货物所有人或者他们的代理人的行为;(九)货物的自然特性或者固有缺陷;(十)货物包装不良或者标志欠缺、不清;……(十二)非由于承运人或者承运人的受雇人、代理人的过失造成的其他原因。"

但是承运人援用"其他不负责事项"进行抗辩时须证明其无过失。《海商法》第五十一条规定:"在责任期间货物发生的灭失或者损坏是由于下列原因之一造成的,承运人不负赔偿责任:……(十一)经谨慎处理仍未发现的船舶潜在缺陷;(十二)非由于承运人或者承运人的受雇人、代理人的过失造成的其他原因。承运人依照前款规定免除赔偿责任的,除第(二)项规定的原因外,应当负举证责任。"

该条款表明,除了火灾原因外,承运人对其他免责事项须承担举证责任,且当承运人以船舶不适航要求免责,须证明其已尽谨慎处理义务;而第(十二)项"非由于承运人或者承运人的受雇人、代理人的过失造成的其他原因"表明,当承运人以不适航和火灾外的其他事项要求免责的,须证明"非由于""过失"所致。

四、评析

《海商法》关于货损赔偿责任的确定路径的规定不如《汉堡规则》《鹿特丹规则》明晰,这可能与其移植《海牙规则》时立法技艺有关。由此导致的问题是:《海商法》是否遵循了不完全过错责任制?

主流观点认为,《海商法》遵循了不完全过错责任制。当然也有观点认为,《海商法》中承运人违约责任的归责原则应当是严格责任原则,只不过在这种严格责任原则下规定了更多的免责事由;或者说承运人承担的是不完全严格责任制[①]。正如袁绍春在《论〈海商法〉中

---

① 任铁军、祝莹霞:《再论承运人违约责任的归责原则》,载《海事司法论坛》2005年第2期;周宏楷:《论合同法对国际海上货物运输制度的影响》,载《中国海事审判年刊》2000年第1期,第267页。

承运人责任的归责原则》一文中所述,作为《海商法》第四章第二节"承运人责任"的第一条,《海商法》第四十六条关于"……在承运人责任期间,货物发生灭失或者损坏,除本节另有规定外,承运人应当负赔偿责任"的规定,并没有强调任何过错因素,因此将该条的规定理解为承运人承担严格责任似乎有一定道理。但问题是《海商法》在接下来的承运人义务、免责条款的规定,又体现了过错责任的立法倾向。而主流观点又对承运人承担不完全过错责任原则的根据没有给予具体的说明,由此产生理解上的歧义也就在所难免了①。

本书认为,《海商法》最大限度地移植了《海牙规则》和《汉堡规则》的规定,虽然后两者或遵循了不完全过错责任制,或遵循了完全过错责任制,但不完全过错责任制和完全过错责任制都属于过错责任制范畴,那么作为时代及与国际接轨的产物,《海商法》无论如何也不可能弃过错责任制而采严格责任制。同时,《海商法》第五十一条又规定了航行过失免责和火灾过失免责两项内容,故此,可以肯定地判断,《海商法》遵循的是不完全过错责任制,尽管因立法技艺而规定得较不明确。

第二节 多因致损承运人赔偿责任

《海商法》对多因致货损的赔偿责任的承担作了规定,其第五十四条规定:"货物的灭失、损坏或者迟延交付是由于承运人或者承运人的受雇人、代理人的不能免除赔偿责任的原因和其他原因共同造成的,承运人仅在其不能免除赔偿责任的范围内负赔偿责任;但是,承运人对其他原因造成的灭失、损坏或迟延交付应当负举证责任。"该规定与《汉堡规则》所确立的"瓦里斯库拉原则"在表达上基本一

---

① 袁绍春:《论〈海商法〉中承运人责任的归责原则》,载李海主编《拱辰集——海商法问题研究》,大连海事大学出版社2008年版,第428页。

致。那么可不可以说,《海商法》就是确立了与《汉堡规则》一样的"瓦里斯库拉原则"呢?

通过该条款的规定,可以直观地作出如下判断,即该规定与《汉堡规则》第 5 条第 7 款规定的内容相同,只是"但书"部分中的承运人举证责任之规定,后者比前者要求的严格一些,由此似乎也可能得出《海商法》遵循的是"瓦里斯库拉原则"的判断。那么在《海商法》下,对多因致货损时承运人赔偿责任到底是如何裁判的?《海商法》第五十四条规定能否达致《汉堡规则》下解决同一问题的自洽性的目的?

一、未履行适航义务与不负责事项共致货损

在中国海商法学界看来,适航义务是首要义务,但如前所述,适航义务系首要义务的原则被大家从容地接受与使用,是缺少科学的推导与论证的。相反,在《海商法》下和相关司法实践中,却可以找到适航义务不是首要义务的线索。

(一)《海商法》下适航义务不是首要义务

首先,在《海商法》第五十一条关于不负责事项的规定中,其第(十一)项是"经谨慎处理仍未发现的船舶潜在缺陷",其含义与"开航前已恪尽职责令船舶适航"相同。由于该项规定是与其他不负责事项并列的,这就意味着若货损是由其他可以不负责事项所致,即使船舶不适航,承运人仍可无须承担赔偿,除非索赔方证明了船舶不适航,且该不适航与货损存在因果关系[①]。

其次,一些司法案例也表明,在《海商法》下,适航义务谈不上是首要义务。如在"津瀚"轮案中,一审法院认为,原告托运人在装船前,已向被告及其代理出具了货物含水率为 8.9% 的装货单,但未及时向船方提供广西进出口商品检验局出具的含水率为 12.41% 的检

---

① 沈荣华:《海上货物运输货损货差索赔中证明责任分配之法理分析》,载《浙江万里学院学报》2004 年第 4 期,第 64 页。

验报告，对船舶航行安全造成严重隐患，因此应对本次事故承担相应的责任。而被告承运人在本次事故中，不仅违反了交通部《海运精选矿粉和含水矿产品安全管理暂行规定》（以下简称）简称《暂行规定》）的有关义务，而且严重超载，造成船舶的不适航。依据《海商法》第四十八条的规定，被告对原告的货损应负主要赔偿责任，并最终判决承运人承担90%的责任。二审法院虽然判决"津瀚"轮没有超载，但仍以该轮在开航前船员不适任和货舱不适货为由，判决该轮在开航前和开航当时处于不适航状态，且船货灭失与"津瀚"轮不适航有因果关系，进而认为承运人违反了《海商法》第四十七条和第四十八条规定以及交通部《暂行规定》第五条至第九条的规定，应负主要责任，承担70%的经济损失。托运人在装船前没有向船方提供正确含水率的有效证明，对船舶航行安全造成严重隐患，违反了《暂行规定》第一条，应负相应责任，承担30%的经济损失[①]。

（二）《海商法》下承运人承担了类似首要义务的责任

虽然《海商法》没有规定，也无法完全推导出适航义务是首要义务，进而也就不能做出货损在因未履行适航义务和不负责事项所致时由承运人承担全部赔偿责任的判断，但《海商法》第五十四条的规定往往使得承运人在实践中须对全部货损承担赔偿责任。

《海商法》第五十四条明确规定了承运人未履行义务与不负责事项共致货损时责任承担规则，即"货物的灭失、损坏或者迟延交付是由于承运人或者承运人的受雇人、代理人的不能免除赔偿责任的原因和其他原因共同造成的，承运人仅在其不能免除赔偿责任的范围内负赔偿责任；但是，承运人对其他原因造成的灭失、损坏或迟延交付应当负举证责任"。由于在实践中，承运人往往很难承担举证责任，因此，承运人最终仍须对全部损失负责。

---

① 王敬：《敬海律师文集》，大连海事大学出版社2009年版，第156页。

二、未履行管货义务与不负责事项共致货损

对《海商法》第五十四条的规定,学界一般认为在实践中,因承运人往往很难承担举证责任而最终仍须对全部损失负责。具体司法实践对未履行管货义务与不负责事项共致货损时的裁判存在不同情形。

(一)司法实践的三种情形

具体司法实践对未履行管货义务与不负责事项共致货损时的裁判存在以下三种情形。

1. 视管货义务属于首要义务

在"中国人民保险公司上海市分公司诉格林达船舶航运有限公司等海上货物运输合同货损赔偿纠纷案"中,法院裁判,按照《海商法》的规定,因货物自然特性或固有缺陷导致的货物灭失或损坏,承运人无须承担责任。但是承运人享受此项免责的前提是其已尽合理谨慎之责,并且此须由承运人举证证明。本案中,鱼粉具有自行发热的特性,相关证据也证明鱼粉损坏的原因是其自身发热,但并无证据证明承运人在积载、管理货物过程中已尽合理谨慎之责。换言之,如果承运人主张该项免责应负举证证明之责,且货物自然特性不能免除承运人依《海商法》第四十八条所负的"妥善而谨慎地照料货物"的义务[①]。从本案判决来看,似乎能得出管货义务在《海商法》下是一项首要义务的判断。

2. 遵循瓦里斯库拉原则

在"中国人民保险公司金华公司诉法国达飞轮船有限公司海上货物运输合同纠纷案"中,法院查明,该案集装箱的落海可能有两个原因:一是船长在避让台风时操作不当,二是集装箱系固、积载不

---

① 郑肇芳:《涉外海事案例精选(中英文对照本)》,上海人民出版社2009年版,第68—70页。

当。被告在驾驶方面提供了大量证据用以证明船长的操作是正确的,但对自己的管货义务却一直未能举出充分证据证明其已按照该船系固手册的要求妥善地积载、系固货物。现货物落海是不争的事实,被告未能充分完成其主张管货无过失的举证责任,故应由其承担举证不能的后果,应对此事故造成货主的损失承担赔偿责任[①]。从判决来看,该案的审理遵循了《海商法》第五十四条的规定,即瓦里斯库拉原则。

3. 采用主要责任与次要责任的分配办法

但在"江永关"轮追偿案中,一审法院判决:"江永关"轮开航前和开航当时处于适航状态。货物全损为"江永关"轮倾覆沉没所致,导致该轮沉没的原因是承运硫精矿含水率达 10.11%,使船舶航行存在倾覆的危险。损害的发生是由于作为承运人的原告以及作为托运人的被告违反《暂行规定》及有关法律规定,双方均有过错。被告在货物进入南通港后,既未向港方、港务监督提交有关证明文件,也未在装船前及装船后向船方提交有关检验证明材料,违反了《暂行规定》第一条的规定,同时也违反了《海商法》第六十七条关于托运人应当及时向承运人递交有关单证的法定义务。原告违反了《暂行规定》第六条,未在货物装船前用简易方法检验含水率是否符合运输要求,而且在承运货物含水率超过可运标准情况下决定开航,违反了《暂行规定》第九条。对此,被告作为托运人应承担主要责任(60%),原告作为承运人应承担次要责任(40%)。但在"江永关"轮代位求偿案中,二审法院变更了一审法院的托运人承担 60%责任的判决,认为铜业公司在装载硫精矿前,未依法和有关规定告知承运船舶硫精矿的含水率及有关特征、性质及防危措施,应负一定责任。承运人在开航前已得到硫精矿的含水率报告,明知承运超含水率标准的硫精矿可能

---

① 郑肇芳:《涉外海事案例精选(中英文对照本)》,上海人民出版社 2009 年版,第 80 页。

会导致沉船而轻信可以避免,仍然起航,也应负一定责任。法官最后按 50/50 的比例分摊了双方的责任①。该案判决与上述两个判决又是不同的,其既未把管货义务视为首要义务,也未严格遵循《海商法》第五十四条的规定,相反是采用主要责任与次要责任的分配办法。

(二)承运人责任整体加重

本书认为,从维护航运秩序来看,无论是视管货义务为首要义务,还是遵循瓦里斯库拉原则,抑或努力区分主要与次要责任的做法,上述判决无疑都是加重了承运人的责任。换言之,即使货方过错重于船方过错,最终的判决结果是货方最多承担全部责任的 50%。应当说,这一比例分配还是比较符合《海商法》第五十四条本意的,但问题是,如果对所有案件皆采用主观性较强的倾向于货方的责任比例分配,而无论货方过错程度如何,其结果必然是货方会一再将货物冒险装船,并最终导致船货损失。

三、未履行直航义务与不负责事项共致货损

按照《海商法》的规定,将不合理绕航视为承运人违反"不得绕航"义务,对因此而导致的货损,承运人应承担货损之赔偿责任,除非货损是由于承运人根据《海商法》第五十一条或运输合同中不负责事项造成的。

(一)一般规定

如果货损是由于不合理绕航和某种承运人可不负责事项共同所致,则根据《海商法》第五十四条之规定,"……是由于承运人或其代理人、受雇人的不能免除赔偿责任的原因和其他原因共同造成的,承运人仅在其不能免除赔偿责任的范围内负赔偿责任;但是,承运人对其他原因造成的灭失、损坏或者迟延交付应当负举证责任"。即在此种情况下,除非承运人能够举证将两者造成的损失区分开来,否则其

---

① 王敬:《敬海律师文集》,大连海事大学出版社 2009 年版,第 157 页。

就应对全部损失负赔偿责任。

(二)绕航与迟延交付

需要注意的是,《汉堡规则》没有关于绕航的规定。对照《海牙规则》关于绕航条款的规定,即《海牙规则》第4条第4款规定:"为救助或企图救助海上人命或财产而发生的绕航,或任何合理绕航,都不能作为破坏或违反本公约或运输合同的行为;承运人对由此而引起的任何灭失或损害,都不负责。"《海牙规则》类似[①]的内容规定在《汉堡规则》第5条第6款中,即"除为分担共同海损外,运送人对于因挽救海上人命的措施或挽救海上财产的合理措施而引起的损失、损坏或延迟交付,不负赔偿责任",同时考察两个规则全篇内容可以发现,《汉堡规则》将迟延交付从货物灭失或损坏中独立出来,而不再设置绕航规定;《海牙规则》规定了绕航,但却没有规定迟延交付。再对照《海商法》的相关内容之规定,显然是既规定了绕航,也规定了迟延交付,即《海商法》第四十九条和第五十条。那么,由此就会引出一个问题,即绕航与迟延交付是何种关系?将绕航与迟延交付同规定于一个法律文件中会产生什么矛盾?

引起迟延交付的原因很多,如绕航、不适航、遭遇不可抗力等,但大部分是由绕航引起的,所以英美法一般将绕航等同于迟延交付,如美国往往把不合理迟延视作"quasi-deviation"。但绕航与迟延交付并不完全等同,所以,《海牙规则》没有规定迟延交付而只规定了绕航,必定会产生较大争议,即 loss or damage 中到底包不包括迟延的经济损失[②]。《汉堡规则》没有绕航的规定,但对迟延交付进行了规定,把 loss or damage 和迟延交付分开规定,并明确了共同的和各自适用的规则,从而平息了争议。

[①] 之所以称为类似,是因为《汉堡规则》明确地将救助人命和救助财产加以区别,并对后者作了较为严格的限定:前者救助措施没有任何限定,后者救助措施必须是合理的,如果承运人不能证明是合理的,则须承担货损赔偿责任。

[②] 田正大:《论迟延交付》,载《中国海商法年刊》1993年第1期,第131—133页。

《海商法》不但规定了绕航(第四十九条),也规定了迟延交付(第五十条),但由于该法第五十一条又参照《海牙规则》的体例,明确规定因"在海上救助或者企图救助人命或者财产"而造成的货物灭失、损坏,承运人不负赔偿责任。由此产生的问题是,该法仅在第五十一条提及合理绕航下导致的货物灭失、损坏问题,没有涉及因合理绕航所致迟延交付引起的货损的赔偿责任,那么对于合理绕航导致的迟延交付引起的货损,承运人是否需要承担赔偿责任。

由于迟延交付是原因,而非损失,故还没有到谈论承担赔偿责任问题(见前文所述)。此为其一。其二,若货物灭失、损坏是由迟延交付导致的,直接适用《海商法》第五十条第二款即可。若货物灭失、损坏是由迟延交付和其他原因所致,按《海商法》第五十四条规定处理即可。其三,由于绕航和迟延交付是相伴而生的,才会出现或只规定绕航,或只规定迟延交付,当两者共存于一个法律文件中,必然产生重合。此时判断路径为,因为《海商法》第五十一条规定了救助,故此绕航是可免责的,由此迟延交付亦可免责,否则依过错推定处理。但此时因《海商法》没有明确规定违反《海商法》第四十九条的法律后果,那么不合理绕航是否可以丧失责任限制,是否不能援引免责条款,是否丧失1年的诉讼时效,等等。对此,有学者指出,从《海商法》第五十九条关于丧失责任限制的规定中之"……承运人的故意或者明知可能造成损失而轻率地作为或者不作为造成的……"可以推定出,如果承运人不合理绕航,可以构成该丧失责任条件的情形,但毕竟法律没有非常明确的规定。这个问题如何解决,恐只有通过法律予以完善。

四、评析

综上,本书认为《海商法》第五十四条关于多因致货损赔偿责任承担的规定,即"货物的灭失、损坏或者迟延交付是由于承运人或者承运人的受雇人、代理人的不能免除赔偿责任的原因和其他原因共同造成的,承运人仅在其不能免除赔偿责任的范围内负赔偿责任;但是,承运人对其他原因造成的灭失、损坏或迟延交付应当负举证责任",与《汉堡规则》第 5 条第 7 款规定在内容上基本一致,可以得出《海商法》遵循的是"瓦里斯库拉原则"的判断,但存在以下两个方面不同。

一是两者关于"但书"的表述存在一定差异。《汉堡规则》第 5 条第 7 款"但书"一句,与《海商法》第五十四条的表述略有不同,前者强调的是数额的证明,后者更多的是一种因果关系的证明,显然,前者举证要求较为严格、苛刻。那么在多因致货损且承运人无法区分数额时,其结果必然是承运人将承担全部责任,而非《海商法》下承运人承担大部分责任。

二是两者赖以实施的条件不同。本书认为,海运货损赔偿责任规则涉及责任基础、归责原则、举证责任等条款,并与这些条款的规定相互牵制、相互影响,进而共同构成一个完整的责任体系,故此,考察某一货损赔偿责任规则的异同必然还需考察其赖以实施的条件。这些条件包括归责原则、免责事项、举证责任方面。显然除了在举证责任分配上,《海商法》和《汉堡规则》的规定类似,即除火灾免责的举证责任在索赔方外,其他举证责任全部由承运人承担①,货损赔偿责任规则赖以实施的其他方面还是存在明显差异的。例如,在归责原则上,《海商法》实行不完全过错责任制,《汉堡规则》实行完全过错责任制;在免责事项上,《海商法》规定了 12 项免责事项,其中包括航海过失免责和火灾过失免责,而《汉堡规则》则无任何免责事项。

与《汉堡规则》和《海商法》不同的是,《鹿特丹规则》确立了"严格区分责任原则",从而将为彻底防止出现这种不利于承运人的判决提供了明确的法律规范,承托双方的责任均以其过错为唯一裁判根据。

---

① 《汉堡规则》第 5 条第 1 款和第 4 款(a)(i),《海商法》第 51 条第 2 款。

第三节 《海商法》下海运货损赔偿责任规则存在的问题

通过上文分析可以直观地作出判断,即《海商法》第五十四条的规定遵循的是瓦里斯库拉原则。那么,《海商法》第五十四条关于举证责任分配的规定会不会存在一些问题?能否达致《汉堡规则》下解决同一问题的自洽性的目的?《海商法》是否真的就是确立了与《汉堡规则》一样的瓦里斯库拉原则呢?

《海商法》第五十四条是本书拙设问题的直接法律调整规范,在是否存在首要义务尚未得到立法明确规定之前,唯一能完善的地方,主要是举证责任的分配,这与前文关于举证责任的利益平衡功能的论述是一致的。那么,如果不一样,将会引发何种法律问题呢?

（一）一致损原因为火灾而另一致损原因为其他情形时的举证责任分配

当一致损原因为火灾而另一致损原因为其他情形时的举证责任分配问题主要涉及《海商法》第五十四条与第五十一条关于"火灾免责"的关系。结合第五十四条的规定,"其他原因"显然是指不负责事项,而该条"但书"表明,承运人须对该"其他原因"负举证责任。但根据第五十一条的规定,非由于承运人本人过失造成的火灾这一致货损原因,承运人是无须承担举证责任的。那么当货损是由承运人未履行义务和非由于承运人本人的过失造成的火灾共致时,承运人是否须承担火灾的举证责任?这一问题很难解决。

1. 相关国际公约下此问题的审视

出现如此情况,本书认为,与《海商法》移植《汉堡规则》和《海牙规则》有关。《海商法》第五十四条借鉴了《汉堡规则》第5条第7款的规定,第五十一条则借鉴了《海牙规则》第4条第2款的规定,但《汉堡规则》没有类似《海牙规则》第4条第2款的规定,《海牙规则》也没有类似《汉堡规则》第 5 条第 7 款的规定,故在《海牙规则》和《汉堡规则》下,《海商法》下出现的这一问题也是比较好解决的。

在《海牙规则》下,适航义务、管货义务、直航义务都是首要义务。如前文所述,在《海牙规则》下,学界对哪些义务是首要义务的问题仍未达成一致的认识。第一种观点认为,属于首要义务的只有适航义务。朱作贤和司玉琢先生在其合著的《论〈海牙规则〉"首要义务"原则——兼评 UNCITRAL 运输法承运人责任基础条款》一文中指出:"管货义务的地位已经衰落,不再属于首要义务的范畴,属于首要义务的只有适航义务。"①第二种观点认为,属于首要义务的是适航义务和管货义务。蒋跃川在其撰写的《论适航义务是否是承运人的首要义务》一文中指出,"只将承运人的适航义务视为承运人的唯一的首要义务的观点,是对《海牙规则》的一种误读,并非规则制定者的本意","适航义务和管货义务也应是同等层次的义务,它们都是承运人的基本义务或首要义务,同样不存在地位上的差别。换言之,适航义务和管货义务在《海牙—维斯比规则》下的地位,与传统普通法及美国《1893 年哈特法》相比,并没有任何变化"②。笔者与沈健合著的《论国际海上货物运输领域中的首要义务》一文则指出,首要义务是合同义务群中的主给付义务,是即使存在不负责事项时仍被考量是否有效履行的义务,并结合首要义务的概念及判断场境要求认为,在《海牙规则》下,属于首要义务的是适航义务、管货义务和直航义务③。由此,即使存在火灾这一免责事项,且火灾之举证责任由索赔方来承担。此判断如前文所述,这是从《海牙规则》第 4 条第 2 款第 q 项的

---

① 朱作贤、司玉琢:《论〈海牙规则〉"首要义务"原则——兼评 UNCITRAL 运输法承运人责任基础条款》,载《中国海商法年刊》2002 年第 1 期,第 62—63 页。

② 蒋跃川:《论适航义务是否是承运人的首要义务》,载《中国海商法年刊》2007 年第 1 期,第 270 页。

③ 沈健、陈敬根:《论国际海上货物运输领域中的首要义务》,载《中国海商法年刊》2011 年第 2 期,第 85—91 页。

规定推导出来的,该条款规定:"非由于承运人的实际过失或私谋,或者承运人的代理人,或雇佣人员的过失或疏忽所引起的其他任何原因;但是要求引用这条免责利益的人应负责举证,证明有关的灭失或损坏既非由于承运人的实际过失或私谋,亦非承运人的代理人或雇佣人员的过失或疏忽所造成。"其中,"但是要求引用这条免责利益的人应负责举证",表明援用其他条款免责利益的人,不负责举证。显然,该条款第 a 项至第 p 项(其中 b 项为火灾)的举证责任应由索赔方承担。但由于承运人违反了首要义务,其结果必然是承运人仍承担货损的全部赔偿责任。

在《汉堡规则》下,因其取消了承运人不负责事项,故不存在首要义务,且《汉堡规则》亦将火灾的举证责任归于索赔人,《汉堡规则》第 5 条第 4 款第 1 项规定:"(Ⅰ)由火灾所引起的货物灭失、损坏或延迟交付,如果索赔人证明,火灾是由于承运人、其雇佣人或代理人的过失或疏忽所造成……"但其第 5 条第 7 款关于"运送人、其受雇人或代理人的过失或疏忽与另一原因结合而产生损失、损坏或延迟交付时,运送人仅于损失、损坏或延迟交付可以归因于此种过失或疏忽的限度内负赔偿责任,但运送人须证明不可归因于此种过失或疏忽的损失、损坏或延迟交付的数额"的规定表明,在承运人不能免除赔偿责任的原因和其他原因(包括火灾)共同造成货损时,承运人承担的举证责任并非其他原因(包括火灾),而是由该其他原因(包括火灾)所致货损的数额,从而顺利地避开了火灾举证责任在不同条款下的不同规定所带来的问题。

然《海商法》第五十四条"但书"却规定了其他原因(包括火灾)的举证责任:"但是,承运人对其他原因造成的灭失、损坏或迟延交付应当负举证责任",而非其他原因(包括火灾)所致货损的数额。应当说,与《汉堡规则》第 5 条第 7 款的"但书"规定相比,《海商法》的"但书"规定是有利于承运人的,毕竟数额的举证要难于原因的举证,但如此规定必然会出现本书所提出的问题。

这一问题在《鹿特丹规则》下更不会出现。《鹿特丹规则》第17条第6款虽然也规定了承运人不能免除赔偿责任的原因和其他原因共同造成的货损时赔偿责任分担规定,但《鹿特丹规则》第17条第3款明确规定了该些"其他原因"的举证责任是由承运人来承担的,即"除证明不存在本条第2款所述的过失之外,如果承运人证明下列一种或数种事件或情形造成、促成了灭失、损坏或迟延交付,也可免除承运人根据本条第1款规定所负的全部或部分赔偿责任",且第17条第6款也没有类似《汉堡规则》和《海商法》的"但书"规定,因此,在《鹿特丹规则》下,是不会出现本书所提出的问题的。

2. 我国学界的观点与评析

或许有学者会提出,在《海商法》下是不会出现这一问题的,其理由是,第五十四条规定是两个或两个以上原因,且其中至少一个是承运人不能免除赔偿责任的原因,至少一个是其他原因所致货损时赔偿责任的承担问题,而第五十一条规定是单一原因致货损时赔偿责任的承担问题,两者场境不同,举证责任当然也会有所不同。正如学界所主张的,《海商法》第四十七条和第四十八条仅规定了承运人的义务,但没有规定承运人违反这两项义务的法律后果[①],那么,这是否代表了承运人若能够证明自己(包括其受雇人、代理人)履行了这两项义务,就可以不对货损承担赔偿责任了?答案明显是否定的。司玉琢先生在其著的《海商法》中指出,根据《海商法》第四章整体规定及司法实践中的做法看,承运人欲对货物灭失、损害不承担责任,在证明其已经在开航前和开航当时已尽谨慎处理使船舶适航外,还必须证明灭失、损坏是由于第五十一条中所列明的某一个免责事项所导致,否则承运人就应当承担责任[②]。该段论述表明,在货损存在且

---

① 比较《海商法》第四十七条、第四十八条和第五十条就可以看出,对迟延交付的责任,是有明确规定的,而对违反适航义务和管货义务的责任,却是没有明确规定的。

② 司玉琢:《海商法》,法律出版社2003年版,第108页;袁绍春:《论〈海商法〉中承运人责任的归责原则》,载李海主编《拱辰集——海商法问题研究》,大连海事大学出版社2008年版,第429页。

承运人证明致货损原因非由承运人违反义务所致时,承运人仍要承担货损是由第五十一条所列明的不负责事项所致,其中当然包括了"火灾"这一原因。

  本书认为,这一推导存在不合理性。前文论述表明,在《海牙规则》下,承运人对非由于其本人的过失造成的火灾致损免责,是船货双方谈判的结果;在《汉堡规则》下,火灾举证责任由索赔人承担,亦是船货双方谈判的结果,然无论是火灾免责还是由索赔人承担火灾的举证责任,对承运人而言,都是极其有利的。特别是在《汉堡规则》下,"在各类海损事故中,难以查明原因,包括事故发生后因采取措施不当或未采取措施而引起的扩大损失的原因,火灾居多,索赔方通常不在或远离火灾现场,让他来证明承运人及其代理人或受雇人没有为避免或扑灭火灾或减轻其后果已采取了一切所能合理要求的措施,这是很困难的,实质上等于保留了火灾免责"[①]。对于这么一个极有利于船方的规定,承运人是不可能随意放弃的,即使场境发生了重要变化。由此可见,当承运人不能免除赔偿责任的原因和非由于承运人本人的过失造成的火灾共致货损时,直接依《海商法》第五十四条之规定或依《海商法》第五十一条规定所遣词用语之场境来判定由承运人承担后者的举证责任,显然是站不住脚的。而在货损存在且承运人证明致货损原因非由承运人违反义务所致时,判定承运人仍要承担货损是由《海商法》第五十一条所列明的不负责事项(包括"火灾")所致的举证责任,显然更是站不住脚的。

  (二)一致损原因为迟延交付而另一致损原因为其他情形时的举证责任分配

  对于当一致损原因为迟延交付而另一致损原因为其他情形时的举证责任分配的问题,《海商法》第五十四条关于"货物的灭失、损坏

[①] 司玉琢:《提单责任基础的重大变革——对〈汉堡规则〉实行完全过失责任制的分析》,司玉琢:《司玉琢海商法论文集》,法律出版社 1995 年版,第 37 页。

或者迟延交付是由于承运人或者承运人的受雇人、代理人的不能免除赔偿责任的原因和其他原因共同造成的,承运人仅在其不能免责赔偿责任的范围内负赔偿责任;但是,承运人对其他原因造成的灭失、损失或者迟延交付应当负举证责任"的规定表明,在多因致货损情况下,致货损原因的举证责任由承运人承担,但《海商法》第五十条第二款和第三款的规定,即"除依照本章规定承运人不负赔偿责任的情形外,由于承运人的过失,致使货物因迟延交付而灭失或者损坏的,承运人应当负赔偿责任""除依照本章规定承运人负赔偿责任的情形外,由于承运人的过失,致使货物因迟延交付而遭受经济损失的,即使货物没有灭失或者损坏,承运人仍然应当负赔偿责任"表明,索赔人欲追究承运人迟延交付的赔偿责任,须证明承运人主观上存在过失。这不仅与《海商法》第五十四条规定相悖,也与《海商法》第四十六条规定"在承运人的责任期间内,货物发生灭失或损坏,除本节另有规定的以外,承运人应当负赔偿责任"确立的主观过错举证责任倒置相悖。并且这一相悖的直接后果是,当承运人不能免除责任的过失或原因和承运人不负责的过失或者原因共致迟延交付时,将无法作出裁判。因为,此时根据上述规定,索赔人和承运人须分别对造成迟延交付的属于承运人不可免责的过失和可免责的过失承担举证责任。那么若索赔人不能举证证明某部分货损属于承运人过失,而承运人同时也无力证明此部分货损是属于可免责的过失或者非运人过失的其他原因造成的,则举证的结果责任应由谁来承担呢?

有学者对此提出如下修改建议,即应该完全借鉴《汉堡规则》,在《海商法》修改中删除第五十条第二款和第三款,在《海商法》第四十六款中加入"迟延交付",改为"……在承运人的责任期间内,货物发生灭失或损坏或迟延交付,除本节另有规定的以外,承运人应当负赔偿责任"[1]。本书认为,该学者所提出的迟延交付下举证责任分配矛

---

[1] 李敏峰:《迟延交付的举证责任》,载《法制纵横》2002年第9期,第33—34页。

盾的问题仍与其对迟延交付的定位不清存在直接关系。该学者显然是将迟延交付作为一个结果而非一个原因来看待的,由此提出"问题"也就很自然了。

但如本书前述,在《海商法》下,迟延交付是作为一个原因而出现的,故对其就不能简单地依《海商法》第四十六条规定的举证责任倒置要求承运人承担举证责任。由于造成迟延交付的原因可能导致承运人免责,也可能导致承运人负责,故需要对迟延交付致货损下的举证责任分配进行分别规定。这就是说,如果造成迟延交付的原因可能导致承运人免责的,则依《海商法》第五十四条的规定分配举证责任。事实上,《海商法》第五十四条规定的承运人须承担的举证责任的对象,即"原因",显然是与《海商法》第五十一条规定的"原因"在法律效果上是相同的,那就是承运人对这些"原因"所致货损是不负责的,而《海商法》第五十一条显然要求承运人承担"原因"的举证责任(除"火灾"外)。如果造成迟延交付的原因可能导致承运人负责的,显然此时的举证责任应由索赔人来承担,毕竟承运人不会自己证明其有过错;这也是《海商法》第五十条第二款和第三款规定的原因所在。由此可见,该学者提出的问题,是将迟延交付视为一种结果,那么因《海商法》实行过错推定,故须由承运人证明其无过错,而无须索赔人证明其有过错,这才是"问题"出现的根本原因。然正如本书前章所述,尽管货物的灭失、损坏在事实上就是一种损失,但货物的灭失、损坏并非等同于损失(loss),后者更强调一种法律意义上的存在性。货物的灭失、损坏与迟延交付虽经常规定在一起,但其所指并非相同,若判定它们之间的关系,那就是迟延交付是作为货物的灭失、损坏的原因而存在的,即使在《海商法》下,货物的灭失、损坏也是作为损失形态的原因而存在的。显然,之所以出现如此争议,原因出在《海商法》第五十四条"但书"的规定,即规定了其他原因举证责任:"但是,承运人对其他原因造成的灭失、损坏或迟延交付应当负举证责任。"

第四节　《海商法》下海运货损赔偿责任规则的完善建议

《海商法》下货损赔偿责任规则与《汉堡规则》确立的瓦里斯库拉原则虽在表达上基本上一致，但在归责原则、免责事项等存在一定差异。这与《海商法》在起草过程中广泛借鉴《海牙规则》和《汉堡规则》的内容不无关系，即《海商法》下货损赔偿责任规则虽然采《汉堡规则》确立的"瓦里斯库拉原则"，但归责原则和免责事项却采《海牙规则》的规定，由此导致《海商法》下货损赔偿责任规则在具体司法实践中难免存在一些尚无法梳理清楚的法律问题。因此修改《海商法》下货损赔偿责任规则势在必行。

由于平均分摊损失原则是选择"各打五十大板"的简单粗暴的做法，其不仅更加背离了公平的诉求，而且在某种程度上诱发了投机行为，故"平均分摊损失原则"不可能成为《海商法》修改货损赔偿责任规则选择的方向。因此，《海商法》下货损赔偿责任规则未来所面临的任务是继续坚持瓦里斯库拉原则，还是改采严格区分责任原则？

一、改采严格区分责任原则的可能性

严格区分责任原则是《鹿特丹规则》确立的海运货损赔偿责任规则，真正体现了公平诉求，但目前我国实务界和学术界对《鹿特丹规则》的态度分歧较大，如有的学者就尖锐地指出："《鹿特丹规则》第14条保持了承运人的适航义务，第13条规定了有关管货的义务，第17条第1款建立了过失推定责任，同时第17条第3款保留了举证责任倒置的例外情况清单。它似乎建立一个新的法律迷宫，成为适用海上提单运输在不同公约中的责任制度中组成的大杂烩。"[1]我国相关

---

[1] 焦杰、居伊-勒费佛尔：《鹿特丹规则中海上货物承运人的责任——法律迷宫？》，载《比较法研究》2011年第4期，第112—125页。

政府部门对《鹿特丹规则》至今也未形成一个统一而明确的态度,尤其是在我国要不要加入以及何时加入这一敏感问题上,由此必然影响我国海商法改采"严格区分责任原则"的决心和信心。

另外,就责任体系而言,《海商法》不但与《汉堡规则》不同,与《鹿特丹规则》也存在较大差异:一是在归责原则上,《海商法》实行不完全过错责任制,《鹿特丹规则》实行完全过错责任制;二是在免责事项上,《海商法》免责事项包括航海过失免责和火灾过失免责,《鹿特丹规则》则取消了航海过失免责和火灾过失免责;三是在举证责任分配上,《海商法》规定除火灾免责的举证责任在索赔方外,其他举证责任全部由承运人承担。《鹿特丹规则》举证责任分配可总结为三个推定:首先,在管货义务上推定承运人有过失,即承运人须证明自己没有管货过失,若举证不能,将承担赔偿责任(《鹿特丹规则》第17条第1款);其次,除外风险范围内推定承运人无过失,即在规定的不负责范围内,由索赔方负责举证证明承运人有过失,举证不能,便推定承运人无过失(《鹿特丹规则》第17条第3款);第三,适航义务实行承运人有过错推定,即当索赔人证明船舶不适航是或可能是造成货损的原因时,由承运人负责举证没有过失或不存在因果关系,若承运人举证不能,则承担货损赔偿责任(《鹿特丹规则》第17条第5款)[①]。因此,我国《海商法》改采"严格区分责任原则"必须对当前的归责原则、免责事项和举证责任分配等内容进行全部修改,这对我国立法行为而言是一项严峻的挑战。

综上所述,短期内我国《海商法》改采严格区分责任原则的可能性不大。

二、适当改良瓦里斯库拉原则的可能性

《海商法》运行了二十余年,相关概念、术语、判例、司法解释等已

[①] 《鹿特丹规则》第17条第1款和(2)、第3款和(4)、第5款。参见关正义、陈敬根:《国际海上货物运输多个原因导致货损赔偿责任规则问题研究》,曾令良主编《武大国际法评论》,武汉大学出版社2011年版,第312—313页。

为海事海商法界所知悉,《海商法》下责任体系也为实务界所接纳,因此,我国海商法在未来一段时期内就货损赔偿责任规则不会轻言放弃瓦里斯库拉原则。但正如上文所述,瓦里斯库拉原则的不公平问题使其饱受业界诟病。通过论述可知,瓦里斯库拉原则饱受业界诟病的根源在于其"但书"规定,因此,对瓦里斯库拉原则适当改良,将有助于帮助问题的解决。从我国对国际海上货物运输公约的态度而言,我国几乎没有参加任何一部国际海上货物运输公约,如我国就没有参加目前已生效的三部国际海货物运输公约,即《海牙规则》《维斯比规则》和《汉堡规则》,但我国都积极借鉴这些公约的有益经验。对《鹿特丹规则》也可采取同样的态度。

  《海商法》下货损赔偿责任规则的"但书"规定实质上是举证责任分配问题,正是"但书"规定的举证责任分配直接引发了火灾过失免责和迟延交付等举证责任方面的矛盾。这一问题在《鹿特丹规则》下不会出现。《鹿特丹规则》第17条第6款虽然也规定了承运人不能免除赔偿责任的原因和其他原因共同造成的货损时赔偿责任分担规定,但《鹿特丹规则》第17条第3款明确规定了该些"其他原因"的举证责任是由承运人来承担的,即"除证明不存在本条第2款所述的过失之外,如果承运人证明下列一种或数种事件或情形造成、促成了灭失、损坏或迟延交付,也可免除承运人根据本条第1款规定所负的全部或部分赔偿责任",且第17条第6款也没有类似《汉堡规则》和《海商法》的"但书"规定,因此,在《鹿特丹规则》下是不会出现本书所提出的问题的。转而观之,我国《海商法》改良瓦里斯库拉原则关键也在于举证责任的分配方面。本书建议可参照《鹿特丹规则》第17条第6款的规定,直接删除《海商法》第五十四条的"但书"部分,转而规定"其他原因造成的灭失、损坏或迟延交付的举证分配及责任依本章规定",即可将《海商法》第五十四条修改如下:"货物的灭失、损坏或者迟延交付是由于承运人或者承运人的受雇人、代理人的不能免除赔偿责任的原因和其他原因共同造成的,承运人仅在其不能免除赔偿责任的范围内负赔偿责任。其他原因造成的灭失、损坏或迟延交付的举证分配及责任依本章规定。"这样就可以完全避免《海商法》当前所面临的举证责任分配矛盾的窘境。

结　语

　　国际海运货损赔偿责任规则关涉海上货物运输合同主体的切身利益,无论是传统的货主国家——美国,还是传统的船主国家——英国,抑或是货主国家和船主国家共同体——中国;无论是代表船方利益的《海牙规则》,还是代表货方利益的《汉堡规则》,抑或是将有效地平衡船货双方利益的《鹿特丹规则》,都对国际海运货损赔偿责任规则确定了调整规范,或内蕴着调整规范。通过本书关于国际海运货损赔偿责任规则问题的探讨与分析,不仅能回味一个多世纪来船货双方博弈的精彩瞬间,洞悉时代进步背后的恬然睿智,更能为今后海商法学可持续发展提供些许借鉴。

　　将"多因致货损时赔偿责任承担的立法例"归纳为三个具有扬弃性的原则,即瓦里斯库拉原则、平均分摊损失原则和严格区分责任原则,其中《鹿特丹规则》所采的严格区分责任原则是时代发展和立法技巧集大成者,不仅符合了时下平衡船货双方利益的特殊需要,也为司法人员积极追求公平价值目标提供了广阔舞台。

　　货损、归责原则、不负责事项、首要义务、举证责任等是多因致货损时确定赔偿责任承担须考量的要素,为具体分析多因致货损时赔偿责任的承担奠定基础。其中,对延迟交付进行了合理归位,指出货物的灭失、损坏与迟延交付虽经常规定在一起,但其所指并非相同,若判定它们之间的关系,那就是迟延交付是作为货物的灭失、损坏的

结　语

原因而存在的,即使在《海商法》下,货物的灭失、损坏也是作为损失的原因而存在的,从而为解决长期困扰海商法界三个问题廓清了思路。

　　界定责任基础的概念,指出责任基础是确定货损责任的承担所应遵循的原则或制度的有机结合体,是将归责原则、举证责任分配、不负责事项等因素进行整合后所形成的确定货损赔偿责任承担的一种解决方案。责任基础内涵丰富,它是确定货损赔偿责任承担时的一种解决方案;包含了许多解决问题的原则和制度,并体现出一种系统性、自洽性;是解决最初阶段的问题,且是解决问题其他阶段的必经阶段。责任基础的概念的界定,为避免海商法界使用责任基础时产生混淆提供借鉴意义。

　　对不负责事项对所归入的类型进行分析,特别是对《海商法》第五十一条规定的"火灾,但由于承运人本人的过失所造成的除外;在海上救助或者企图救助人命或者财产;经谨慎处理仍未发现的船舶潜在缺陷;非由于承运人或者承运人的受雇人、代理人的过失造成的其他原因";对《海牙规则》第4条规定的"火灾,但由于承运人的实际过失或私谋所引起的除外;救助或企图救助海上人命或财产;虽恪尽职责亦不能发现的潜在缺点;非由于承运人的实际过失或私谋,或者承运人的代理人,或雇佣人员的实际过失或疏忽所引起的其他任何原因";对《鹿特丹规则》第17条规定的"船上发生火灾;虽恪尽职守仍无法发现的潜在缺陷;海上救助或试图救助人命;海上救助或试图救助财产的合理措施;避免或试图避免对环境造成危害的合理措施;承运人根据第15条和第16条所赋权利的作为"的性质归位进行了分析。

　　重新审视首要义务,对当前关于首要义务的理论及论据进行分析,指出首要义务是合同义务群中的主给付义务,是即使存在不负责事项时仍被考量是否有效履行的主给付义务,并得出如何判断:如果没有不负责事项,则没有首要义务的问题;如果存在不负责事项,但合同义务群中所有义务都不具有针对不负责事项而被考量是否履行及有效履行的特征或要求,那么此时也就没有首要义务的问题;如果存在不负责事项,但合同义务群中所有义务都具有针对不负责事项而被考量是否履行及有效履行的特征或要求,那么,此时也就没有首要义务的问题;由于首要义务的判断须存在不负责事项,且首要义务并非合同义务群自身比对的结果,故首要义务在货损仅因义务未被有效履行所致情形下进行讨论是没有意义的;首要义务的考量仍须坚持因果关系。

对举证责任的功能进行思考,指出举证责任更多地被作为一种平衡利益的调节器。但有时,举证责任分配这一调节作用甚至会"颠覆"法律调整规范制定的举证逻辑路径本意追求的结果。而这种"瑕瑜互见"的情形正是举证责任分配平衡利益功能的最直接表现。

在梳理《海牙规则》《汉堡规则》《鹿特丹规则》和《海商法》下货损赔偿责任确定路径的基础上,结合各自立法例、核心要素,考量各自的货损赔偿责任承担规则。

国际公约,特别是私法性质的国际公约,平衡利益是首要的。就运输法领域而言,正是发达国家与发展中国家、船货双方、承运人与索赔人之间利益之争及对此所进行的平衡努力,才催生了《海牙规则》《维斯比规则》《汉堡规则》以及目前的《鹿特丹规则》。《鹿特丹规则》的归责原则同《汉堡规则》,而举证责任的分配接近《海牙规则》,除外风险既不是《汉堡规则》,也不是《海牙规则》,取消了《海牙规则》中不负责事项中的核心条款——航海过失和火灾过失免责,保留了15项除外风险,综合分析对船货双方的利弊,基本适中,达到新形势下的利益平衡。

任何国际规则的制定,也是各国利益得到充分体现的时机。以中国为例,在《鹿特丹规则》制定过程中,中国通过向CMI委派专家、派出政府代表团、展开小组讨论、开展项目研究、积极参加相关会议等形式几乎全程参与该公约的制定,如参加了1999—2001年运输法

结　语

国际分委员会(ISC)召开的数次专家小组会议和 2002—2008 年间 UNCITRAL 第三工作组分别在纽约和维也纳召开的 10 余届会议，并充分表达了自己的观点。应当说，中国还是赢得了一定的话语权，利益也得到了较好的保障：中国政府代表团向联合国运输法公约会议准备的 8 个议案，有 3 个被采纳；向联合国运输法公约会议反映的 18 个方面的中国重要立场，有 11 处被公约采纳[①]。

任何国际规则的出台，也是本国相关法律修订和完善的绝好时机。仍以中国为例，《海商法》即吸纳了《海牙规则》《维斯比规则》和《汉堡规则》的主要内容，并构架了独具中国特色的海商法体系。目前出台的《鹿特丹规则》是各竞争利益集团相互协商的结果，更是取代目前笨拙的、过时的国际海上货物运输制度的可行之路[②]。《鹿特丹规则》在吸纳《海牙规则》《维斯比规则》和《汉堡规则》的主要内容基础上，创新了许多制度和程序，实为一种扬弃结果，因此，《鹿特丹规则》的具体规定，必将推动中国海商法律可持续发展。

就本书拙设问题，根据《海商法》第五十四条的规定，承运人"对其他原因造成的灭失、损坏或者迟延交付应当负举证责任"，不能举证就要承担相应的法律后果。面对《鹿特丹规则》带来的变化，《海商法》在将来的修改中是在坚持现有的原则的基础进行修改案文，还是参考公约进行全面修订，显然存在着讨论余地。而《鹿特丹规则》所采的"严格区分责任原则"，在司法实践中会给法官带来一定的自由裁量权空间，这样的空间是否符合中国国情和影响海事审判的公正性，不仅是学者们所讨论的，更是海事法官们所关心的[③]。这将是笔者在今后继续探讨的问题。

海运货损赔偿责任规则是国际海上货物运输公约和各国海商法

[①] 司玉琢、韩立新：《〈鹿特丹规则〉中中国观点之反映及国际社会对其态度之介绍》，中国政法大学国际法学院：《2010 年海商法研讨交流会论文集》，北京，2010：2—7。

[②] 陈敬根：《中国是否加入〈鹿特丹规则〉已成为国际社会高度关注的热点问题之一》，载《航运》2010 年第 1 期，第 58—59 页。

[③] 参见关正义先生的博客载文，http://blog.sina.com.cn/guanzhengyi2007。

的核心内容之一，关涉船货双方的核心利益，因此，70余年来，国际社会对此给予高度关注。海运货损赔偿责任规则先后出现的不同立法例及学界的广泛讨论，也表明此问题仍存在非常大的研究空间。任何国际公约的制定与出台，都是本国开展相关法律修订和完善的绝好时机。我国现行的《海商法》，经过20多年的运行，已经构架起一套独具中国特色的海商法体系，但其修法需求也非常迫切。《鹿特丹规则》在吸纳目前已生效的三部国际海上货物运输公约的主要内容基础上，就海运货损赔偿责任规则而言，做出许多制度创新，因此我国社会各界如何广泛借鉴《鹿特丹规则》的有益经验，继续探讨研究和充实完善我国海运货损赔偿责任规则，将是一项具有历史意义和现实价值的工作。

附　录

一、美国纽约州南区法院与美国法院系统

美国纽约州南区法院（United States District Court for the Southern District of New York）管辖区域包括纽约、布朗克斯区、威斯切斯特、洛克兰、普特南、奥兰治、达切斯、苏利文等，并从该些郡遴选陪审员。法院可分别在曼哈顿、怀特普莱恩斯、波基普西市、纽约审查案件。1789 年美国总统大选投票日（即 1789 年 11 月的第一个星期二），纽约地区在位于曼哈顿下城的老皇家交易所举行了第一届会议，由华盛顿总统任命的法官詹姆斯·杜安主持。这是第一个根据美国宪法组建的法庭，成立的时间早于美国联邦最高法院数月，纽约州及纽约州南区自 1789 年开始一直存续至今。曾担任该法院的法官包括大法官索尼娅·索托马约尔（Sonia Sotomayor）、前陆军部长罗伯特·P·帕特森（Robert P. Patterson）、前司法部长迈克尔·B·穆卡西（Michael B. Mukasey）和前联邦调查局局长路易斯·J·弗里（Louis J. Freeh）。该法院审理了历史上一些知名的案件，如泰坦尼克号和卢西塔尼亚号沉没案、"冷战"期间朱利叶斯、埃塞尔罗森博格和希斯间谍案，以及政府诉詹姆斯·乔伊斯《尤利西斯》和《纽约时报》五角大楼文件出版案等。("The United States District Court for the Southern District of New York encompasses the counties of New York, Bronx, Westchester, Rockland, Putnam, Orange,

Dutchess, and Sullivan and draws jurors from those counties. The Court hears cases in Manhattan, White Plains, and Poughkeepsie, New York. The District of New York held its first session on the first Tuesday of November 1789 at the Old Royal Exchange in lower Manhattan presided over by Judge James Duane, who was appointed by President Washington. It was the first court to sit under the new United States Constitution, preceding the United States Supreme Court by a few months. The District and its successor, the Southern District of New York, have sat continuously in New York, NY, since 1789. Those who have served as judges of the Court include Justice Sonia Sotomayor, former Secretary of War Robert P. Patterson, Sr., former Attorney General Michael B. Mukasey and former FBI Director Louis J. Freeh. Among the cases of historical interest heard in the Court have been claims arising from the sinking of the Titanic and the Lusitania, the Cold War espionage cases of Julius and Ethel Rosenberg and Alger Hiss, and the government's challenges to the publication of James Joyce's Ulysses and the New York Times's Pentagon Papers.")[1]

一般而言,美国法院分联邦法院系统和州法院系统。其中,联邦法院系统分地区法院、上诉法院和最高法院。地区法院全称为美国联邦地区法院,可简称联邦地区法院或地区法院,其英文为 United States District Court,可简称 District Court。上诉法院全称为美国联邦上诉法院,可简称联邦上诉法院或上诉法院,其英文为 United States Court of Appeals,可简称 Court of Appeals。就地区法院而言,每个州数量从一到四个不等,最多为四个,如加州和纽约州等大

---

[1] 参见 http://www.nysd.uscourts.gov/。

州,最少为一个,如缅因州和夏威夷州等小州。地区法院的名称均按东西南北来区分。比如,纽约州的四个地区法院分别为纽约州东区地区法院(U. S. District Court for the Eastern District of New York,简称为 E. D. N. Y.)、纽约州北区地区法院(U. S. District Court for the Northern District of New York,简称为 N. D. N. Y.)、纽约州南区地区法院(U. S. District Court for the Southern District of New York,简称为 S. D. N. Y.)和纽约州西区地区法院(U. S. District Court for the Western District of New York,简称为 W. D. N. Y.)。设三个地区法院的州一般分南区、北区、中区(Middle District)或东区、西区、中区。设两个地区法院的州则分南区、北区或东区、西区。设一个地区法院的州则不分区,其名称(举例)为缅因州地区法院(U. S. District Court for the District of Maine,其缩写为 D. Me.)。

二、联合国文号

联合国文号由字母和数字组成。文号的某些成分有意义,而其他成分则没有意义。一般而言,文号并不显示文件主题。一些出版物既有文号,也有出售品编号。联合国文号第一部分是主要符号,主要符号是指发出文件的机关的符号。发出联合国文件的机关主要有联合国主要机关、主要机关的下设机构和附属机关,如:

A/- 大会

S/- 安全理事会

E/- 经济及社会理事会

ST/- 秘书处

I. C. J. 国际法院

一些机构采用并不反映上级机构的特殊序列编号,如:

CRC/C/- 儿童权利委员会

DP/- 联合国开发计划署

TD/- 联合国贸易和发展会议

UNEP/- 联合国环境规划署

第二部分或第三部分显示附属机构,其文件符号一般与其所隶属的机关的符号一起使用,以表明从属关系,如:

-/AC..../- 特设委员会

-/C..../- 常务、常设或主要委员会

-/CN..../- 委员会

-/CONF..../- 会议

-/GC..../- 理事会

-/PC/..../- 筹备委员会

-/SC..../- 小组委员会

-/Sub..../- 小组委员会

-/WG..../- 工作组

特别部分反映文件的性质,如:

-/CRP.... 会议室文件

-/INF/- 信息汇编(例如参与者名单)

-/L.... 有限分发(一般为文件草案)

-/NGO/- 非政府组织的陈述

-/PET/- 请愿书

-/PRST/- 安全理事会主席声明

-/PV.... 会议逐字记录(即会议记录)

-/R.... 限制分发或调阅(除非随后取消限制)

-/RES/- 决议

-/SR.... 会议简要记录

-/WP.... 工作文件

最后部分反映对原始案文的修改,如:

-/Add.... 增编

-/Amend.... 修正案(根据主管当局的决定提出的关于已通过正式案文某一部分的备选案文)

-/Corr. ...　更正（可能不适用于所有语文版本）

-/Rev. ...　修订（替换以前印发的案文）

-/Summary　摘要版

-/-＊　一份文件由于技术原因重新印发

除此之外，联合国文号还包括届会或年份部分。许多文号在机构部分内容之后列出届会或年份部分，如：

A/31/99 表示联合国大会第 31 届会议第 99 号文

S/1994/99 表示安全理事会 1994 年第 99 号文

E/1978/99 表示经济及社会理事会 1978 年第 99 号文

自 1976 年始，联合国大会开始采用将届会信息列入所有文号的做法。1976 年之前，大多数文号没有列入这一信息；只有在决议文号之后的括号中用罗马数字显示届会信息。1976 年之后，其他机构采取了类似做法①。

附属机构通常跟随上级机构的做法。

根据文号规则，即可了解联合国相关文件的斟酌含义了，如"A/CONF. 62/. CI/L. 10/Rev. 1"即指"联合国大会第三次海洋法会议第一委员会第 10 号限制分发文件的第 1 号修改文本"。

"A/CN. 9/[…]"（"A"表示文件是大会文件，"CN. 9"表示文件供贸易法委员会使用，该委员会是向大会提交报告的第九个常设委员会）。若是工作组文件，在基本文号之后加上"WG"和为特定工作组指定的序号。例如，第二工作组（仲裁）加上编号 WG. II，第四工作组（电子商务）加上编号 WG. IV。然后加上"WP"（意指工作文件）和为具体工作文件分配的编号，从而构成完整的文号（例如，A/CN. 9/WG. II/WP. 23）②。

---

①　参见 http://research. un. org/zh/docs/symbols。

②　联合国国际贸易法委员会：《贸易法委员会指南——联合国国际贸易法委员会基本情况》，联合国出版物，销售编号：C. 07. V. 12, ISBN 978-92-1-730117-9, 2007 年版，第 26 页。

三、联合国国际贸易法委员会

联合国国际贸易法委员会(贸易法委员会)于 1966 年由联合国大会通过 1966 年 12 月 17 日第 2205(XXI)号决议设立。联合国大会在设立贸易法委员会时承认,各国的国际贸易法律存在差异,给贸易流通造成了障碍,因此大会把贸易法委员会视作联合国可借此对减少或消除这些障碍发挥更积极作用的工具,贸易法委员会自此成为联合国系统在国际贸易法领域的核心法律机构。贸易法委员会由大会选出的 60 个成员国组成。成员的构成代表了世界各个不同地理区域及其主要经济和法律体系。委员会成员选举产生,任期六年,每三年半数成员任期届满[①]。

贸易法委员会设立了六个工作组就委员会工作计划中的专题进行实质性筹备工作。每一工作组由委员会的全体成员国组成。六个工作组及其目前的专题为[②]:

第一工作组——中小微型企业

第二工作组——争议解决

第三工作组——投资人与国家间争议解决的改革

第四工作组——电子商务

第五工作组——破产法

第六工作组——担保权益

各工作组的任务如下[③]:

第一工作组

2014 年至今:中小微型企业

[①] "贸易法委员会的由来、任务和组成"参见 http://www.uncitral.org/uncitral/zh/about/origin.html。

[②] "贸易法委员会工作方法"参见 http://www.uncitral.org/uncitral/zh/about/methods.html。

[③] "各工作组任务情况"参见 http://www.uncitral.org/uncitral/zh/commission/working_groups.html。

2004—2012 年：采购

2001—2003 年：私人融资基础设施项目

1969—1971 年：时限和时效（时效期限）

第二工作组

2000 年至今：仲裁和调解／争议解决

1981—2000 年：国际合同惯例

1968—1978 年：国际货物销售

第三工作组

2017 年至今：投资人与国家间争议解决的改革

2010—2016 年：网上解决争议

2002—2008 年：运输法

1970—1975 年：国际货运法规

第四工作组

1997 年至今：电子商务

1992—1996 年：电子数据交换

1988—1992 年：国际支付

1973—1987 年：国际流动票据

第五工作组

2001 年至今：破产法

2000 年：国际合同惯例

1995—1999 年：破产法

1981—1994 年：新的国际经济秩序

第六工作组

2002 年至今：担保权益

四、《海牙规则》

《海牙规则》(*Hague Rules*)是《统一提单的若干法律规定的国际公约》(*International Convention for the Unification of Certain*

Rules of Law Relating to Bills of Lading)的简称，是 1924 年 8 月 25 日在比利时布鲁塞尔由 26 个国家代表出席的外交会议签署的，于 1931 年 6 月 2 日起生效。

（一）产生背景

提单的使用由来已久。早期的提单，无论是内容还是格式，都比较简单，而且其作用也较为单一，仅作为货物的交接凭证，只是表明货物已经装船的收据。随着国际贸易和海上货物运输的逐步发展，提单的性质、作用和内容特别是其中的背面条款都发生了巨大变化。

在提单产生的早期，即自货物托运形式出现后的很长一个时期，在海上航运最为发达的英国，一方面，从事提单运输的承运人，即英国习惯上视为"公共承运人"（Common Carrier）必须按照英国普通法（Common law）对所承运的货物负绝对责任，即负有在目的港将货物以装货港收到货物时的相同状态交给收货人的义务，对所运货物的灭失或损坏，除因天灾（Act of God）、公敌行为（Queens Enemies）、货物的潜在缺陷、托运人的过错行为所造成，或属于共同海损损失之外，不论承运人本人、船长、船员或其他受雇人、代理人有无过错，承运人均应负赔偿责任。但另一方面，法律对私人合同却采取"契约自由"原则，这就为承运人逃避普通法上的法律责任打开了方便之门，承运人在提单上列入对货物灭失或损失免责的条款，强加给货主的各种不公平的条件和不应承担的风险越来越多。这种免责条款从 18 世纪开始出现，到 19 世纪中期的后半期，便发展到不可收拾的地步。有的提单上的免责事项甚至多达六七十项，以至有人说，承运人只有收取运费的权利，无责任可言。承运人滥用契约自由，无限扩大免责范围的做法使当时的国际贸易和运输秩序陷入极度的混乱，其直接结果不但使货方正当权益失去了起码的保障，而且还出现了保险公司不敢承保，银行不肯汇兑，提单在市场上难以转让流通的不良局面。这不仅损坏了货主、保险商和银行的利益，而且也严重阻碍了航运业自身的发展。

在以英国为代表的船东国在提单上滥用免责条款的时期,以美国为代表的货主国利益受到了极大的损害。为了保护本国商人的利益,美国于1893年制定了著名的《哈特法》(Harter Act),即《关于船舶航行、提单、以及财产运输有关的某些义务、职责和权利的法案》。该法规定,在美国国内港口之间以及美国港口与外国港口之间进行货物运输的承运人,不得在提单上加入由于自己的过失而造成货物灭失或损害而不负责任的条款,同时还规定承运人应谨慎处理使船舶适航,船长船员对货物应谨慎装载、管理和交付。该法规定,凡违反这些规定的提单条款,将以违反美国"公共秩序"为由宣告无效。

《哈特法》的产生,对以后的国际航运立法产生了巨大的影响。澳大利亚于1904年制定了《海上货物运输法》;新西兰于1908年制定了《航运及海员法》;加拿大于1910年制定了《水上货物运输法》。这些立法都采纳了《哈特法》确定的基本原则,根据《哈特法》的有关规定对提单的内容进行了调整。但是,少数国家的努力难以解决承运人无边际免责的实质问题。而且各国立法不一,各轮船公司制定的提单条款也不相同,极大地妨碍了海上货物运输合同的签订,不利于国际贸易的发展。国际海上货物运输不可能按某一国的法律处理,因此,制定统一的国际海上货物运输公约来制约提单已势在必行。

第一次世界大战的爆发虽然延缓了制定国际统一规则的进程,但同时又给制定国际统一规则带来了生机。战后由于全球性的经济危机,货主、银行、保险界与船东的矛盾更加激化。在这种情况下,以往对限制合同自由、修正不合理免责条款问题一直不感兴趣的英国,为了和其殖民地在经济上、政治上采取妥协态度,也主动与其他航运国家和组织一起寻求对上述问题的有效解决方法,也主张制定国际公约,以维护英国航运业的竞争能力,保持英国的世界航运大国的地位。为此,国际法协会所属海洋法委员会(Maritime law Committee)于1921年5月17日至20日在荷兰首都海牙召开会议,制定了一个提单规则,定名为《海牙规则》,供合同当事人自愿采纳。以此为基础,1922年10月9日至11日在英国伦敦召开会议,对《海牙规则》进行若干修改,同年10月17日至26日,于比利时布鲁塞尔举行的讨论海事法律的外交会议上,与会代表作出决议,建议各国政府采纳这个规则,在稍作修改后使之国内法化。1923年10月,又在布鲁塞尔召开海商法国际会议,由海商法国际会议指派委员会对这个规则继续作了一些修改,完成海牙规则的制定工作。随后,1923年11月英国帝国经济会议通过决议,一方面建议各成员国政府和议会采纳这个修订后的规则使之国内法化;另一方面率先通过国内立法,使之国内法化,由此而产生了《1924年英国海上货物运输法》(*Carriage of Goods by Sea Act 1924*,COGSA)。这个法律在1924年8月获英王批准。1924年8月25日,各国政府的代表也在布鲁塞尔通过了简称《海牙规则》的《统一提单若干法律规定的国际公约》。

《海牙规则》于1931年6月2日正式生效。欧美许多国家和地区都加入了这个公约。有的国家仿效英国的做法,通过国内立法使之国内法化;有的国家根据这一公约的基本精神,另行制定相应的国内法;还有些国家虽然没有加入这一公约,但它们的一些船公司的提单条款也采用了这一公约的精神。所以这一公约是海上货物运输中有关提单的最重要的和目前仍普遍被采用的国际公约。我国虽然没有加入该公约,但却把它作为制定我国《海商法》的重要参考依据;我国不少船公司的提单条款也采纳了这一公约的精神,所以《海牙规则》堪称现今海上货物运输方面最重要的国际公约。

(二) 主要内容

《海牙规则》共16条,其中第1至第5条是实质性条款,第11至第16条是程序性条款,主要是有关公约的批准、加入和修改程序性条款。实质性条款主要包括以下内容:

1. 承运人最低限度的义务

所谓承运人最低限度义务,就是承运人必须履行的基本义务。

对此《海牙规则》第 3 条第 1 款规定:"承运人必须在开航前和开航当时,谨慎处理,使航船处于适航状态,妥善配备合格船员,装备船舱和配备供应品;使货舱、冷藏舱和该船其他载货处所能适当而安全地接受、载运和保管货物。"该条第 2 款规定:"承运人应妥善地和谨慎地装载、操作、积载、运送、保管、照料与卸载。"即提供适航船舶,妥善管理货物,否则将承担赔偿责任。

2. 承运人运输货物的责任期间

所谓承运人的责任期间,是指承运人对货物运送负责的期限。按照《海牙规则》第 1 条"货物运输"的定义,货物运输的期间为从货物装上船至卸完船为止的期间。所谓"装上船起至卸完船止"可分为两种情况:一是在使用船上吊杆装卸货物时,装货时货物挂上船舶吊杆的吊钩时起至卸货时货物脱离吊钩时为止,即"钩至钩"期间。二是使用岸上起重机装卸,则以货物越过船舷为界,即"舷至舷"期间承运人应对货物负责。至于货物装船以前,即承运人在码头仓库接管货物至装上船这一段期间,以及货物卸船后到向收货人交付货物这一段时间,按《海牙规则》第 7 条规定,可由承运人与托运人就承运人在上述两段发生的货物灭失或损坏所应承担的责任和义务订立任何协议、规定、条件、保留或免责条款。

3. 承运人的赔偿责任限额

承运人的赔偿责任限额是指对承运人不能免责的原因造成的货物灭失或损坏,通过规定单位最高赔偿额的方式,将其赔偿责任限制在一定的范围内。这一制度实际上是对承运人造成货物灭失或损害的赔偿责任的部分免除,充分体现了对承运人利益的维护。《海牙规则》第 4 条第 5 款规定:"不论承运人或船舶,在任何情况下,对货物或与货物有关的灭失或损坏,每件或每单位超过 100 英镑或与其等值的其他货币时,任意情况下都不负责;但托运人于装货前已就该项货物的性质和价值提出声明,并已在提单中注明的,不在此限。"

承运人单位最高赔偿额为 100 英镑,按照该规则第 9 条的规定应为 100 金英镑。一是按英国起初的英国航运业习惯按 100 英镑纸币支付,后来英国各方虽通过协议把它提高到 200 英镑,但还是不能适应实际情况。几十年来,由于英镑不断贬值,据估计 1924 年的 100 英镑的价值,到 1968 年已相当于当时的 800 英镑的价值。在这样英镑严重贬值的情况下,如果再以 100 英镑为赔偿责任限额,显然是不合理的,也违反了《海牙规则》第 9 条的规定。二是在《海牙规则》制定后,不少非英镑国家纷纷把 100 英镑折算为本国货币,而且不受黄金计算价值的限制和约束,由于金融市场的变幻莫测,以致和现今各国规定的不同赔偿限额的实际价格相距甚远。

4. 承运人的免责

《海牙规则》第 4 条第 2 款对承运人的免责作了 17 项具体规定,分为两类:一类是过失免责;另一类是无过失免责。国际海上货物运输中争论最大的问题是《海牙规则》的过失免责条款,《海牙规则》第 4 条第 2 款第 1 项规定:"由于船长、船员、引航员或承运人的雇佣人员在航行或管理船舶中的行为、疏忽或过失所引起的货物灭失或损坏,承运人可以免除赔偿责任。"这种过失免责条款是其他运输方式责任制度中所没有的。很明显,《海牙规则》偏袒了船方的利益。

另一类是承运人无过失免责,主要有以下几种:

(1) 不可抗力或承运人无法控制的免责有八项:海上或其他通航水域的灾难、危险或意外事故;天灾;战争行为;公敌行为;君主、当权者或人民的扣留或拘禁,或依法扣押;检疫限制;不论由于任何原因所引起的局部或全面罢工、关厂、停工或劳动力受到限制;暴力和骚乱。

(2) 货方的行为或过失免责有四项:货物托运人或货主、其代理人或代表的行为;由于货物的固有缺点、质量或缺陷所造成的容积或重量的损失,或任何其他灭失或损害;包装不固;标志不清或不当。

(3) 特殊免责条款有三项:一是火灾,即使是承运人和雇佣人员的过失,承运人也不负责,只有承运人本人的实际过失或私谋所造成者才不能免责;二是在海上救助人命或财产,这一点是对船舶的特殊要求;三是谨慎处理,克尽职责所不能发现的潜在缺陷。

(4) 承运人免责条款的第 16 项:"不是由于承运人的实际过失或私谋,或是承运人的代理人或雇佣人员的过失或疏忽所引起的其他任何原因。"这是一项概括性条款,既不是像前述 16 项那样具体,又不是对它们的衬托,而是对它们之外的其他原因规定一般条件。

这里所谓"没有过失和私谋"不仅指承运人本人,而且也包括承运人的代理人或雇佣人员没有过失和私谋。援引这一条款要求享有此项免责利益的人应当负举证义务,即要求证明货物的灭失或损坏既非由于自己的实际过失或私谋,也非他的代理人或受雇人的过失或私谋所导致。

5. 索赔与诉讼时效

索赔通知是收货人在接收货物时,就货物的短少或残损状况向承运人提出的通知,它是索赔的程序之一。收货人向承运人提交索赔通知,意味着收货人有可能就货物短损向承运人索赔《海牙规则》第 3 条第 6 款规定:"承运人将货物交付给收货人时,如果收货人未将索赔通知用书面形式提交承运人或其代理人,则这种交付应视为承运人已按提单规定交付货物的初步证据。如果货物的灭失和损坏不明显,则收货人应在收到货物之日起 3 日内将索赔通知提交承运人。"

《海牙规则》有关诉讼时效的规定是:"除非从货物交付之日或应交付之日起一年内提起诉讼,承运人和船舶,在任何情况下,都应免除对灭失或损坏所负的一切责任。"

6. 托运人的义务和责任

(1) 保证货物说明正确的义务。《海牙规则》第 3 条第 5 款规定:"托运人应向承运人保证他在货物装船时所提供的标志、号码、数量和重量的正确性,并对由于这种资料不正确所引起或造成的一切灭失、损害和费用,给予承运人赔偿。"

(2) 不得擅自装运危险品的义务。《海牙规则》第 4 条第 6 款规定:"如托运人未经承运人同意而托运属于易燃、易爆或其他危险性货物,应对因此直接或间接地引起的一切损害和费用负责。"

(3) 损害赔偿责任。根据《海牙规则》第 4 条第 3 款规定:"托运人对他本人或其代理人或受雇人因过错给承运人或船舶造成的损害,承担赔偿责任。"可见,托运人承担赔偿责任是完全过错责任原则。

7. 运输合同无效条款

根据《海牙规则》第 3 条第 8 款规定:"运输合同中的任何条款或协议,凡是解除承运人按该规则规定的责任或义务,或以不同于该规则的规定减轻这种责任或义务的,一律无效。"有利于承运人的保险利益或类似的条款,应视为属于免除承运人责任的条款。

8. 适用范围

《海牙规则》第 5 条第 2 款规定:"本公约的规定,不适用于租船合同,但如果提单是根据租船合同签发的,则它们应符合公约的规定。"同时该规则第 11 条规定:"本公约的各项规定,应适用于在任何缔约国内所签发的一切提单。"

结合本规则"运输契约"定义的规定,可以看出:① 根据租船合同或在船舶出租情况下签发的提单,如果提单在非承运人的第三者手中,即该提单用来调整承运人与提单持有人的关系时,《海牙规则》仍然适用。② 不在《海牙规则》缔约国签发的提单,虽然不属于《海牙规则》的强制适用范围,但如果提单上订有适用《海牙规则》的首要条款,则《海牙规则》作为当事人协议适用法律,亦适用于该提单。

五、《汉堡规则》

《汉堡规则》(*Hamburg Rules*)是《联合国海上货物运输公约》(*United Nations Convention on the Carriage of Goods by Sea, 1978*)的简称,于 1978 年 3 月 6 日至 31 日在德国汉堡举行由联合国主持的由 78 国代表参加的海上货物运输大会讨论通过,于 1992 年

11月1日生效。《汉堡规则》参与国绝大多数为发展中国家,占全球外贸船舶吨位数90%的国家都未承认该规则。

（一）制定背景

《海牙规则》是20世纪20年代的产物,曾发挥了它应有的作用,随着国际贸易和海运的发展,要求修改《海牙规则》的呼声不断,对其进行修改已在所难免。如何进行修改,两种思路导致了两种不同的结果：

一种是以英国、北欧等海运发达国家的船方利益为代表,由国际海事委员负责起草修改,最终导致《海牙—维斯比规则》产生。对《海牙规则》的一些有益修改,对维护在《海牙规则》基础上的船货双方利益起了一定的积极作用。

另一种思路来自广大的发展中国家,代表了货主的利益,提出彻底修改《海牙规则》的要求日益高涨,联合国贸易和发展会议的航运委员会于1969年4月的第三届会议上设立了国际航运立法工作组,研究提单的法律问题。

1971年2月,国际航运立法工作组召开的第二次会议上作出两项决议：

第一,对《海牙规则》和《维斯比规则》进行修改,必要时制定新的国际公约；

第二,在审议修订上述规则时,应清除规则含义不明确之处,建立船货双方平等分担海运货物风险的制度。

后来,此项工作移交给联合国国际贸易法委员会。该委员会下设的国际航运立法工作组于1976年5月完成起草工作,并提交1978年3月6日至31日在德国汉堡召开的有78个国家代表参加的联合国海上货物运输公约外交会议审议,最后通过了1978年联合国海上货物运输公约。由于这次会议是在汉堡召开的,所以这个公约又称为《汉堡规则》。

《汉堡规则》的生效条件规定:"本公约自第二十份批准书、接受书、认可书或加入书交存之日起满一年后的次月第一日生效。"《汉堡规则》自 1978 年 3 月 31 日获得通过,直至埃及递交了批准书后满足生效条件,于 1992 年 11 月 1 日起正式生效。

(二) 主要内容

《汉堡规则》全文共 7 章 34 条,在《汉堡规则》的制定中,除保留了《海牙—维斯比规则》对《海牙规则》修改的内容外,对《海牙规则》进行了根本性的修改,是一个较为完备的国际海上货物运输公约,明显地扩大了承运人的责任。其主要内容包括:

1. 承运人的责任原则

《海牙规则》规定承运人的责任基础是不完全过失责任制,它一方面规定承运人必须对自己的过失负责,另一方面又规定了承运人对航行过失及管船过失的免责条款。而《汉堡规则》确定了推定过失与举证责任相结合的完全过失责任制。规定凡是在承运人掌管货物期间发生货损,除非承运人能证明承运人已为避免事故的发生及其后果采取了一切可能的措施,否则便推定损失系由承运人的过失所造成,承运人应承担赔偿责任。很明显,《汉堡规则》较《海牙规则》扩大了承运人的责任。

2. 承运人的责任期间

《汉堡规则》第 4 条第 1 款规定:"承运人对货物的责任期间包括在装货港、在运输途中以及在卸货港,货物在承运人掌管的全部期间。"即承运人的责任期间从承运人接管货物时起到交付货物时止。与海牙规则的"钩至钩"或"舷至舷"相比,其责任期间扩展到"港到港"。解决了货物从交货到装船和从卸船到收货人提货这两段没有人负责的空间,明显地延长了承运人的责任期间。

3. 承运人赔偿责任限额

《汉堡规则》第 6 条第 1 款规定:"承运人对货物灭失或损坏的赔偿,以每件或其他装运单位的灭失或损坏相当于 835 特别提款权或毛重每公斤 2.5 特别提款权的金额为限,两者之中以其较高者为准。"

4. 对迟延交付货物的责任

迟延交付货物的责任在《海牙规则》和《维斯比规则》中都没有规定,《汉堡规则》第5条第2款则规定:"如果货物未能在明确议定的时间内,或虽无此项议定,但未能在考虑到实际情况对一个勤勉的承运人所能合理要求时间内,在海上运输合同所规定的卸货港交货,即为迟延交付。"对此,承运人应对因迟延交付货物所造成的损失承担赔偿责任。而且在第三款还进一步规定,如果货物在第二款规定的交货时间满后连续60天内仍未能交付,有权对货物灭失提出索赔的人可以认为货物已经灭失。《汉堡规则》第6条第1款还规定:"承运人对迟延交付的赔偿责任,以相当于迟延交付货物应支付运费的2.5倍的数额为限,但不得超过海上货物运输合同规定的应付运费总额。"

5. 承运人和实际承运人的赔偿责任

《汉堡规则》中增加了实际承运人的概念。当承运人将全部或部分货物委托给实际承运人办理时,承运人仍需按公约规定对全部运输负责。如果实际承运人及其雇用人或代理人的疏忽或过失造成的货物损害,承运人和实际承运人均需负责的话,则在其应负责的范围内,承担连带责任。这种连带责任托运人既可向实际承运人索赔,也可向承运人索赔,并且不因此妨碍承运人和实际承运人之间的追偿权利。

6. 托运人的责任

《汉堡规则》第十二条规定:"托运人对于承运人或实际承运人所遭受的损失或船舶遭受的损坏不负赔偿责任。除非这种损失或损坏是由于托运人、托运人的雇用人或代理人的过失或疏忽所造成的。"这意味着托运人的责任也是过失责任。但需指出的是托运人的责任与承运人的责任不同之处在于承运人的责任中举证由承运人负责,而托运人的责任中,托运人不负举证责任,这是因为货物在承运人掌管之下，所以也同样需要承运人负举证责任。《汉堡规则》这一规定，被我国《海商法》所接受。

7. 保函的法律地位

《海牙规则》和《维斯比规则》没有关于保函的规定，而《汉堡规则》第17条对保函的法律效力作出了明确的规定，托运人为了换取清洁提单，可以向承运人出具承担赔偿责任的保函，该保函在承、托人之间有效，对包括受让人、收货人在内的第三方一概无效。但是如果承运人有意欺诈，对托运人也属无效，而且承运人也不再享受责任限制的权利。

8. 索赔通知及诉讼时效

《海牙规则》要求索赔通知必须由收货人在收到货物之前或收到货物当时提交。如果货物损失不明显，则这种通知限于收货后3日内提交。《汉堡规则》延长了上述通知时间，规定收货人可在收到货物后的第一个工作日将货物索赔通知送交承运人或其代理人，当货物灭失或损害不明显时，收货人可在收到货物后的15天内送交通知。同时还规定，对货物迟延交付造成损失，收货人应在收货后的60天内提交书面通知。

9. 管辖权和仲裁的规定

《海牙规则》《维斯比规则》均无管辖权的规定，只是在提单背面条款上订有由船公司所在地法院管辖的规定，这一规定显然对托运人、收货人极为不利。《汉堡规则》第21条规定，原告可在下列法院选择其一提起诉讼：① 被告的主要营业所所在地，无主要营业所时，则为其通常住所所在地；② 合同订立地，而合同是通过被告在该地的营业所、分支或代理机构订立；③ 装货港或卸货港；④ 海上运输合同规定的其他地点。

除此之外，海上货物运输合同当事人一方向另一方提出索赔之后，双方就诉讼地点达成的协议仍有效，协议中规定的法院对争议具有管辖权。

《汉堡规则》第 22 条规定,争议双方可达成书面仲裁协议,由索赔人决定在下列地点之一提起:① 被告的主要营业所所在地,如无主要营业所,则为通常住所所在地;② 合同订立地,而合同是通过被告在该地的营业所、分支或代理机构订立;③ 装货港或卸货港。此外,双方也可在仲裁协议中规定仲裁地点。仲裁员或仲裁庭应按该规则的规定来处理争议。

10. 规则的适用范围

《汉堡规则》适用于两个不同国家之间的所有海上货物运输合同,并且海上货物运输合同中规定的装货港或卸货港位于其一缔约国之内,或备选的卸货港之一为实际卸港并位于某一缔约国内;或者,提单作为海上货物运输合同证明的其他单证在某缔约国签发;或者提单作为海上货物运输合同证明的其他单证规定,合同受该规则各项规定或者使其生效的任何国家立法的管辖。

同《海牙规则》一样,《汉堡规则》不适用于租船合同,但如提单根据租船合同签发,并调整出租人与承租人以外的提单持有人之间的关系,则适用该规则的规定。

(三) 其他

《汉堡规则》对《海牙规则》做了根本性的修改,扩大了承运人责任,具体规定如下:

1. 进一步提高赔偿责任限额

《汉堡规则》第 6 条规定了承运人的赔偿责任限额,对于货物灭失损坏的限额为每件或每单位 835 特别提款权(SDR),或者以毛重每公斤 2.5 特别提款权,两者中以高者为准。对于延迟交货的赔偿责任,为该延迟交付货物应付运费的 2.5 倍,但不得超过合同规定应付运费的总额。对于货物灭失、损坏及延迟交付均有的情形,以每件或每单位 835 特别提款权或毛重每公斤 2.5 特别提款权为准。对于集装箱货物,赔偿原则等同于维斯比规则只是数额采用了汉堡规则的上述数额,对于承运人及其受雇人或代理人丧失赔偿责任限制的,同维斯比规则。

《汉堡规则》大幅提高了承运人的责任限额,是与国际政治经济形势的发展变化相适应的。提高责任限额,是对《海牙—维斯比规则》过分维护承运人利益的一种纠正,是为了合理分担风险的需要,从长远看,也是促进航运发展,建立国际经济新秩序的需要,是有其公正合理之处的。

2. 管辖权和仲裁规定

《汉堡规则》规定了《海牙规则》以及《海牙—维斯比规则》所没有规定的管辖权和仲裁条款。对于管辖权,原告可以选择下列法院起诉:被告主营业所,无主营业所时,为通常住所;合同订立地,而合同是通过被告在该地的营业所、分支或代理机构订立;装货港或卸货港;或海上运输合同为此目的而指定的任何地点。如果船舶在缔约国港口被扣,原告亦可向该港口所在地法院起诉。但此种情形下,原告需将诉讼转移到前述有管辖权的法院之一进行,转移前,被告必须提供足够的担保。对于仲裁,索赔方可选择下列地点仲裁:被诉人有营业所或通常住所的一国某一地点;装货港、卸货港;合同订立地,且合同是通过被诉人在该地的营业所、分支、代理机构订立的;或仲裁条款协议中为此目的而指定的地点。

3. 货损索赔书面通知和诉讼时效

《汉堡规则》相对于《海牙规则》,延长了上述时间限制。对于提高书面货损索赔通知,《海牙规则》确定了收货前或当时,《汉堡规则》为收货后的次日;货损不明显,《海牙规则》为收货后 3 日内,《汉堡规则》则为货物交付后连续 15 日;对于延迟交付,《海牙规则》未规定,《汉堡规则》规定为货物交付之日后连续 60 日,否则,承运人不负赔偿责任。对于诉讼时效,《海牙规则》规定了货物交付或应交付之日起 1 年的时间,而汉堡规则规定了 2 年的诉讼时效。并规定负有赔偿责任的人向他人提起追偿之诉的时间为 90 日,自提起诉讼一方已处理其索赔案件或已接到向其本人送交的起诉传票之日起算。《汉堡规则》作为平衡船货双方利益的一项国际公约,应当说其制定是相对完备的,也是体现了公正合理的主旨。但作为既得利益者的海运大国却不愿采纳此公约,而是继续采用《海牙—维斯比规则》,以维护其已得利益,因而,海运大国加入此公约的几乎还没有。因此,《汉堡规则》的普及化还有很长的路要走,建立公正合理的航运新秩序新规则也有很长的路要走,甚至要采用迂回或过渡性做法,这也是可能的,但这也只是个时间问题。

六、《鹿特丹规则》

2008年12月11日,联合国第63届大会第67次会议通过了联合国贸易法委员会提交的《联合国全程或部分海上国际货物运输合同公约》(United Nations Convention on Contracts for the International Carriage of Goods Wholly or Partly by Sea)。此次会议授权2009年9月23日在荷兰鹿特丹举行新公约开放签署仪式,因此该公约又被简称为《鹿特丹规则》(The Rotterdam Rules)。

(一)制定背景

联合国贸易法委员会制定该公约的目的主要是取代现行的三个国际海上货物运输公约,即1924年《海牙规则》、1968年《海牙—维斯比规则》和1978年《汉堡规则》,以实现海上货物运输和包括海运区段的国际货物多式联运法律制度的国际统一。

《鹿特丹规则》是当前国际海上货物运输规则之集大成者,不仅涉及包括海运在内的多式联运、在船货两方的权利义务之间寻求新的平衡点,而且还引入了如电子运输单据、批量合同、控制权等新的内容,此外公约还特别增设了管辖权和仲裁的内容。从公约条文数量上看,公约共有96条,实质性条文为88条,是《海牙规则》的9倍,《汉堡规则》的3.5倍。因此,该公约被称为一部"教科书"式的国际公约。作为国际海上货物运输立法的重大变革,《鹿特丹规则》正吸引着全球海事界的目光。

（二）主要内容

1. 扩大承运人的责任期间

《海牙规则》和《海牙—维斯比规则》没有明确规定承运人的责任期间，只是规定公约强制适用于装货到卸货的海上货物运输期间；《汉堡规则》明确规定承运人对货物的责任期间包括货物在装货港、运输途中以及卸货港处于承运人掌管下的全部期间；我国《海商法》规定承运人对集装箱货物的责任期间为装货港到卸货港，承运人对非集装箱货物的责任期间为装货到卸货；《鹿特丹规则》规定承运人对货物的责任期间自承运人或履约方为运输而接收货物时开始，至交付货物时终止。由此可见，《鹿特丹规则》下承运人的责任期间除包括装船到卸船的海运区段外，还包括装前卸后的陆运区段，从而将海上货物运输及包含海上货物运输在内的多式联运均纳入该公约的调整范围内，在一定程度上增加了承运人的责任。

2. 实行完全过错责任制

《海牙规则》和《海牙—维斯比规则》实行不完全过错责任制，即承运人对其本人、受雇人、代理人或分包人在承运人责任期间内的过错导致的货物灭失、损坏或迟延交付承担赔偿责任，但对航海过失和火灾过失免责。《汉堡规则》实行完全过错责任制。虽然该公约废除承运人航海过失免责和火灾过失免责，但要求索赔人对承运人的火灾过失承担举证责任。由于实践中索赔人很难举证证明承运人的火灾过失，使得承运人在很大程度上依然享有火灾过失免责权。《鹿特丹规则》实行完全过错责任制，废除承运人航海过失免责和火灾过失免责。该规则第17条第1款规定："如果索赔人证明，货物的灭失、损坏或迟延交付，或造成、促成货物灭失、损坏或迟延交付的事件或情形发生在承运人责任期间内，承运人应当对货物灭失、损坏及迟延交付承担赔偿责任。"这就确保承运人的管船义务贯穿航次始终，承运人不再受免责条款保护。

3. 加重承运人的举证责任

《海牙规则》和《海牙—维斯比规则》未明确规定举证责任的分配原则，仅规定由于船舶不适航引起的货物灭失或损坏，由承运人或主张免责的其他人承担举证责任。《汉堡规则》采取过错推定原则。该公约第 5 条第 1 款规定，如果导致货物灭失、损坏或迟延交付的原因发生在承运人责任期间内，由承运人承担赔偿责任，除非承运人证明其已采取一切合理措施以避免该原因及其结果形成。该规定对索赔人很有利。《鹿特丹规则》对船货双方的举证责任分配按层次作出详细规定，在举证顺序和内容上构建"三大推定"的立法框架：第一，如果索赔人证明货物的灭失、损坏或迟延交付，或造成货物灭失、损坏或迟延交付的原因发生于承运人责任期间内，则推定承运人有过错，承运人必须证明其无过错才能免除赔偿责任；第二，如果承运人证明导致货物灭失、损坏或迟延交付的原因属于公约第 17 条第 3 款列明的免责事件或情形，则推定其无过错，索赔人必须反证承运人有过错才能使其承担赔偿责任；第三，如果索赔人证明货物灭失、损坏或迟延交付的原因是或者可能是船舶不适航，则推定承运人有过错，承运人要免除赔偿责任，必须证明货物灭失、损坏或迟延交付的原因不是船舶不适航，或证明其已做到谨慎处理使船舶适航。由此可见，《鹿特丹规则》明确了船货双方的举证顺序和内容，加重了承运人的举证责任，具有较好的可操作性。

4. 提高承运人的赔偿责任限额

《鹿特丹规则》规定的承运人单位赔偿责任限额为每件或每个其他货运单位 875 特别提款权，比《海牙—维斯比规则》和我国《海商法》规定的单位赔偿责任限额提高 31%；货物毛重每千克 3 特别提款权，比《海牙—维斯比规则》和我国《海商法》规定的单位赔偿责任限额提高 50%。该规定使承运人援引赔偿责任限额的机会减少，大多数情况下承运人需要全额赔偿，传统的国际海上货物运输法律制度赋予承运人的赔偿责任限制权实际上将难以发挥作用。

5. 确立批量合同制度

承托双方可以在批量合同中约定增加或减少公约规定的权利、义务和赔偿责任。换言之，批量合同对承托双方权利、义务和赔偿责任的约定可以背离公约规定，这是《鹿特丹规则》确立的批量合同的核心内容所在。

（三）变革内容

1. 调整范围

与《海牙规则》"钩至钩"或"舷至舷"及《汉堡规则》"港至港"的调整范围不同，为适应国际集装箱货物"门到门"运输方式的变革，《鹿特丹规则》调整范围扩大到"门至门"运输，国际海运或包括海运在内的国际多式联运货物运输合同均在公约的规范范围之内，公约排除了国内法的适用，使公约成为最小限度的网状责任制，拓宽了公约的适用范围，有利于法律适用的统一。

2. 电子运输记录

与前述三个公约不同，《鹿特丹规则》明确规定了电子运输记录，确认其法律效力，并将电子运输记录分为可转让与不可转让电子运输记录。该规定适应了电子商务的发展，具有一定的超前性，势必加速运输单证的流转速度并提高安全性。

3. 承运人的责任

承运人必须在开航前、开航当时和海上航程中恪尽职守使船舶处于且保持适航状态，适航义务扩展到贯穿航程的始终。承运人根据公约对货物的责任期间，自承运人或履约方为运输而接收货物时开始，至货物交付时终止。承运人责任基础采用了完全过错责任原则，废除了现行的"航海过失"免责和"火灾过失"免责。公约规定，未在约定时间内在运输合同规定的目的地交付货物，为迟延交付，承运人承担迟延交付的责任限于合同有约定时间，未采纳《汉堡规则》规定的合理时间标准。公约对船货双方的举证责任和顺序做了较为具体的规定，这是以前立法所没有的。承运人的单位责任限制有较大幅度的提高。总的来说,承运人的责任比以前加重了。

4. 托运人的义务

托运人应交付备妥待运的货物,及时向承运人提供承运人无法以其他合理方式获取,而合理需要的有关货物的信息、指示和文件。托运人应在货物交付给承运人或履约方之前,及时将货物的危险性质或特性通知承运人,并按规定对危险货物加标志或标签。托运人对承运人承担赔偿责任的责任基础是过错原则,对于承运人遭受的灭失或损坏,如果承运人证明,此种灭失或损坏是由于托运人违反其义务而造成的,托运人应负赔偿责任。增设单证托运人,单证托运人是指托运人以外的同意在运输单证或电子运输记录中记名为"托运人"的人,单证托运人享有托运人的权利并承担其义务。

5. 海运履约方

《鹿特丹规则》下没有实际承运人的概念,但创设了海运履约方制度,是指凡在货物到达船舶装货港至货物离开船舶卸货港期间履行或承诺履行承运人任何义务的履约方。内陆承运人仅在履行或承诺履行其完全在港区范围内的服务时方为海运履约方。海运履约方与托运人之间不存在直接的合同关系,而是在承运人直接或间接的要求、监督或者控制下,实际履行或承诺履行承运人在"港至港"运输区段义务的人,突破了合同相对性原则。海运履约方承担公约规定的承运人的义务和赔偿责任,并有权享有相应的抗辩和赔偿责任限制。班轮运输条件下的港口经营人作为海运履约方将因此受益。

6. 批量合同

批量合同是指在约定期间内分批装运特定数量货物的运输合同,其常见的类型是远洋班轮运输中的服务合同。公约适用于班轮运输中使用的批量合同,除承诺的货物数量外每次运输项下承、托双方关于货物运输的权利、义务或责任等方面适用公约的规定。公约赋予批量合同当事人双方较大的合同自由,允许在符合一定条件时背离公约的规定自行协商合同条款,这是合同自由在一定程度上的回归。自美国《哈特法》以来,立法无不对承运人规定最低责任限度,以防止承运人滥用合同自由和自身优势逃脱责任,而公约考虑到某些货主力量和地位的增长,具有平等谈判的能力,为扩大公约的适用范围对批量合同作出规范。

7. 货物交付

公约赋予收货人收取货物的强制性义务,当货物到达目的地时,要求交付货物的收货人应在运输合同约定的时间或期限内,在运输合同约定的地点接受交货,无此种约定的,应在考虑到合同条款和行业习惯、惯例或做法以及运输情形,能够合理预期的交货时间和地点接受交货。公约还对无单放货作出规定,将航运实践中承运人凭收货人的保函和提单副本交货的习惯做法,改变为承运人凭托运人或单证托运人发出的指示交付货物,且只有在单证持有人对无单放货事先知情的情况下,才免除承运人无单放货的责任。如果单证持有人事先对无单放货不知情,承运人对无单放货仍然要承担责任,此时承运人有权向上述发出指示的人索要担保。公约为承运人实施上述无单放货设定了条件,即可转让运输单证必须载明可不凭单放货。

8. 控制权

公约首次在海上货物运输领域规定货物的控制权。货物控制权是指根据公约规定按运输合同向承运人发出有关货物的指示的权利,具体包括就货物发出指示或修改指示的权利,此种指示不构成对运输合同的变更;在计划挂靠港或在内陆运输情况下在运输途中的任何地点提取货物的权利;由包括控制方在内的其他任何人取代收货人的权利。在符合一定条件下,承运人有执行控制方指示的义务;在无人提货的情况下,承运人有通知托运人或单证托运人请其发出交付货物指示的义务。

9. 权利转让

签发可转让运输单证的,其持有人可以通过向其他人转让该运输单证而转让其中包含的各项权利,主要是请求提货权、控制权。权利转让的同时,义务并不当然同步转让。作为运输单证的受让人,即非托运人的持有人,只有其行使运输合同下的权利,才承担运输合同下的责任,并且这种责任以载入可转让运输单证或可转让电子运输记录为限或者可以从中查明。

10. 诉讼与仲裁

公约专章规定了诉讼和仲裁,除批量合同外,索赔方有权在公约规定的范围内,选择诉讼地和仲裁地,且运输合同中的诉讼或仲裁地点,仅作为索赔方选择诉讼或仲裁地点之一。各国对这两章的内容分歧更大些,为了不致影响到公约的生效,允许缔约国对这两章做出保留。

(四)评价与展望

《鹿特丹规则》与《海商法》及现在国际上普遍采用的《海牙规则》《海牙—维斯比规则》相比较,对承运人责任制度的规定有很大的变化,扩大了承运人责任期间,改变了承运人的责任基础,取消了传统的承运人免责事项,提高了承运人责任限额。如果该规则生效,将大大加重承运人的责任,可以预见其对航运业及保险业将会带来重大影响,尤其是对一些经营船龄较大、管理水平不高的中小航运企业带来的冲击。

虽然国际社会对《鹿特丹规则》的前景,即是否能够生效,主要航运和贸易国家是否能够批准加入,是否能够在国际上发挥重要作用,存在不同看法,但毋庸置疑的是,《鹿特丹规则》必将引发国际海上货物运输立法的一场革命。该公约一旦生效,将会对船东、港口营运商、货主等各个国际海上货物运输相关方带来重大影响;也将会对船舶和货物保险、共同海损制度等带来影响。该公约即使未能生效,因其代表最新的国际立法趋势,其有关规定也将通过渗透进国内法等途径,对国际海上货物运输产生一定的影响。

参考文献

一、专著

［1］常怡：《比较民事诉讼法》，中国政法大学出版社 2002 年版。
［2］陈光中：《诉讼法理论与实践——民事行政诉讼卷》，人民法院出版社 2001 年版。
［3］陈荣宗：《举证责任之分配》，中国法制出版社编《证据法论文选萃》，中国法制出版社 2004 年版。
［4］陈刚：《证明责任法研究》，中国人民大学出版社 2000 年版。
［5］陈梁：《提单免责条款及其对海运货物保险的影响》，武汉大学出版社 2005 年版。
［6］崔建远：《合同法》，法律出版社 1998 年版。
［7］郭瑜：《海商法教程（第二版）》，北京大学出版社 2012 年版。
［8］韩立新、王秀芬：《各国（地区）海商法汇编（中英文对照）》，大连海事大学出版社 2003 年版。
［9］金正佳：《中国典型海事案例》，法律出版社 1998 年版。
［10］贾林青：《海商法（第三版）》，中国人民大学出版社 2008 年版。
［11］梁慧星：《民商法论丛（第 7 卷）》，法律出版社 1997 年版。
［12］李海：《拱辰集——海商法问题研究》，大连海事大学出版社 2008 年版。
［13］李浩：《民事举证责任研究》，法律出版社 2003 年版。
［14］李浩：《举证责任研究》，中国政法大学出版社 1993 年版。
［15］司玉琢：《海商法》，法律出版社 2003 年版。
［16］司玉琢：《海商法（第二版）》，法律出版社 2007 年版。
［17］司玉琢：《海商法专论》，中国人民大学出版社 2007 年版。
［18］司玉琢：《司玉琢海商法论文集》，法律出版社 1995 年版。
［19］司玉琢、韩立新：《〈鹿特丹规则〉研究》，大连海事大学出版社 2009 年版。
［20］司玉琢、李志文：《中国海商法基本理论专题研究》，北京大学出版社 2009

［21］史尚宽：《债法各论》，中国政法大学出版社 2000 年版。
［22］汤能忠：《海事司法理论与实践》，法律出版社 2002 年版。
［23］万鄂湘：《中国海事审判论文选集》，人民法院出版社 2004 年版。
［24］王泽鉴：《侵权行为法（第一册）》，中国政法大学出版社 2001 年版。
［25］王泽鉴：《民法学说与判例研究（第四册）》，中国政法大学出版社 1998 年版。
［26］王利明：《侵权行为法归责原则研究》，中国政法大学出版社 1992 年版。
［27］王利明：《中国民法典学者建议稿及立法理由》，法律出版社 2005 年版。
［28］王利明：《违约责任论》，中国政法大学出版社 2003 年版。
［29］王利明、崔建远：《合同法新论·总则》，中国政法大学出版社 1996 年版。
［30］王海明：《船舶保险理论实务与经营管理》，大连海事大学出版社 2006 年版。
［31］王义源：《远洋运输业务（第三版）》，人民交通出版社 2003 年版。
［32］王敬：《敬海律师文集》，大连海事大学出版社 2009 年版，第 156 页。
［33］吴焕宁：《海商法学（第二版）》，法律出版社 2004 版。
［34］吴焕宁：《国际海上运输三公约释义》，中国商务出版社 2007 年版。
［35］杨良宜：《提单及其付运单证》，中国政法大学出版社 2001 年版。
［36］余劲松：《国际经济法问题专论》，武汉大学出版社 2003 年版。
［37］张新宝：《侵权责任法》，中国人民大学出版社 2006 年版。
［38］张丽英：《海商法学》，高等教育出版社 2006 年版，第 145 页。
［39］张湘兰：《海商法》，武汉大学出版社 2008 年版。
［40］张天钦：《海上货物运送法修正专论》，航贸图书出版社 1986 年版。
［41］张卫平：《民事诉讼：关键词展开》，中国人民大学出版社 2005 年版。
［42］郑肇芳：《涉外海事案例精选（中英文对照本）》，上海人民出版社 2009 年版。
［43］曾令良：《武大国际法评论》，武汉大学出版社 2011 年版。
［44］台湾政治大学法律学系法学丛书编辑委员会：《台湾政治大学法律学系法学丛书》，台湾政治大学出版社 1997 年版。
［45］中国海事服务中心：《海上货物运输》，人民交通出版社、大连海事大学出版社 2008 年版。
［46］上海海事大学海商法研究中心：《海大法律评论 2008》，上海社会科学院出版社 2009 年版。
［47］中国社会科学院语言研究所词典编辑室：《现代汉语词典（第五版）》，商务印书馆 2005 年版。

[48] [德]莱奥·罗森贝克:《证明责任论》,庄敬华译,中国法制出版社 2002 年版,第 173 页。

[49] [德]罗伯特·霍恩等:《德国民商法导论》,中国大白科全书出版社 1996 年版。

[50] [加]威廉·台特雷:《国际海商法》,张永坚,译,法律出版社 2005 年版。

[51] [加]William Tetley:《海上货物索赔(第三版)》,张永坚、胡正良、傅廷中等译,司玉琢、倪暹校译,大连海运学院出版社 1993 年版。

[52] [英]约翰·F.威尔逊:《海上货物运输法(第七版)》,袁发强译,法律出版社 2014 年版。

[53] [英]霍恩比:《牛津高阶英汉双解词典(第四版)》,李北达译,商务印书馆 1997 年版。

[54] [意]桑德罗·斯奇巴尼:《民法大全选译 司法管辖权 审判 诉讼》,黄风译,中国政法大学出版社 1992 年版,第 57 页。

[55] [意]彼德罗·彭梵得:《罗马法教科书》,黄风译,中国政法大学出版社 1992 年版。

[56] [日]松本博之:《证明责任的分配》,日本信山社 1996 年版。

[57] [日]中村英郎:《新民事诉讼法讲义》,陈刚等译,法律出版社 2001 年版。

[58] [日]樱井玲二:《汉堡规则的成立及其条款的解释》,对外贸易教育出版社 1986 年版。

[59] [美]H.W.埃尔曼:《比较法律文化》,贺卫方、高鸿均译,生活·读书·新知三联书店 1990 年版。

[60] 联合国国际贸易法委员会:《贸易法委员会指南——联合国国际贸易法委员会基本情况》,联合国出版物,2007 年版。

二、期刊论文

[61] 陈敬根、关正义:《〈鹿特丹规则〉下混合原因致货物损毁时赔偿责任的分担》,载《武汉理工大学学报(社会科学版)》2009 年第 6 期。

[62] 陈敬根:《中国是否加入〈鹿特丹规则〉已成为国际社会高度关注的热点问题之一》,载《航运》2010 年第 1 期,第 58—59 页。

[63] 傅廷中:《论船舶绕航》,载《中国海商法年刊》1995 年第 1 期。

[64] 傅廷中:《共同海损及其构成要件》,载《世界海运》2002 年第 6 期。

[65] 郭萍、李晓枫:《论海运承运人单位赔偿责任限制所涵盖的损失类型》,载《中国海商法年刊》2006 年第 1 期。

[66] 郭萍、高磊:《海运承运人责任期间之研究——兼谈对〈中华人民共和国海商法〉相关规定的修改》,载《中国海商法年刊》2011 年第 3 期。

[67] 郭萍、朱珂:《从国际海上货物运输公约的变革看船货双方利益的博弈》,载《大连海事大学学报(社会科学版)》2008 年第 3 期。

[68] 管洪彦:《论合同义务来源多元化》,载《山东理工大学学报(社会科学版)》2006 年第 1 期。

[69] 何海波:《举证责任分配:一个价值衡量的方法》,载《中外法学》2003 年第 2 期。

[70] 胡正良、陈佩群:《论国际海上货物承运人责任原则的采用》,载《中国海商法年刊》1990 年第 1 期。

[71] 焦杰、居伊·勒费佛尔:《鹿特丹规则中海上货物承运人的责任——法律迷宫?》,载《比较法研究》2011 年第 4 期。

[72] 贾邦俊:《合同义务扩张的种类与比较研究》,载《现代财经》2001 年第 5 期,第 46 页。

[73] 蒋跃川:《论适航义务是否是承运人的首要义务》,载《中国海商法年刊》2007 年第 1 期。

[74] 李红伟:《违约责任与侵权责任之比较》,载《沈阳航空工业学院学报》2007 年第 6 期,第 20 页。

[75] 李程程:《比较海牙规则、维斯比规则、汉堡规则及我国〈海商法〉有关海上承运人免责条款的规定》,载《商业文化·法学之窗》2008 年第 1 期。

[76] 李汉昌、刘田玉:《统一的诉讼举证责任》,载《法学研究》2005 年第 2 期。

[77] 李守芹:《论适航责任》,载《中国海商法年刊》1992 年第 1 期。

[78] 李敏峰:《迟延交付的举证责任》,载《法制纵横》2002 年第 9 期。

[79] 林琳:《不合理绕航的合同责任》,载《水运管理》2006 年第 9 期。

[80] 吕日东:《举证责任倒置的实质——逆否分配》,载《山东审判》2005 年第 5 期。

[81] 钱翔:《合同法违约归责原则之反思》,载《金卡工程·经济与法》2009 年第 9 期。

[82] 任铁军、祝莹霞:《再论承运人违约责任的归责原则》,载《海事司法论坛》2005 年第 2 期。

[83] 沈健、陈敬根:《论国际海上货物运输领域中的首要义务》,载《中国海商法年刊》2011 年第 2 期。

[84] 沈荣华:《海上货物运输货损货差索赔中证明责任分配之法理分析》,载《浙江万里学院学报》2004 年第 4 期。

[85] 单红军、赵阳、葛延珉:《浅析承运人的"责任期间"——兼谈对我国〈海商法〉第 46 条的修改》,载《中国海商法年刊》2002 年第 1 期。

[86] 司玉琢、蒋跃川:《关于无单放货的立法尝试》,载《中国海商法年刊》2003

年第 1 期。

[87] 司玉琢、蒋跃川:《国际货物运输的世纪条约——再评〈鹿特丹规则〉》,载《法学杂志》2012 年第 6 期。

[88] 司玉琢:《承运人责任基础的新构建——评〈鹿特丹规则〉下承运人责任基础条款》,载《中国海商法年刊》2009 年第 3 期。

[89] 司玉琢:《〈鹿特丹规则〉的评价与展望》,载《中国海商法年刊》2009 年第 1/2 期。

[90] 司玉琢、郭萍、韩立新:《美国 99 年 COGSA 的主要变化、影响及我国对策分析》,载《中国海商法年刊》1999 年第 1 期。

[91] 宋春风:《论海上运输中的迟延交货损失》,载《中国海商法年刊》1992 年第 1 期。

[92] 孙晔华:《国际海运承运人航行或管船过失免责条款》,载《集装箱化》2008 年第 12 期。

[93] 谭启平、龚军伟:《不可抗力与合同中的民事责任承担——兼与罗万里先生商榷》,载《河北法学》2002 年第 3 期。

[94] 田正大:《论迟延交付》,载《中国海商法年刊》1993 年第 1 期。

[95] 吴南伟:《"津瀚"轮货损赔偿纠纷案》,载《海事审判》1998 年第 3 期。

[96] 王国征:《海运索赔中承运人过失举证责任分配的启示》,载《东方论坛:青岛大学学报》2007 年第 2 期。

[97] 向力:《国际海运业承运人责任体制的传承与发展——〈鹿特丹规则〉承运人责任规则介评》,载《中国海商法年刊》2009 年第 4 期。

[98] 徐祖林:《侵权法归责原则的论争及其解析》,载《法律科学(西北政法学院学报)》2007 年第 6 期。

[99] 袁发强:《海上货物运输实体法律统一化的冷静思考》,载《华东政法大学学报》2010 年第 6 期。

[100] 袁发强、马之遥:《平衡抑或完善——评〈鹿特丹规则〉对海运双方当事人权利与义务的规制》,载《中国海商法年刊》2009 年第 4 期。

[101] 叶伟膺:《承运人对火灾造成的损失可否免责》,载《中国船检》2000 年第 3 期,第 42 页。

[102] 张文广:《我国〈海商法〉承运人迟延交付确定标准之不足》,载《中国海商法年刊》2008 年第 1 期。

[103] 张文广:《海上货物运输法的历史发展及其启示》,载《中国海商法研究》2013 年第 2 期。

[104] 张弋:《浅谈绕航的法律后果》,载《航海》2013 年第 4 期。

[105] 朱作贤、司玉琢:《论〈海牙规则〉"首要义务"原则——兼评 UNCITRAL

运输法承运人责任基础条款》,载《中国海商法年刊》2002年第1期。
[106] 朱曾杰:《〈鹿特丹规则〉评析》,载《中国海商法年刊》2009年第1/2期。
[107] 周宏楷:《论合同法对国际海上货物运输制度的影响》,载《中国海事审判年刊》2000年第1期,第267页。
[108] [日]樱井玲二:《关于〈汉堡规则〉的成立之二》,载《海运》(日文)1978年8月号。
[109]《张益强与中海集装箱运输有限公司海上货物运输合同损害赔偿纠纷案——"迟延交付视为货物灭失"的认定和法律适用》,载《中国涉外商事海事审判指导与研究》2003年第3期。

三、外文文献

[110] Carver: Carriage by Sea(thirteenth edition), London: Stevens & Sons, 1982.
[111] William Tetley: Selected Problems of Maritime Law under the Hague Rules, McGILL Law Journal, Vol. 9, No. 1, 1964.
[112] Sir Thomas Edward Scrutton: Charterparty and Bills of lading, 20 ed, Sweet & Maxwell Scrutton, 1996.
[113] John F. Wilson: Carriage of Goods by Sea, 2 ed, FT Prentice Hall, 1993.
[114] Sturley Michael F: Modernizing and Reforming U. S. Maritime Law: The Impact of the Rotterdam Rules in the United States, Texas International Law Journal, April 1, 2009.
[115] Manley Hopkins: A Handbook of average: to which is added a chapter on arbitration, 4th ed, London: Stevens and Sons, 1884.
[116] Walter W. Skeat: An Etymological Dictionary of the English Language, Oxford: Clarendon Press, 1958.
[117] Joseph Nolan, M. J. Connolly: Black's Law Dictionary (5th Edition), St. Paul: West Publishing Co. , 1979.
[118] Raoul P. Colinvaux: The Carriage of Goods by Sea Act, 1924, London: Stevens, 1954.
[119] Nicolas Healy & David Sharp: Cases and Materials on Admiralty, 2nd ed, St. Paul, Minn. USA, West Publishing Co. , 1986.
[120] Onego Shipping & Chartering BV v. JSC Arcadia Shipping (the "SOCOL 3"). Lloyd's Reports, Vol. 2, 2010.
[121] E. R. Hardy Lvamy: Casebook on Shipping Law, Lloyd's of London

Press Ltd, 1987.
[122] Cour de Cassation, July 7, 1998 (The Atlantic Island), DMF 1998, 826, note p. Bonassies and additional commentary, DMF Hors serie No. 3, 1999, No. 104.
[123] Cour de Casation, January 20, 1998 (The Red-Sea-Elbe), DMF 1998, 578, note P. Delebecque, commentary by P. Bonassies, DMF Hors serie No. 3, 1999, No. 104.
[124] Chambre Arbitrale Maritime de Paris, Sentence No. 971, October 24, 1997, DMF 1998, 706, commentary by P. Bonassies, DMF Hors serie No. 2, 1998, No. 111.
[125] United States Supreme Court. December 3, 1934. 55 S. Ct. 194; 293 U. S. 296, 79 L. Ed. 373.
[126] A/CN. 9/544.
[127] A/CN. 9/WG. III/WP. 56.
[128] A/CN. 9/WG. III/WP. 41.
[129] A/CN. 9/WG. III/WP. 81.
[130] 84 U. S. 357(1873).
[131] 129 U. S. 397(1889).
[132] 117 U. S. 312(1886).
[133] 168 U. S. 104(1897).
[134] [1907] 1 K. B. 660.
[135] [1909] 2 K. B. 360.
[136] [1916] 2 KB 783.
[137] [1928] Vol. 32 Lloyd's Rep.
[138] [1929] AC 223, 241.
[139] [1929] Vol. 34 Ll. LRep.
[140] [1943] 26 Lloyd's Rep. 58.
[141] 147 CLR at 165.
[142] 245 ALR at 145 [93].
[143] [1959] A. M. C. 2220.
[144] [1959] A. C. 589 at pp. 602 – 603(P. C.).
[145] [1961] A. C. 807.
[146] [1961] 1 Lloyd's Rep. 57
[147] [1961] A. M. C 1357(H. L.).
[148] [1963] 2 Lloyd's Rep. 223(H. L.).

[149] [1967] 2 Lloyd's Rep. 457.
[150] [1974] S. C. R. 1225.
[151] [1975] 1 Lloyd's Rep. 105(supr. Ct of Can.).
[152] (1976)AMC 2347-2352.
[153] [1981] 1 Lloyd's Rep. 175.
[154] [1999] AMC 427.
[155] Gosse Millard v. Canadian Gov't Merchant Marine,[1928] All ER 97,98(HL).
[156] the "Bunga Seroja"[1999] 1 Lloyd's Rep. 512.
[157] Vallescura(Schnell v. Vallescura),293 U. S. 296,1934 AMC 1573(1934).
[158] The "Carso"(1931)41 Lloyd's Rep. 33.
[159] Paradine v Jane [1647] EWHC KB J5 (26 March 1647).
[160] Sanders Brothers v. Maclean & Co. (1883) 11 QBD 327.
[161] Paradine v Jane [1647] EWHC KB J5 (26 March 1647).
[162] Hain S. S Co. v. Tate and Lyle (1936) 41 Comm Cas 350,HL.
[163] The Strathnewton [1983] 1 Lloyd's Rep. 219.
[164] "Maxine Footwear v. Canada Government Merchant Marine"(1959)2 Lloyd'Rep. 105.
[165] Cour de Casation, March 5, 1996(The Diego and The Aquitania), DMF1996, 507, commentary by Pierre Bonassies, DMF Hors serie No. 71.
[166] Cour de Cassation, November 26, 1996(The World Navigator), DMF 1997,798, note R. Achard.
[167] Report of the Working Group on International Legislation on Shipping on the work of its third session, held in Geneva from 31 January to 11 February 1972(A/CN. 9/63 and Add. l).
[168] Steven Rares: The onus of proof in a cargo claim-articles III and IV of the Hague-Visby Rules and the UNCITRAL Draft Convention.

四、学位论文、会议论文和课题研究报告

[169] 陈敬根:《承运人的衍化与海事赔偿责任限制》,中国海商法协会:《2007年海商法国际研讨会论文集》,北京,2007。
[170] 陈敬根、刘忠:《有关海上承运人货物留置权的三次大辩论及其反思》,武汉大学国际法研究所:《2007年海商法国际研讨会论文集》,武汉,2007。

[171] 郭锐:《论 UNCITRAL 运输法草案下承运人责任制度的主要变化——兼评〈海商法〉下有关承运人责任制度的完善》,上海海事大学硕士学位论文,2007。

[172] 蒋莉:《承运人迟延交付责任制度研究》,上海海事大学硕士学位论文,2006。

[173] 李红玉:《论承运人迟延交付损失赔偿责任限制》,中国海商法协会:《2007 年海商法国际研讨会论文集》,北京,2007。

[174] 李吉:《国际海上货物运输中承运人的举证责任研究》,大连海事大学硕士学位论文,2009。

[175] 梁玮:《海上货物运输中承运人责任基础研究》,大连海事大学硕士学位论文,2006。

[176] 刘田丰:《合同附随义务研究》,湘潭大学硕士学位论文,2008。

[177] 司玉琢、韩立新:《〈鹿特丹规则〉中中国观点之反映及国际社会对其态度之介绍》,中国政法大学国际法学院:《2010 年海商法研讨交流会论文集》,北京,2010。

[178] 孙晔华:《国际海运承运人免责条款研究》,大连海事大学硕士学位论文,2008。

[179] 汤英:《海上货物运输若干免责条款研究》,上海海事大学硕士学位论文,2007。

[180] 杨凌艳:《迟延交付索赔研究》,上海海事大学硕士学位论文,2006。

[181] 赵伟:《论 UNCITRAL 运输法草案中承运人的责任制度》,上海海事大学硕士学位论文,2005。

[182] 庄晨:《海运货损索赔举证责任比较研究》,上海海运学院硕士学位论文,2001。

[183] 课题组:《"〈联合国统一海上货物运输公约〉研究"课题中期研究报告(第二次修改稿)(以 wp56 文件为主,并结合 2006 年 6 月、11 月会议稿)》,大连海事大学法学院,2007。

[184] 课题组:《〈运输法草案〉中涉及利益的重要问题》,大连海事大学法学院,2008。

五、网络文献

[185] Willianms Tetley:《货运索赔举证责任的四项基本原则》,黄永申编译,http://www.bloglegal.com/blog/cgi/shownews.jsp?id=750000560。

[186] Owners may be liable if cargo is lost due to lack of stability,http://www.lloydslist.com/ll/epaper/ll/displayAction.htm?pubCode=

001&articleId=20。

[187] Duhaime's Law Dictionary,http：//www.duhaime.org/LegalDictionary/G/GeneralAverage.aspx。

[188] 樊诗芸：《中国加入〈国际公路运输公约〉：打造通往欧洲的"新丝路"》，http：//www.thepaper.cn/newsDetail_forward_1504886。

[189] 文萍：《试论在海商纠纷索赔中慎用迟延交付的诉因》，http：//www.jjfzls.com/ShowArticle.shtml?ID=20083829163156.htm。

[190] 《"帕玛"轮迟延交货纠纷案》，http：//class.wtojob.com/class95_42731.shtml。

[191] 《原告温州宇宙集团有限公司为与被告中外运集装箱运输有限公司海上货物运输合同货损赔偿纠纷一案》[(2003)沪海法商初字第436号]，http：//www.ccmt.org.cn/shownews.php?id=6010。

[192] Kazuo Iwasaki：Japanese Carriage of Goods by Sea Act,1992,http：//www.jseinc.org/en/laws/japanese_cogsa.html。

[193] 张兵：《举证责任分配中的法官自由裁量权——从一起汽车自燃事故说起》，http：//www.bokee.net/bloggermodule/blog_viewblog.do?id=498963。

后 记

撰著此书让我再次体味了与撰写博士学位论文一样的心路历程。在攻读国际法学(海商法)博士学位期间,就听说撰写博士学位论文是一件非常"痛苦"的事,所以,在撰写博士学位论文最初半年内,我经常幻想有一种"好运气",就像凯库勒在打瞌睡时就突然领悟到苯的化学结构,像格拉泽只是无聊地看着一杯啤酒就有了气泡室的想法,更像牛顿只因一个苹果砸在他的脑袋上就领悟到了万有引力定律。但没有过多久,这样的幻想就没有了。因为这种想法是愚蠢的,也是幼稚的,法学领域中知名学者都是凭数年、数十年历练、钻研,才修成正果的。既然在半年里,我都没有遇到"好运气",那么,我就必须经历所有博士生都要经历的非常"痛苦"的事。

撰写博士学位论文确实是一件"痛"的事。"痛"在于确定选题方向时被我的博士生导师关正义教授毙了一个又一个,在于确定选题后还须查阅海量的文献、前人的研究成果,以及努力寻找论文撰写的切入点,而这个过程整整用了两年时间。但撰写博士学位论文更是一件快乐的事,是一件"痛"并快乐的事。快乐在于经过两年的苦苦追寻和奋斗,终于确定了选题方向,顺利找到所想要的文献和论文撰写的切入点,在于每每获得创新思想或重大突破时,高兴得睡不着,或睡着了仍在笑,更在于与导师沟通、交流时理论水平得到迅速提升。显然,快乐永远比"痛"多得多。

后 记

　　撰著本书也经历了这样的"痛并快乐"的感受。2014年初,本人以"国际海运货损赔偿责任规则研究"为题申报上海市教育委员会科研创新项目(14YS001),并获得资助。本想借此在博士学位论文基础上通过简单的逻辑梳理、内容添加和文献核对,以完成此书的撰著,但事实上并无任何的可操作性,因为国内外形势发生了巨大变化。

　　2013年9月和10月,习近平主席先后出访哈萨克斯坦和印度尼西亚,并分别提出了共建"丝绸之路经济带"和"21世纪海上丝绸之路"的倡议。同年11月,党的十八届三中全会将"一带一路"建设列入《中共中央关于全面深化改革若干重大问题的决定》,从而使得"一带一路"倡议获得各国的高度关注和国内各级部门的积极响应。2015年4月,57个国家申请加入中国发起的亚洲基础设施投资银行意向创始成员国,这是国际社会对"一带一路"倡议的积极意义的认同。同月,发展改革委、外交部和商务部联合发布了《推动共建丝绸之路经济带和21世纪海上丝绸之路的愿景与行动》,提出中国将聚焦"一带一路"沿线国家和地区的合作,全方位推进务实合作,打造政治互信、经济融合、文化包容的利益共同体、命运共同体和责任共同体。2015年10月,党的十八届五中全会公报再次强调要推进"一带一路"建设,推进同有关国家和地区多领域互利共赢的务实合作,打造陆海内外联动、东西双向开放的全面开放新格局。2016年11月17日,联合国第71届大会通过决议,欢迎"一带一路"等经济合作倡议,呼吁各国为"一带一路"提供安全保障环境。此倡议得到193个会员国的一致赞同,"一带一路"由此从一国倡议上升为联合国倡议。2017年3月17日,联合国安理会以15票赞成,一致通过第2344号决议,呼吁国际社会通过"一带一路"建设等加强区域合作,敦促各方为"一带一路"建设提供安全保障环境,共同构建人类命运共同体。2017年10月,习近平总书记在党的十九大报告中强调,要以"一带一路"建设为重点,遵循共商、共建、共享原则,加强创新能力开放合作,形成陆海内外联动、东西双向互济的开放格局;党的十九大审议并一致通过十八届中央委员会提出的《中国共产党章程(修正案)》,同意将坚持正确义利观,推动构建人类命运共同体,遵循共商、共建、共享原则,推进"一带一路"建设等内容写入党章。这充分体现了在中国共产党领导下,中国高度重视"一带一路"建设、坚定推进"一带一路"国际合作的决心和信心①。

"21世纪海上丝绸之路"框架思路是"将贸易从中国沿海港口过南海引向印度洋,并延伸至欧洲;要以重点港口为节点,共同建设通畅安全高效的运输大通道"。"通畅安全高效的运输大通道"显然为本书拙设问题的研究提出了崭新的视角,也为本书拙设问题的研究指明了确定的归宿。目前,已经生效的调整国际海上货物运输的国际文件有《海牙规则》《海牙—维斯比规则》《汉堡规则》,但其归责原则、责任基础、举证责任等存在非常明显的不同,这显然不利于国际海运业的发展,也与"一带一路"倡议提出的建设"通畅安全高效的运输大通道"的框架思路相悖。目前正在供开放签署的被称为"国际货物运输的世纪条约"的《鹿特丹规则》,旨在取代上述三部海运公约,"构建统一的崭新的责任体系",以重新平衡船货双方的利益,统一国际海上货物运输立法,保障和促进航运及贸易的顺利发展。

国内外形势发生的巨大变化,需要在国内和国际两个视阈下对本书拙设问题进行系统深入的研究。从2015年至今,本书的撰写框架不断调整,力求逻辑更为清晰,思路更为缜密,观点更为明确,成果更符合"21世纪海上丝绸之路"提出的建设"通畅安全高效的运输大通道"的目标。这一过程虽是"痛苦"的,但也是快乐的。正是建立在上述撰著要求并付诸实施的基础上,展现目前的拙作《国际海运货损赔偿责任规则研究》实现了预期的项目研究目的。

---

① 王珏:《外交部:"一带一路"建设写入党章将为共建人类命运共同体注入强劲动力》,http://ex.cssn.cn/zx/shwx/shhnew/201710/t20171027_3684563.shtml。

后 记

　　拙作的完成,要感谢上海市教育委员会科研创新项目的资助,正是由于此项目的资助,拙作顺利撰著、资料收集与学术交流才能获得有力的经费支持。拙作的完成,要感谢我的导师关正义教授,正是关正义教授的卓越才识、深厚理论、精湛学术、缜密逻辑,为拙作的研究朝着更具前沿性、更具针对性、更具时代性和更具实操性的方向迈进提供了理论指引。拙作的完成,要感谢上海大学校院两级领导和同事,正是他们的无私帮助,为拙作研究的顺利开展提供了时间、精力和人力。拙作的完成,要感谢大连海事大学法学院谷浩副教授、袁曾博士研究生和华东政法大学国际法学院张虎博士后,他们为拙作的英文文献翻译进行了认真的校对与核实;要感谢大连海洋大学法学院吕方园博士后,他为拙作的观点进一步达致自洽提供了智慧。拙作的完成,要感谢上海大学出版社傅玉芳编审、刘强编辑,他们在论文架构、文字修辞等方面提出了非常重要的修改和完善建议。最后,拙作的完成,要感谢我的家人,他们与我一样,非常珍惜组织给予的研究机会,即使家务再多,他们也从不打扰我的研究,正是他们的无私奉献与默默支持,让我能按时高效地完成项目研究任务。

　　由于本人水平有限,拙作存在错误和不足不可避免,敬请读者批评指正。对于拙作中的错误和不足,敬请通过电子邮件 cjg2012@shu.edu.cn 与本人联系。

陈敬根
2017 年 10 月于上海大学泮池